## 作者简介

**聂亚珍** 湖北师范大学经济学教授、硕士生导师，湖北省重点人文社科基地"湖北师范大学资源枯竭型城市转型与发展研究中心"主任，黄石市突出贡献专家，享受湖北省政府津贴专家。主要从事产业经济研究，公开发表论文80多篇，先后出版专著9部。多次获得市政府和省政府社会科学优秀成果奖，湖北省政府湖北发展研究奖。

中国书籍·学术之星文库

# 产业经济学新编

聂亚珍　陈冬梅◎著

中国书籍出版社
China Book Press

图书在版编目（CIP）数据

产业经济学新编/聂亚珍，陈冬梅著. —北京：
中国书籍出版社，2017.3
ISBN 978-7-5068-6059-8

Ⅰ.①产… Ⅱ.①聂…②陈… Ⅲ.①产业经济学
Ⅳ.①F260

中国版本图书馆 CIP 数据核字（2017）第 026410 号

## 产业经济学新编

聂亚珍　陈冬梅　著

| 责任编辑 | 毕　磊 |
|---|---|
| 责任印制 | 孙马飞　马　芝 |
| 封面设计 | 中联华文 |
| 出版发行 | 中国书籍出版社 |
| 地　　址 | 北京市丰台区三路居路 97 号（邮编：100073） |
| 电　　话 | （010）52257143（总编室）　（010）52257153（发行部） |
| 电子邮箱 | chinabp@ vip. sina. com |
| 经　　销 | 全国新华书店 |
| 印　　刷 | 北京彩虹伟业印刷有限公司 |
| 开　　本 | 710 毫米×1000 毫米　1/16 |
| 字　　数 | 314 千字 |
| 印　　张 | 17.5 |
| 版　　次 | 2019 年 1 月第 1 版第 2 次印刷 |
| 书　　号 | ISBN 978-7-5068-6059-8 |
| 定　　价 | 68.00 元 |

版权所有　翻印必究

# 前　言

现奉献给读者的这本书，是湖北师范大学资源枯竭型城市转型与发展研究中心几位导师近年来教学实践和科研成果的结晶。

为了更好地适应社会主义市场经济体制的需要，在当今国际市场和国内市场交融的大市场环境下，在世界金融危机背景下，如果仅从某个产业部门出发研究经济问题则会有极大的局限性，也无法对产业经济活动的全过程进行系统、全面的分析和研究。因此，如何从理论上研究市场经济条件下产业经济活动的规律性，进而为政府制定推动经济发展为目标的产业政策服务，这就成为产业经济学的研究任务了。

需要说明的，以"产业"为研究对象的产业经济学，所指的"产业"在英文里就是"Industry"，它并不是仅指工业，而是指国民经济的各行各业。但我们认为主要是指工业与商业。现在我们讲"农业产业化"，也主要是讲农业的现代化与市场化，核心是农业的规模经营与市场化，俗称"农工商经营一体化"。农业产业化的问题也应涵盖在产业经济学研究中。如此说来，有了"产业经济学"，是否就应当取消"工业经济学""贸易经济学""农业经济学"呢？我认为对这个学科建设问题应取慎重态度，决不应武断行事。比如国内现在编著的《工业经济》《现代工业经济管理》，它们是以市场经济体制发展为主线编写的，其中有些内容，如工业经济发展战略、工业经济体制改革、工业生产要素的管理、工业经济运行的宏观调控与经济监督等，这些内容在产业经济学的框架体系里是未涉及到的。《农业经济学》《贸易经济学》都可能有类似这方面的问题。

产业经济学首先发端于资本主义国家。对待西方产业经济学和对待市场经济体制的态度相似，应当是学习、借鉴，但决不是完全照搬；实事求是，决不搞一概排斥。作为社会科学工作者，我们应当以马克思列宁主义和建设有中国特色的社会主义理论作指导，用马列主义的立场、观点和方法，学习、借鉴西方产业经济学的研究成果，从中国的实际出发，深入研究在社会主义市场经济体制下产业经济活动的规律性，为政府制定产业政策服务，同时也为建立和发展具有中国特色的社会主义产业经济学而努力奋斗。

本书的结构体系设计，不过分强调体系完整性，但求基本内容突出，全书除导论外，从四个主要方面研究产业经济活动的规律性，即产业结构、产业关联、产业组织和产业发展。最终落脚到产业政策上。

本书共八章，主要由聂亚珍与陈冬梅共同完成。第一章导论主要讲述了产业经济学的产生背景、产业经济学与其他经济学的关系，产业经济学的研究对象与方法及意义；第二章产业组织理论是产业经济学的微观部分，主要讲述产业组织理论的形成与发展、产业组织理论的主要理论流派、产业组织理论研究的主要内容即市场结构、市场行为和市场绩效，东西方企业理论；第三章博弈与竞争主要是运用博弈论的方法分析市场结构、市场行为和市场绩效，是第二章理论的具体应用；第四章产业结构是产业经济学的宏观部分，主要讲述产业结构理论的形成与演变、产业结构的优化与调整；第五章产业关联是第四章理论的进一步深化，也就是主要运用各种关联分析工具分析产业之间的关系；第六章产业布局是广义的产业结构理论，主要讲述产业布局的基本理论、基本规律、基本原则，影响产业布局的主要因素，分析了具体的产业布局实践和产业政策；第七章产业发展主要讲述产业发展的理论及其主要趋势、产业发展模式、产业发展战略、高科技产业的发展；第八章产业管理主要讲述产业规制和行业管理。

由于我们水平有限，本书难免存在不少缺点甚至有错误。我们诚恳地希望广大读者不吝赐教，提出批评指正。

聂亚珍<br>
修改于 2016 年 2 月 20 日

# 目 录
## CONTENTS

**第一章　产业经济学导论** …………………………………………… 1
 第一节　产业经济学的含义　　　　　　　　　　　　　　　/ 1
 第二节　产业经济学的研究对象　　　　　　　　　　　　　/ 7
 第三节　研究产业经济学的意义　　　　　　　　　　　　　/ 11
 第四节　产业经济学的研究方法　　　　　　　　　　　　　/ 15

**第二章　产业组织** …………………………………………………… 18
 第一节　产业组织理论演变　　　　　　　　　　　　　　　/ 18
 第二节　企业　　　　　　　　　　　　　　　　　　　　　/ 31
 第三节　市场　　　　　　　　　　　　　　　　　　　　　/ 40

**第三章　博弈和竞争** ………………………………………………… 65
 第一节　博弈论的基本概念　　　　　　　　　　　　　　　/ 65
 第二节　静态竞争策略　　　　　　　　　　　　　　　　　/ 73
 第三节　动态竞争策略　　　　　　　　　　　　　　　　　/ 78

**第四章　产业结构** …………………………………………………… 82
 第一节　产业结构理论发展　　　　　　　　　　　　　　　/ 82
 第二节　产业结构优化　　　　　　　　　　　　　　　　　/ 101

第三节 产业结构及其调整 / 119

**第五章 产业关联** ............ 136
第一节 产业关联概述 / 136
第二节 产业关联分析的基本原理和方法 / 139
第三节 投入产出分析的主要内容 / 150
第四节 投入产出分析的应用 / 158

**第六章 产业布局** ............ 172
第一节 产业布局基本理论 / 172
第二节 产业布局的影响因素 / 182
第三节 产业布局的一般规律和基本原则 / 186
第四节 产业布局实践 / 189
第五节 产业布局政策 / 198

**第七章 产业发展** ............ 202
第一节 产业发展理论 / 202
第二节 产业发展的趋势 / 215
第三节 产业发展的模式 / 225
第四节 产业发展战略的选择 / 227
第五节 高科技产业的发展 / 235

**第八章 产业管理** ............ 251
第一节 产业规制 / 251
第二节 行业管理 / 264

**主要参考文献** ............ 269

第一章

# 产业经济学导论

本章主要介绍什么是产业经济学，为什么要研究产业经济学，怎样研究产业经济学以及产业经济学的学科体系，使学生对产业经济学有一个全景式的了解。

## 第一节 产业经济学的含义

产业经济学是研究具有某些相同特征的经济组织集团的发展规律及其相互作用规律的学科。针对产业经济本身所具有的不同层次的具体行为规律，产业经济学又有不同的具体研究对象，包括产业组织、产业结构、产业关联、产业布局、产业发展、产业政策。产业经济学是研究产业结构（含产业联系）和产业组织的合理化及为产业政策提供理论依据的一门新兴科学。它是20世纪60年代以后逐渐从西方经济学中分离、延伸出来的一门应用经济学。其兴起历史虽短，但与现代市场经济有着不解之缘。

### 一、产业经济分析与产业经济学

随着资本主义生产方式的确立，政治经济学才作为一门独立的科学应运而生。最初的经济分析是以社会财富如何有效增长作为考察对象的。亚当·斯密分析了国民财富增长的条件以及促进或阻碍国民财富增长的原因，分析了自由竞争的市场机制，反对国家干预经济生活，提出自由放任原则。李嘉图继承斯密理论中的科学因素，发展了斯密建立在地域分工理论之上的国际自由贸易理论。

随着资本主义生产方式的发展趋于成熟，尤其是从自由竞争阶段进入垄断阶段之后，社会关系结构和经济结构发生了巨大的变化，从而促使以社会经济过程为对象的经济分析进入新的阶段。客观经济过程最大的变化是：垄断的出现带来的抑制垄断与实现有效竞争问题；周期性经济危机和通货膨胀形成的经济"滞胀"问题。显然，传统经济分析所奉行的自由竞争和自由贸易思想，已经难以继续维持和保证社会经济过程的均衡。

为了对上述问题进行理论说明，经济分析便向微观和宏观两个方面发展。微观经济分析又叫个量分析，它是研究单个经济单位（工厂、农场、商店等）如何将其拥有的有限资源适当地分割于各种商品或劳务的生产经营上，以求得利润最大化。为了追求利润最大化，微观经济分析要研究分析厂商行为、市场结构、要素价格等问题，使企业通过规模经济和有效竞争的完满结合，达到利润最大化的目的。宏观经济分析又叫总量分析，它比之于微观经济分析更直接地适应了现代资本主义经济发展要求国家干预经济的客观需要，因为"防止"或"克服"危机，单靠市场机制的自发调节已难以奏效，还必须依靠"国家调节"，即依靠政府运用"补偿性"的财政政策和货币政策，以干预需求与供给的总量平衡。宏观经济分析就是围绕着如何刺激和控制社会总需求这根轴心，以达到社会总需求与总供给之间的大体均衡。为此，宏观经济分析要研究诸如社会总收入、总支出、总消费、总投资、总储蓄、经济周期波动、失业率、物价水平、通货膨胀，以及由此所牵涉的财政、金融、保险、社会保障与各种总量因素及相互关系。

产业经济分析是上述微观经济分析和宏观经济分析的延伸和发展，产业经济学填补了宏观与微观之间的空白领域。它适应了现代经济发展的要求。现代经济在规模上日益扩大，在结构上日益复杂，在技术上不断进步和日新月异。产业经济分析已由微观经济分析以厂商为对象深入到产业内企业与市场的关系结构为对象；由宏观经济分析以经济总量为对象延伸到以产业为对象。这反映了人们对社会经济过程内在联系和趋向的认识程度日益深化、日益精确和严密，反映了人们支配和驾驭社会经济活动的能动性日益增强的历史趋势。产业经济分析目标或者说要达到的目的，是要在实现企业利润最大化和经济总量均衡的基础上，寻求结构效益的提高。在二战后特别是对于发展中国家来说，重视和加强产业经济分析，实施正确的产业政策，以期尽快赶上发达国家的产业结构水平和产业组织水平，使本国经济得以持续、快速、健康地发展，具有极重要的实践意义。

## 二、产业政策实践与产业经济学

一门新的经济学科的兴起总是与一定的经济活动和经济政策实践有着密切的关系。同样的,产业经济学的产生和发展也离不开一定的经济实践的要求,并为国家的产业政策实践提供理论指导;反过来,一定的经济实践和产业政策实践又经过提炼上升到理论,极大地丰富产业经济学的内容。

从资产阶级国家问世以来,就出现了维护资本主义经济秩序和本国资产阶级利益的经济政策。在资本主义自由竞争阶段,以斯密和李嘉图为代表的古典经济学,主张自由贸易,反对国家干预经济,以帮助英国攫取殖民地称霸世界。然而一些后起的资本主义国家,为了发展本国的资本主义经济,都不得不采取某种保护贸易的措施。实行自由主义的还是保护主义的国际贸易政策,就成为资本主义国家的选择。

19 世纪末 20 世纪初,世界资本主义体系正在由自由资本主义向垄断资本主义的过渡时期。垄断排斥竞争,使资本主义经济陷入停滞的局面,美国经济的垄断病首当其冲。于是美国于 1890 年颁布了世界上第一个反垄断的谢尔曼法。该法第二条规定:"任何人垄断或企图垄断,或与他人联合、共谋垄断州之间或与外国间的商业和贸易,是严重犯罪"。[①] 这意味着由国家出面进行干预,企图以此维护市场竞争机制的正常运行,使资本主义经济的活力不致被垄断所扼杀。1929~1933 年的大危机后,美国罗斯福立即要求国会授予他"紧急全权",以通过"新政"(New Deal)。这个经济政策是以凯恩斯主义为理论基础,以财政政策、金融政策为主要手段去调节社会再生产过程的均衡。二战后,曾遭受严重破坏的西欧各国和日本面临着如何加快重建和复兴的艰巨任务;一批新独立的发展中国家,迫切期望尽快缩短同现代化国家之间的差距;社会主义国家想努力通过大规模经济建设,赶超西方发达国家,向世界显示它强大的生命力。产业政策正是在这个时代背景下逐步形成的。以上情况说明,产业政策是从资本主义国家干预经济的经济政策中逐渐分离出来的。

产业政策就是尽量避免国家直接介入资源分配,通过制定一种非指令性的经济计划并通过各种经济立法和经济措施,诱导企业将其经营活动纳入一定的政策目标轨道,使产业发展的目标化为经济运动的内在机制。法国从 1947 年开始实行指导性计划,帮助恢复、重建法国经济,采取了一系列的政策措施,

---

① 陈有西:《反不正当竞争法律适用概论》,北京:人民出版社,1994 年版,第 495 页

到 50 年代后也开始形成了产业政策的概念。西欧六国在 1957 年建立欧洲共同体时，签署了罗马条约，其中包括了产业政策的某些方面。共同体建立后，曾多次发布有关产业政策的文件①。印度于 1948 年宣布了第一个产业政策，强调发展小工业和家庭手工业，实现外国企业印度化等。1956 年又宣布了新产业政策，强调国营企业和私营企业要相互依存，要为落后地区提供基础设施等。韩国在 1950 年 3 月公布了《稳定经济的十五项原则》，其中的产业政策是重点发展日用消费品生产。阿根廷在 1958 年通过了《促进产业法》，建立了国家产业促进委员会。在这以前还制定了一批专门的有关产业的法律和法令②。

20 世纪 70 年代中期以后，随着日本产业经济取得的惊人成功，产业政策的内容发生了很大变化，不仅有 20 世纪 50～60 年代的"产业振兴""产业合理化""产业结构高级化""产业改组"等内容，而且关于"公害对策""能源政策""社会性资本政策"等也成为产业政策的重大内容。探究日本成功的原因，其中重要的一点就是日本政府所采取的产业政策。国际上对日本产业政策实践的兴趣也日益浓厚。早在 1970 年到 1972 年，OECD（经济合作与发展组织）曾编写过其中 14 个成员国的有关产业政策的一系列调查报告。1985 年 5、6 月，有东南亚各国、大洋洲、中南美、中国及日本 50 多位学者参加，在东京召开了第 15 届太平洋贸易开发会议，讨论"太平洋区域成长及产业政策问题"。这充分说明产业政策实践已走向成熟，并被世界各国政府和理论界所接受。产业政策的理论基础是产业经济理论，正是日本经济学界对日本产业政策的实际情况、效果和意义进行分析，运用经济学探究产业政策的理论框架，促成了一个新的经济学分支——产业经济学的诞生。在某种程度上可以说，产业经济学是对日本产业政策实践的经验总结和理论分析。

改革开放后，我国地方和企业自主权扩大，各地方、各企业都着眼于自身利益，盲目上项目、争投资，造成各地盲目引进、盲目建设、重复建设现象极其严重。国家急需发展的行业、产品资源不足，而国家要抑制的过度发展的行业、产品却资源过剩。长线产品严重过剩、短线产品严重匮乏，造成严重的资源浪费。国家必须从经济发展的要求出发，制定正确的产业政策，优化资源配置、调整产业结构，即政府必须从国情出发，将产业经济理论运用于我国产业政策的制定。这就促进了产业经济理论的发展。我国的产业政策实践经历了计

---

① 阿格拉：《欧洲共同体经济学》，上海：上海译文出版社，1985 年版，第 132 页
② 劳拉·圣德尔：《20 世纪阿根廷经济史》，纽约，1978 年版，第 141 页

划经济体制和计划经济体制向社会主义市场经济体制逐步转换两个时期。在计划经济体制时期，产业政策是通过制定和执行各种经济发展计划，并以指令性计划形式，贯彻优先发展重工业的政策，促进产业结构转变，建立独立完整的现代国民经济体系和工业体系而体现的。改革开放以来，党中央和国务院十分重视产业政策的研究与实施。1989年3月颁发了《国务院关于当前产业政策要点的决定》，1994年6月国务院又颁发了《九十年代国家产业政策纲要》。在"六五""七五""八五""九五""十五""十一五"规划及"十二五""十三五"规划纲要中，都载有产业结构、产业组织、产业布局等属于产业政策的内容。特别是在党的"十四大"明确提出建立社会主义市场经济的目标后，产业政策的制定和实施进入了一个以市场机制为基础的新阶段，产业政策的性质发生了根本变化，它是为促进市场经济服务的诱导性政策，而改变过去作为强化计划的手段。

各国的产业政策实践，有成功的经验，也有失败的教训。这些经验教训为产业政策的理论研究和进一步丰富产业经济学的内容提供了坚实基础。正确的产业政策必须以科学的理论为依据。由于对产业政策研究的时间还不长，目前基本上还处于事实描述和着重于实用的阶段。20世纪80年代中期日本小宫隆太郎教授等撰写的《日本的产业政策》一书指出："迄今外国人所写的有关日本产业政策的著作，大多还停留在事实的叙述或从政治学角度进行论述上，而从经济学角度进行分析则很不充分。""从经济学角度，对在产业政策方面采取的各种措施的效果以及在国民经济中的意义进行分析的著作和论文，也是凤毛麟角"。我国进入20世纪90年代以后，理论界和政府部门都很重视产业政策的研究，全国高校经济类学科一般都开设产业经济学课程。但是，现在还不能说产业政策已经有了科学的理论基础，更不能说已经有了比较成熟的产业经济学的科学体系。建立科学的产业政策理论，应该以马克思主义为指导，总结各国的实践经验，吸收经济科学和其他有关科学中一切科学的理论，包括资产阶级经济学理论中有价值的内容。在研究和借鉴西方产业经济理论和方法的同时，应着重从中国的国情和实际出发，认真总结中国几十年经济建设和改革发展的实践经验，努力探索产业成长和结构转换升级的规律，创建一门具有中国特色的、为社会主义市场经济服务的产业经济学，为产业政策提供理论依据。

### 三、西方经济学与产业经济学

产业经济学在其形成和发展过程中，广泛吸收了西方经济学的研究成果及相关理论。从产业经济学形成的历史渊源看，产业经济学的许多原理和方法都是从西方经济学中衍生出来的，尤其是产业经济中的产业组织理论。在20世纪50年代末由美国的梅森和贝恩创立的产业组织理论体系中，市场结构论源于微观经济学中的市场理论；市场行为论源于微观经济学中的厂商理论和均衡价格理论；市场绩效论综合反映了微观经济学中消费和生产的优选行为理论和分配论等。总的来看，产业组织理论以研究企业与市场的关系结构为对象，实质是研究微观经济学中关于价格理论特别是垄断价格理论的应用。

产业经济学中的产业关联理论，是在20世纪30年代美国经济学家里昂惕夫创立的投入产出分析方法的基础上创立的。它填补了微观经济学和宏观经济学未能涉及的各产业的中间投入和中间需求变化关系的研究空白。但是，他的投入产出分析理论受启于微观经济学中瓦尔拉斯的"一般均衡理论"，并引进了宏观经济学中凯恩斯的"国民收入理论"关于最终产品总值和国民收入相等的观点，只是进一步使这种均等关系多部门化而已。

产业经济学中的产业结构理论与宏观经济学的国民收入理论有密切的关系，主要表现在国民生产总值的结构分析上。20世纪30年代德国人霍夫曼对工业化中工业部门结构演变规律的探讨，40年代初英国人C.克拉克用三次产业分类法对经济发展条件所做的研究，他们对现代产业经济学中产业结构理论的建构做出了开创性贡献。他们的结构分析理论多是些经验性的总结，被称为"经验性法则"。

任何一门学科的产生和发展，都是那个时代生产力和生产关系的反映和实践变革的需要。社会主义产业经济理论要坚持以马克思主义为指导，并不是一概排斥西方经济学和西方产业经济理论。1988年泰勒尔《产业组织理论》，对企业理论、市场理论、企业关系等给予关注。20世纪90年代中期后的研究领域：企业内部组织的分析、公共政策和产业政策问题、研究方法问题。提出了管家理论 Stewardship Theory、委托——代理理论 Principal – agent Theory、交易成本理论 Theory of trade cost、公司治理结构 Corporate 等现代企业理论。博弈论和极力理论引入，使公共政策传统思想发生了革命性变革：宏观调控转为微观规制 Micro – Regulation，即反垄断政策（包括反不正当竞争）和规制政策（经济性规制——对企业定价、进入和推出某些产业的限制；社会性规制——保护消费者利益和自然环境等）。资本主义国家尽管在生产关系和上层建筑方面与我国不同，但是我们学习、借鉴资本主义国家反映发展社会化大生产和商品经济规律的某些理论和方法是非常必要的。

## 第二节　产业经济学的研究对象

　　任何一门科学的研究对象都有自己特殊的研究领域和特殊的矛盾性，产业经济学也不例外。产业经济学作为一门独立的经济学科，其研究领域明确地界定为"产业"。"产业"一词，在汉语中有财产或生产作业的意思。英语中的"产业"一词是 Industry，它不仅指工业，而指国民经济的各行各业，大至部门，小到行业，从生产到流通、服务以至于文化、教育……的各行各业，都可以称之为"Industry"即产业。

　　产业经济学研究领域是"产业"，它的研究对象即产业的特殊矛盾又是指什么呢？在这里，"产业发展的特殊矛盾关系"可简称"产业关系"。产业关系是泛指各产业在经济运动发展过程中的相互关系，它是介于宏观经济和微观经济之间的"产业"层次上一个复杂的经济运行系统，包括上至国民经济下至企业之间有粗有细的各层次产业的运动，构成具有不同属性、功能的复杂的结构关系，形成既相互依存又有规律性演进的复合有机系统。例如，产业结构中的对立和联系、产业组织中的竞争和垄断、产业发展中的均衡与非均衡等。由此看出，产业关系是一个复杂的有机系统，而不是仅指产业结构，后者是前者的一个表现形态而已。人们在认识和利用产业关系发展规律性的基础上，并根据一定的具体情况，制定出指导产业经济发展的产业政策。研究产业政策的制定和实施，或者说，研究产业政策的调适活动，是产业经济学研究对象的主体活动过程。因此，产业经济学的研究对象，就其实质看，是要研究"产业关系"和"产业政策"两个方面。

　　产业经济学不同于生产力经济学。生产力经济学是以社会生产方式统一体中的生产力及其运动规律为研究对象的一门理论经济学。而产业经济学是从产业发展的角度去把握生产力诸要素的组合，它不仅要分析生产力要素在产业层次上的组合状态及其规律性，而且要研究产业在社会经济系统中的作用。同生产力经济学相比，产业经济学更接近于国民经济运动的实践，因而是一门应用经济学。产业经济学也不同于发展经济学。发展经济学是要研究发展中国家实现经济现代化的道路、发展战略和产业结构等问题。发展经济学研究产业结构是从宏观和总体上加以考察，而不是像产业经济学研究产业关系更接近于国民经济的实践活动。两门学科对产业问题的研究有一定的交叉，是一种相辅相成的关系。产业经济学也不同于工业经济学等部门经济学。工业经济学是研究工业经济运行的规律性，技术如何按照社会化大生产和发展社会主义市场经济的要求，对工业经济活动进行组织和管理。产业经济学是从产业关系的总体上研究产业经济运行的规律性，要研究资源在产业领域中的优化配置，而不是从某一特定产业部门去研究经济运行和管理机制的问题。

作为产业经济学的研究对象，"产业"既是一个"集合"概念，又是一个"细分"的概念。产业的"集合"概念是指产业具有某种类共同属性的企业的集合，产业的"细分"概念是把国民经济以某一标准划分的部分所组成的产业。这样，对产业的集合和细分形成了有粗有细的若干层次。一般讲，产业的集合和细分有三个大层次，各自服务于一定的产业分析目的：第一层是以同一商品市场为单位划分的产业，是为了研究产业内企业与市场的关系；第二层是以技术、工艺的相似性为根据划分的产业，主要是为了研究产业之间的投入产出关系；第三层是以大致的经济活动的阶段为根据，将国民经济划分为若干大部分所形成的产业，主要是为了研究一次产业、二次产业、三次产业的协调发展关系。

### 一、产业是具有某类共同特性的企业集合

产业不是某一个企业的某些经济活动的总和，也不是部分企业的某些或所有经济活动，而是具有某种同类共同属性的企业集合。产业应该具有的活动是专指具有经济性质（即为一定的经济目标服务）的各项活动，不包括政治、社会等活动，也不是某些经济活动或部门经济活动。同一企业有许多不同特征，用不同视角审视企业的各类共同特性，可将同一企业划归不同的产业。

由于产业经济学是应用经济学，产业边界的界定的立足点应该是"现实的可用性"，即共同特性是有选择的。对于"共同特性"的理解应该是：第一，从需求角度来说，是指具有同类或相互密切竞争关系和替代关系的产品或服务——产业组织中"产业"的定义。从服从于企业市场关系的分析需要来说，将企业分成不同的产业，是为了便于分析同一产业市场上企业之间的垄断与竞争态势，"生产同类或有密切竞争关系或替代关系的产品或服务"就是划分不同企业的产业归属的基准。以这类企业的集合为对象才能进行竞争和垄断态势分析，达到维护市场秩序目的。第二，从供应角度来说，是指具有类似生产技术、生产过程、生产工艺等特征的物质生产活动或类似经济性质的服务活动——产业结构中"产业"的定义。从服从于社会再生产过程，大部类之间、各工业行业之间及行业内部各中间产品之间的均衡状态的分析需要来说，把"具有使用相同原材料或相同生产工艺、技术或相同产品用途"作为划分不同企业产业归属的准则。

## 二、产业的含义具有多层性

产业是与社会生产力发展水平相适应的社会分工形式的表现，是一个多层次的经济系统。生产力发展水平低时，社会分工以一般分工为主导，人类的生产活动只能简单地分成几个大类：农业和工业等形成产业的第一层次；社会分工深化后，特殊分工将工业农业分成不同的业种：基础工业、制造业、建筑业等；特殊分工的主导形式复杂化后，制造业细分成食品、纺织、造纸、化工、制药、冶金、机械等，形成产业的第三层次；以此类推，产业还可以进一步细分。

## 三、随着社会生产力水平不断提高，产业的内涵不断充实，外延不断扩展

产业是一种社会分工现象，它随着社会分工的产生而产生，并随着社会分工的发展，产业的内涵不断充实和丰富，外延不断扩展。由重农学派流行时期专指农业，扩展到资本主义工业高度发展时期主指工业，再扩展到近代以后可以包括农业、工业、服务业三大产业及其细分各产业。今天，凡是具有投入产出活动的产业和部门都可以列入产业的范畴。不仅包括生产领域的活动，也包括流通领域的活动；不仅包括物质资料部门的生产、流通和服务活动，也包括非物质资料部门（服务、信息、知识等）的生产、流通和服务活动；不仅包括生产部门，也包括流通部门、服务部门甚至文化教育等部门。

全书除导论外，从四个主要方面研究产业经济活动的规律性，即产业结构、产业关联、产业组织和产业发展。最后落脚到产业政策上。与产业经济学研究的各个具体对象相对应，产业经济学的学科领域一般包括以下六个方面。

产业组织理论，主要是为了解决所谓的"马歇尔冲突"的难题，即产业内企业的规模经济效应与企业之间的竞争活力的冲突。

产业结构理论主要研究产业结构的演变及其对经济发展的影响。它主要从经济发展的角度研究产业间的资源占有关系、产业结构的层次演化，从而为制定产业结构的规划与优化的政策提供理论依据。产业结构理论一般包括：对影响和决定产业结构的因素的研究；对产业结构的演变规律的研究；对产业结构优化的研究；对战略产业的选择和产业结构政策的研究；产业结构规划和产业

结构调整等应用性的研究，等等。

产业关联理论，用精确的量化方法来研究产业之间质的联系和量的关系。侧重于研究产业之间的中间投入和中间产出之间的关系。主要运用里昂惕夫的投入产出法。能很好地反映各产业的中间投入和中间需求，这是产业关联理论区别于产业结构和产业组织的一个主要特征。产业关联理论还可以分析各相关产业的关联关系（包括前向关联和后向关联等），产业的波及效果（包括产业感应度和影响力、生产的最终依赖度以及就业和资本需求量）等。

产业布局理论，主要研究影响产业布局的因素、产业布局与经济发展的关系、产业布局的基本原则、产业布局的基本原理、产业布局的一般规律。产业布局是一国或地区经济发展规划的基础，也是其经济发展战略的重要组成部分，更是其实现国民经济持续稳定发展的前提条件。

产业发展理论就是研究产业发展过程中的发展规律、发展周期、影响因素、产业转移、资源配置、发展政策等问题。对产业发展规律的研究有利于决策部门根据产业发展各个不同阶段的发展规律采取不同的产业政策，也有利于企业根据这些规律采取相应的发展战略。

产业政策研究，包括产业发展政策、产业组织政策、产业结构政策、产业布局政策、产业技术政策。

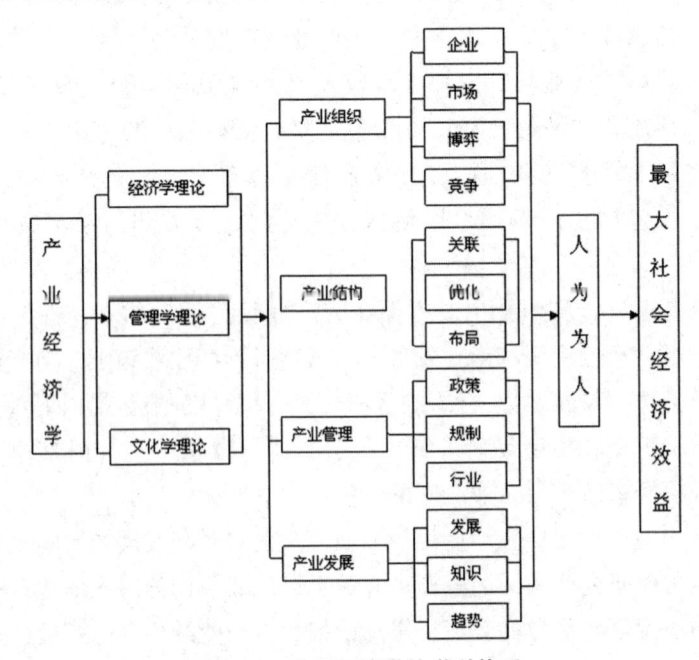

图 1-1 产业经济学的学科体系

根据日本经济学家宫泽健一著《产业经济学》的论述,"产业组织理论""产业联系理论"和"产业结构理论"构成产业经济学的主体部分。图示如下:

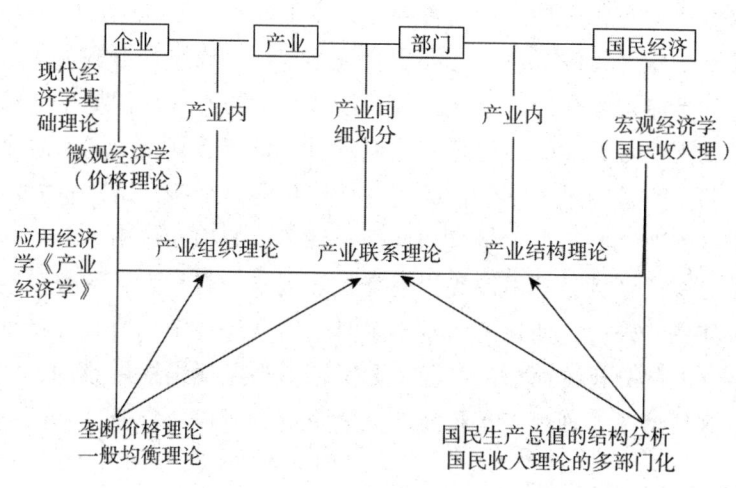

**图1-2 产业经济学主要领域示意图**

## 第三节 研究产业经济学的意义

产业经济学是促进现存的部门经济学学科体系科学化的有力工具。我国原来按照行政管理权限设置了一系列部门经济学,如电力经济学、煤炭经济学、商业经济学、物资经济学等,这种设置方法割裂了部门经济学之间的在联系,而且缺乏科学的理论体系支撑,造成学科之间内容重叠、交叉。产业经济学将各先后业部门作为一个整体进行研究,客观上适应了各产业之间相互联系、相互依存的客观规律,有利于建立科学的部门经济学学科体系。

### 一、研究产业经济学的理论意义

从理论意义方面看,研究产业经济学,必将极大地丰富马克思主义的经济学宝库,在马克思主义经济学科体系中,增添一门新兴的马克思主义产业经济学。马克思主义政治经济学在当代的发展,重要的是要充实和深入研究社会主义市场经济理论。同样地,马克思主义产业经济学,也应当研究如何把社会主义中场经济的基本理论运用于产业经济的实践中去,并不断总结实践经验,研究新情况、新问题，进一步充实和丰富马克思主义的产业经济学。

1. 产业经济学的研究有利于统一的经济学体系的建立

在现实经济生活中还存在着"产业"这种由某种相似特征的经济活动所组成的经济集合，这种经济集合的行为变量既不是宏观经济学研究的经济总量，又不是微观经济学研究的经济个量，其行为规律既不能为宏观经济学所解释，又不能被微观经济学所解释；经济总量的变动规律似乎与微观经济个量的变化规律是无关的，但事实上经济总量肯定是其相应的经济个量整合而成的，那么其整合过程是怎样的呢？更严重的是某些经济总量并没有相应的经济个量，那这些经济总量是如何从经济个量的相互作用中产生的呢？宏观经济学与微观经济学都不能给出解释；宏观与微观经济学的分割造成了经济学学科体系的破碎，使得经济学本身是由宏观经济学、微观经济学这样两个互相独立的部分拼凑而成的，而不是一个内在逻辑结构一致的、完整的学科体系。这种情况在理论上是很难令人满意的，所以对产业经济的研究就因需而生。

产业经济学通过分析经济个体相互之间的作用关系来研究整个产业的整体变化规律，可以较好地解决上述第一方面的问题；产业经济学通过分析研究经济个体的相互作用是怎样通过层次整合最后形成经济总量及其相互联系、变动的规律有望回答上述第二方面的问题；最后产业经济学通过研究各个层次产业本身的经济行为及其相互之间的作用规律，将微观经济个量与宏观经济总量通过产业的各个层次联系起来，则有望填补宏观经济学与微观经济学之间的逻辑空白，为建立完整的经济学体系奠定了基础。

2. 产业经济学的研究有利于经济学和管理学的沟通

经济学主要研究资源的有效配置问题以实现经济的发展，其解决方式是市场机制；管理学则主要研究如何将组织内的有限资源进行有效整合以实现既定目标，其解决方式是行政指挥。研究产业经济学的目的在很大程度上也正是为了寻找管理产业发展的良好方法，以便在更为直接的基础上，更有目的地促进经济的进步。所以，对产业经济的研究必将有利于经济学与管理学的沟通。

3. 产业经济学的研究有利于应用经济学的学科建设

应用经济学是一门融合了经济学与管理学基本理论的应用性学科，其很大的一个组成部分就是经济管理，包含宏观的国民经济管理、微观的企业经济管理以及对产业经济的管理。宏观经济的管理原理在宏观经济学中已有较为成熟的理论，主要有财政政策、货币政策等；企业经济的管理方法也已有成型的体系，主要有财务管理、会计理论等；而对产业经济的管理则是属于产业经济学的研究领域，主要是产业政策的研究。对产业经济的管理现在已有大量的研究，但还未能达到像宏观经济管理理论或企业经济的管理方法那样得到一致公认的成熟程度，所以对产业经济学的进一步研究，有助于应用经济学学科体系的完善。

## 二、研究产业经济学的实践意义

1. 研究产业经济学，有利于建立有效的产业组织结构

通过对产业经济学的研究，可以比较不同市场结构、不同企业规模的优劣；探求过度竞争或有效竞争不足的形成途径及消除方式；发现规模经济的形成原因及优点等等。从而设法从中找出最有利于生产要素合理配置的市场秩序、产业组织结构，然后根据不同的产业，分别制定正确的产业组织政策。研究产业经济学有利于有效的产业组织的形成。

2. 研究产业经济学，有利于产业结构的优化

产业结构的合理均衡是国民经济健康发展的前提，而产业结构的升级则更是国民经济迅速发展的必由之路。探索合理的产业结构的实践需要也促使了产业经济学研究的深入。寻找产业结构不合理的成因，并以此制定有效的产业结构政策、调整产业的结构，也是研究产业经济学的意义所在。进一步而言，研究产业经济学，探寻产业升级的规律和带动经济起飞的主导产业，利用合理的产业政策加以保护和扶持，便可以实现产业结构向更高的水平演进，即产业结构的高度化，以增强整体产业的国际竞争力，促进经济的发展。

3. 研究产业经济学，有利于产业的合理布局

产业的合理布局有利于各地区充分发挥各自的经济比较优势及地域优势，从而可以最大限度地发挥整个国家的经济建设能力，实现经济的快速发展。所以，寻找产业合理布局的基本原则也是促使产业经济学研究进一步深入的动力之一。通过产业经济学的研究，可以探求产业布局的影响因素、产业布局的一般规律，并据此制定正确的产业布局政策，将产业布局与各地区的资源优势相结合、与区域分工相结合，把产业布置在最有利于发挥优势、提高经济效益的地区，实现产业布局的合理化。

所以，研究产业经济学也是产业政策实践的需要。通过产业经济学的研究，还有利于加强产业间的联系、发挥产业的协同效益，以及有利于确定合理

的产业发展战略。

### 三、研究产业经济学的现实意义

研究产业经济学对当代中国的经济建设更有着深刻的现实意义。当代中国的经济建设正处在从计划经济向市场经济的转变以及从粗放型增长向集约型增长的转变过程中，我国已明确提出了 21 世纪中叶达到中等发达国家水平的经济发展战略，这一切无不对产业经济的研究提出了迫切的需要。研究产业经济学，对指导我国的改革、开放和现代化建设，对实现"两个转变"（体制转变、经济增长方式转变）和制定正确的产业政策，对促进经济结构的调整和维护市场竞争秩序，都有着十分重要的现实意义，这里，我们主要分析产业经济学中两大基本内容，即产业结构理论和产业组织理论对现实经济的指导意义。

世界各国的经济发展实践表明，结构变革或结构调整是现代市场经济发展的一种普遍现象。在世界经济全球比和区域经济集团化的趋势下，各国之间的经济联系日益密切。发达的市场经济国家，凭借强大的经济实力、先进的科技水平，通过跨国公司经营，充分发挥本国的国际比益利益优势，使其产业结构不断向高级化转变，以便获取更大的经济利益。发展中国家无论是处在摆脱贫困、解决温饱的落后阶段，还是处在经济起飞、赶超发达国家的先进阶段，它们的产业结构也必须围绕本国的经济发展目标而相应地变革。产业结构的僵化、停滞就意味着经济落后，落后就意味着挨打。产业结构的基本理论告诉我们，经济增长绝不是单纯的数量扩张，而是由数量扩张、结构转换和水平提高构成的经济增长过程。这三个方面都离不开产业经济运动发展规律的制约和影响。经济增长中的数量扩张是指国民经济各产业部门的生产规模在原有基础上的扩大及其总和，也就是国民生产总值的增长，结构转换是指伴随着数量扩张而带来的生产要素在各产业部门之间的转移，出现某些产业相对增长较快、某些产业增长较慢，甚至还有的产业收缩、消失的结构变化现象。经济增长中的水平提高，是指经济的生产技术水平和组织管理水平的不断提高。这三方面的内容是互相联系、互相依存的，如果经济增长是一种没有结构转换和水平提高的纯数量增长，则不仅经济效益低，导致一种无效益和质量的增长，而且还由于无法适应需求变化而不能持续增长。在另外一种情况下，如果没有一定的增长速度和水平提高，要想在静态中对各产业部门的生产要素进行再分配、改善结构、提高效益，则会遇到重重阻力而无法进行。因此，我们应当学习产业经济学，研究产业结构理论，掌握产业结构变化的一般规律性和特殊规律性，从而制定正确的产业结构政策，促进经济的快速和持续发展。我们研究产业组织理论，对于实现产业组织的合理化，制定正确的产业组织政策，都是十分重要的。包括鼓励企业兼并、联合、发展企业集团，实现企业组织结构的合理化；维护市场竞争秩序规范市场行为，反对不正当竞争，反对抑制竞争的垄断行为；处理如竞争与垄断的关系，既要反垄断，又要实现规模经济，使有效竞争与规模经济有机地统一起来。

## 第四节 产业经济学的研究方法

研究产业经济学的任务，在这里是指学科研究、学科建设的任务。其任务概括起来有三点，一是广泛研究世界各发达国家和发展中国家产业结构、产业组织、产业发展的新情况、新特点、新动向，以及各国的产业政策实践经验与教训。二是以马克思主义理论为指导，特别是应以邓小平建设有中国特色的社会主义理论为指导，深入研究我国的产业经济实践和产业政策实践，从中总结出能够推进我国社会主义市场经济发展的产业经济理论，为实施产业政策服务，为改革、开放和现代化建设服务。三是在马克思主义指导下，用马列主义的立场、观点和方法，吸收、借鉴西方产业经济学理论的合理部分，并在研究总结国内外产业关系运动发展的一般规律性的基础上，为建立有中国特色的社会主义产业经济学而不懈地努力。

### 一、产业经济学研究的方法论

1. 系统分析方法论

产业经济的研究对象是一个系统，因而产业经济的研究方法论首先必须着眼于系统分析的角度，既要研究组成系统的各个单元即各个单个经济主体间的相互作用关系，又要研究这些相互作用的关系结构是怎样通过各个层次的整合最后达到一个总体的结果。系统论的观点是产业经济学研究方法论基本观点之一。研究产业经济要强调各个产业之间以及组成产业的各个部门之间要平衡发展，而不能是某个产业或某个部门单兵突进，造成整个产业的不平衡，导致系统崩溃；研究产业经济要着眼于整个产业系统的动态过程，不能局限于某时某刻的整体产业结构最优，而应着眼于整个产业变动过程中的最优；研究产业经济不能局限于产业内部或某一国家本身,而应将产业放在整个国际经济大环境中加以分析研究。

2. 唯物辩证方法论

在研究产业经济过程中,我们既要根据唯物辩证法实事求是的观点承认各国的产业分工、产业结构在某个特定的时刻确实是有差异、有静态比较优势等,又要以发展的观点、以解放思想的态度来看待这个问题,努力探求实现产业结构优化,促进本国经济增长的方法。产业各部门之间、各个产业之间是有普遍联系的,所以在产业经济的研究中我们也要仔细研究产业之间、产业各部门之间的关联情况,不能盲目单独发展某个产业或部门,或者割裂其与其他产业、部门的联系,单独研究某一产业、部门的经济行为。研究整个产业系统的运动规律时,也不能对各个产业或产业的各个部门一视同仁,而应重点抓住主要产业或产业的主要部门,例如要重点发展主导产业、确保支柱产业就能推动整个产业结构的升级和经济的发展。

## 二、产业经济学的具体研究方法

研究产业经济学应注意综合运用以下几种方法。

1. 实证分析与规范分析相结合的方法

实证分析主要研究经济现象"是什么",即考察人类社会中的经济活动实际是怎样运作的,而不回答这样的运作效果是好还是坏。实证研究又分为理论研究和经验研究两部分。规范分析是研究经济活动"应该是怎样的"。也就是说,在有关理论的研究分析中,其有关判断或结论的得出是以一定的经济价值标准为前提的。

2. 定性分析与定量分析相结合的方法

定量分析方法是研究产业经济要尽量采用的方法,定量分析是必须尽量采用的,但也离不开定性分析。这是由于:第一,定性分析是定量分析的前提;第二,许多定量分析就是定性分析所得到的对于某个产业的认识的定量化;第三,定性分析往往能减少定量分析的复杂性;第四,越是复杂的系统,定量的研究越有困难。

3. 静态分析与动态分析相结合的方法

静态分析是指考察研究对象在某一时间点上的现象和规律。动态分析是指研究产业随着时间的推移所显示出的各种发展、演化规律,特别是产业间的关系在经济发展中此长彼消的规律。

4. 统计分析与比较分析相结合的方法

产业经济学研究中，大量的研究成果就是通过艰苦的统计分析总结出来的。统计分析工具也是实证分析的基本工具。在具体研究某一国、某一时段的产业问题时又必须考虑到各国自身的特点，故又要运用比较分析的方法。比较研究方法是20世纪30年代后，通常运用的一种方法。30年代着眼于两种制度的经济对比研究，40年代转为对不同类型的国家和地区的研究，尤其是对发展中国家经济的研究，70年代以后，由宏观经济的比较研究扩展到产业经济的比较研究、经济体制的比较研究。产业经济学中的比较研究方法，旨在通过对经济发展阶段的比较研究，对产业结构的比较研究，对产业组织的比较研究，对产业政策的比较研究，揭示出不同发展阶段的不同国家产业关系运动变化的规律性，这有助于吸收、借鉴不同国家产业政策的实践经验，也有利于充实和丰富产业经济学的理论。产业经济学学科的实用性和边缘性，决定了方法论上多种方法的综合运用。

5. 结构主义的分析方法

结构主义分析方法认为系统的行为是由系统的结构所决定的，所以从产业经济的研究初始，就十分注重研究产业与产业之间的关系结构以及产业内各企业相互作用的关系结构，并由此结构出发研究整个产业的整体行为。例如，在研究产业与产业之间的关系时，产业结构就是产业经济学中最重要的研究对象之一；而在产业组织的研究中，著名的哈佛学派所提出的市场结构决定市场行为、决定市场绩效的SCP模式等学说在产业组织研究领域曾长期占统治地位。

# 第二章

# 产业组织

产业组织理论是现代产业经济学的重要组成部分，研究对象是产业组织。产业组织理论是西方经济学家运用微观经济理论分析企业、市场和产业相互关系，以及分析和指导产业组织政策制定的一门应用经济学。具体地说，就是以价格理论为基础，通过对现代市场经济发展过程中产业内部企业之间竞争与垄断及规模经济的关系和矛盾的具体考察，着力探讨产业组织状况及其变动对产业内资源配置效率的影响。

## 第一节 产业组织理论演变

产业组织理论（Theory of Industrial Organization）研究产业内部企业之间竞争与垄断的关系，探讨产业组织状况及其变动对产业内资源配置效率的影响，从而为维持合理的市场秩序和提高经济效益提供理论依据和对策途径。

### 一、产业组织理论渊源

产业组织是指市场经济条件下产业内企业与市场的相互关系，也就是产业内企业间竞争与垄断的关系。之所以称产业组织，实际是指产业内企业与市场的合理组织，即在市场机制作用下，既要使企业充满竞争活力，实现有效竞争，又要充分利用规模经济性，避免过度竞争带来的低效率。对产业组织研究主要是以竞争和垄断及规模经济的关系和矛盾为基本线索，对企业之间的这种现实市场关系进行具体描述和说明。

(一)产业组织理论渊源可以追溯到古典经济学家亚当·斯密

亚当·斯密在1776年《国富论》中,提出了最早的产业组织,同时,还说明了劳动分工以及由此产生的专一化协作等原理,最早地较为全面地论述阐述了合理的生产组织能促进来社会资源的节约。

很长时间以来,斯密提出的竞争机制被西方古典经济学认为是对资本主义经济中的各种问题能给出最优解决的组织形式,它能使有限的资源得到合理的配置。自由竞争的力量来自于自发决定的价格体系。通过"看不见的手"的作用,资源会自动地从资源分配过多、价格下跌的产业向资源分配不足、价格上涨的产业转移,同时又不断地从经济不善、效率低下的生产者向效率更高的生产者转移。许多西方经济学家认为,政府不应过多地干预经济活动,只要市场接近于完全竞争状态,就能自然而然地实现资源的最优配置和经济福利的最大化。

(二)20世纪初英国经济学家马歇尔

尽管产业组织理论的思想渊源可以追溯到亚当·斯密关于市场竞争机制的论述,但首先将"组织"作为生产要素引进经济分析之中的是马歇尔。

在1890年《经济学原理》中论及生产要素问题时,他将"组织"作为一种新的生产要素引入经济分析。把组织看作是一种能强化知识作用的要素,其内容包括:企业内部组织、同一产业中各种企业之间的组织、不同产业之间的组织形态、政府组织等;并专门设章分析了分工的利益、产业向特定区域集中的利益,大规模生产的利益、经营管理专业化的利益、马歇尔意义上的"内部经济"与"外部经济"、收益递减与收益递增等现代产业组织的主要概念与内容。

马歇尔在与其夫人共著的《产业经济学》一书中,在分析规模经济成因时,发现了垄断与竞争之间的矛盾,即著名的"马歇尔冲突"——大规模生产能力给企业带来规模经济性,使这些企业的产品单位成本不断下降、市场占有率不断提高,其结果必然导致在资源合理配置中所发挥的作用,使经济丧失活力,从而扼杀自由竞争。面对这一矛盾,马歇尔试图用任何企业的发展都有的"生成—发展—衰退"过程来说明垄断是不会无限蔓延的,规模经济和竞争是可以获得某种均衡的。这正是产业组织理论的核心问题。

马歇尔还深入分析了自由竞争中内含着的垄断因素,如由于企业位置优越、商业信誉好,销售费用节省、同类产品的差别化等均构成市场竞争的不完全性。后来,马歇尔在《产业和贸易》一书中强调指出,几乎所有的竞争性产业中都具有垄断性因素,并根据市场的不确定性条件而起着作用。这一观点为"垄断性竞争"概念的提出奠定了基础。

(三) 20 世纪二三十年代，美国的张伯伦与英国的琼·罗宾逊

20 世纪初开始，垄断、寡头垄断的市场支配已是发达资本主义国家中的普遍现实问题。1932 年，贝利和米恩斯发表了《近代股份公司与私有财产》一书，详尽分析了 20 世纪 20 年代到 30 年代美国垄断产业的实际情况，并对股份制的发展更易使资金集中到大企业手中，从而造成经济力集中等问题进行实证分析，为以后产业组织理论体系的形成提供了许多有重要参考价值的研究成果。1933 年，美国哈佛大学教授张伯伦和英国剑桥大学教授罗宾逊夫人同时出版了各自的专著《垄断竞争理论》和《不完全竞争经济学》，提出了垄断竞争理论。这一理论否认了要么垄断，要么竞争这种极端又相互对立的观点，认为在现实生活中，通常是各种形式的不同程度的垄断和不同程度的竞争交织并存。张伯论特别注重分析现实的市场关系，其所提出的一些概念和观点成为现代产业组织理论的重要来源。他以垄断因素的强弱为依据，对市场形态做了分类，总结了不同市场形态下价格的形成和作用。许多产业组织学教科书都把张伯论、罗宾逊夫人和马歇尔奉为产业组织理论的鼻祖。

### 二、产业组织理论的形成

产业组织理论形成的过程，是与实证性研究分不开的。1938 年，梅森教授建立了一个包括他的学生贝恩在内的研究产业组织的小组。该小组以哈佛大学为基础，以深入的个例研究为手段，分析主要行业的市场结构，1939 年出版了关于第一批主要行业在 1935 年集中程度的资料。1940 年，克拉克 (J. M. Clark) 在《论有效竞争的概念》一文中，首次提出了"有效竞争"的概念。其旨意在于解决充分利用规模经济与自由竞争的矛盾。他认为，所谓有效竞争，就是既有利于维护竞争又有利于发挥规模经济作用的竞争格局。其中，政府的公共政策将成为协调两者关系的主要手段。但是克拉克没有解决有效竞争评估标准和实现条件。

自克拉克提出有效竞争的概念后，许多产业组织者对有效竞争的定义和实现条件进行了深入研究。从 20 世纪 30 年代到 50 年代末期，梅森及其弟子贝恩、科斯和威廉姆森、谢勒等，在前人研究成果基础上继续深入地探讨竞争和垄断关系及市场问题，并将研究重心向行业转移，十分重视市场结构对企业行为和市场效果的影响。这样，以哈佛大学为主要基地，以梅森 (E. Means)、贝恩 (Z. Bain) 为主要代表的正统产业组织理论就正式形成了。

1939年，梅森出版了《大企业的生产价格政策》一书，提出了产业组织的理论体系和研究方向。将有效竞争标准归纳为两类：一是将能够维护有效竞争的市场结构的形成条件归为市场结构标准S；二是将从市场绩效角度来判断竞争有效的标准归为市场绩效标准P。这就是有效竞争标准的二分法。

梅森的弟子贝恩1959年出版了第一部系统论述产业组织理论的教科书《产业组织》，从而成为产业组织理论的集大成者，为个别产业的具体分析和实证研究提出了理论基础和研究路径，尤其是对产业集中度、产品差别化、进入壁垒、规模经济性的有关研究，以及市场结构与市场绩效关系的分析，在世界学术界产生了深刻影响。同年，经济学家凯森和法学家特纳又合作出版了著名的《反托拉斯政策》一书。此外，凯维斯、谢勒、谢菲尔德和科曼诺等人对产业组织理论的发展和体系也都做出了重要贡献。由于这些研究主要是以哈佛大学为中心展开的，因此被称为产业组织的哈佛学派。

谢勒（F. M. Scherer）1970年出版了《产业市场结构和经济绩效》一书，进一步揭示了市场行为与市场绩效之间的关系，总结了有关市场行为特别是价格形成、广告活动、研究开发等方面的研究成果，弥补了贝恩《产业组织》一书中对市场行为论述的不足，将哈佛学派的产业组织理论体系向前推进了一步。

（一）有效竞争标准的"三分法"

继梅森的研究之后，一些经济学家将有效竞争的标准从二分法扩展为三分法，即市场结构标准、市场行为标准和市场绩效标准，并采用三分法概括了判断有效竞争的标准。

市场结构标准：集中度不太高；市场进入容易；没有极端的产品差别化。

市场行为标准：价格没有共谋；产品没有共谋；对竞争者没有压制政策。

市场绩效标准：存在不断改进产品和生产过程的压力；随成本大幅下降，价格能向下调整；企业与产业处于适宜规模；销售费用在总费用中比重不存在过高现象；不存在长期的过剩生产能力。

虽然关于有效竞争标准的研究仍存在不少缺陷，如市场结构标准基本只是放宽了完全竞争市场的形成条件，"不太高"之类的标准尺度也都是一些含糊不清的表述。但是这一研究至少有三方面的作用：第一，不再将不现实的完全竞争作为理想的追求模式和政策制定的出发点；第二，注意从不同的方面提供判断具体的有效竞争状况标准，使理论研究和政策制定有了坚实的基础；第三，这一标准体系有利于从不同角度对竞争是否有效进行更加全面的分析判断。

## （二）哈佛学派产业组织理论的基本观点

哈佛学派首创了产业组织的理论体系。这一理论体系由具有因果关系的市场结构（Structure）、市场行为（Conduct）和市场绩效（Performance）三个要素构成，构造了一个既能深入具体环节又有系统逻辑体系的市场结构—市场行为—市场绩效的分析框架，简称 SCP 分析框架。在哈佛学派的 SCP 分析框架中，产业组织理论由市场结构、市场行为、市场绩效这三个基本部分和政府的公共政策组成，其基本分析程序是按市场结构→市场行为→市场绩效→公共政策展开的。

他们认为，市场结构决定企业行为，企业行为决定市场运作的经济绩效。因此，为了获得理想的市场绩效，最重要的是通过公共政策来调整和直接改善不合理的市场结构。市场结构决定企业在市场中的行为，而企业行为又决定市场运行的经济绩效。因此，为了获得理想市场绩效，最重要的就是通过政府的产业组织政策来调整和直接改善不合理的市场结构。

SCP 依据的是微观经济理论，即将完全竞争和垄断作为两极，将现实的市场置于中间进行分析的自马歇尔以来新古典学派价格理论。因而这一分析将市场中企业效益的多寡作为相对效率的改善程度的判定标准，认为随着企业数的增加，完全竞争状况接近基本就能实现较为理想的资源配置效率，由于哈佛大学将市场结构作为产业组织理论分析的重点，因而信奉哈佛学派的人为被称为"结构主义者"。

## （三）哈佛学派产业组织理论的政策取向

哈佛学派认为，在具有寡占或垄断市场结构的产业中，由于存在着少数企业间的共谋、协调行为以及通过市场进入壁垒限制竞争的行为，削弱了市场的竞争性，其结果往往产生超额利润，破坏资源配置效率。因此，主张必须对这些产业采取企业分割、禁止兼并等直接作用于市场结构的公共政策，制定严格的反垄断政策，完善维护公平竞争的法律体系。法规包括禁止卡特尔、禁止垄断行为、限制横向企业间的合并与兼并、取消歧视性价格等内容，以恢复和维护有效竞争市场秩序。

哈佛学派观点被作为正统的产业组织理论被长期接受，其理论主张对美国司法部兼并准则和反垄断内容的出台起了重要作用，这类准则对各类兼并采取了严厉的制裁措施。有些经济学家直接进入司法部反托拉斯局，参与反垄断的司法实践。1970 年前后，美国的反垄断案件也比较多。

但是，这种结构主义的反垄断政策在 20 世纪 80 年代开始在美国逐渐失去主导地位。这主要是因为，20 世纪 70 年代后期开始，曾在世界上实力最强大的美国，一些传统的优势产业受到日本和亚洲"四小龙"出口的巨大冲击，其国际竞争力不断下降，而实施世界上最严厉的反垄断政策被认为是削弱美国产业竞争力的要因之一；大型反托拉斯案件导致了巨额的诉讼费用和大量的时间消耗。如 IBM 公司（国际商用机器公司）案前后长达 13 年，案件产生了 6600 万页的文件，并花费了纳税人和 IBM 公司数十亿美元。这使人们对反垄断政策的实施所花费的大量成本能否带来更大的实际效果产生了疑问，从而使放松规制可能更有利于竞争的观点被越来越多的人所接受；芝加哥学派在理论上对哈佛学派展开了有力的批判。

### 三、产业组织理论发展

20 世纪 30 年代发展到 80 年代，产业组织理论的发展具有丰富的内容。就理论体系看，主要有两个重要特点：一个是体现了不同国家的理论特色。英国产业组织研究包括多方面的内容，但长期未能形成比较明确的理论范畴，同时在解决产业组织中存在问题的方法论上不够实用。而美国产业组织理论得到独特的、长足的发展。美国 1890 年制定了世界上第一部反托拉斯法（禁止垄断法）——《谢尔曼法》。为了实施该法的需要，美国积累了许多产业组织状况的实际调查资料。20 世纪 60 年代初，美国的产业组织理论传入日本后，日本有很多学者开始研究产业组织，如今井贤 1976 年著的《现代产业组织》、植草益 1986 年著的《产业组织论》，在日本大学里也开始讲授这门课程。日本研究产业组织理论，强调实证性研究，实践成果非常显著。日本最成功的经验是在世界上第一个有效地提出和运用产业政策概念，在制定政策目标、手段方面发挥了极大的作用。二是产业组织理论体现了不同时代的研究方向。如果说贝恩创立产业组织理论时，所面临的主要课题是反垄断，那么现代产业组织理论研究则集中在更为现实的寡头垄断问题。

由梅森、贝恩 20 世纪 30 年代创立的正统产业组织理论，在 20 世纪 50 年代到 70 年代虽然有了很大的发展，但是这种正统产业组织理论从理论基础到研究方式还存在许多缺陷，主要表现为：第一，其微观理论基础仍是新古典主义。它是假定所有企业都以利润最大化为目的，而不管它是垄断企业，还是完全竞争企业，也不管是经理控制的企业，还是股东控制的企业。这种单一目标假定，忽视了因企业类型的差异带来的企业目标进而到企业行为的差异。另外，假定生产者和消费者都能获得完全的信息（也就没有所谓的交易费用），从而能够实现完全均衡。第二，其理论方法是静态的和单向的。认为现实生活中企业的定价、生产经营行为之所以发生了不同于自由竞争条件下的变化，只是市场结构发生了变化，亦即有些企业能够控制市场、控制价格。看不到市场结构也受企业行为的影响，看不到本期的市场结构乃是上期企业行为的结果。

鉴于上述两大缺陷，从20世纪60年代末起，一些经济学家在不放弃SCP分析框架的前提下，对正统的产业组织理论进行了修正和补充，并在20世纪80年代发展成了新产业组织理论（或称现代产业组织理论）。它与传统理论相比，有以下几个特点：第一，在分析框架上，改变了单向和静态的研究模式。一些学者开始强调企业行为对市场结构的反作用和市场效果对企业行为进而对市场结构的影响。第二，在研究重心方面，从产业组织分析的结构主义转向厂商主义，即从重视市场结构转向更重视企业行为的分析。索耶尔（M. C. Sawyer）认为，厂商是基本的实在的经济单位，而行业是不确定和虚的。市场结构不过是企业之间的竞争关系。第三，在研究方法上，产业组织研究引入博弈论，使企业行为的分析更为丰富。现在，有相应权限或能力的经济人可以通过组织安排而不是市场来解决问题。企业行为不再只取决于市场结构，还取决于该企业对自己的行为可能引致的其他企业反应行为的预期。第四，在理论基础上，修正了传统的新古典假定。20世纪70年代以后，围绕反垄断政策的放松，一批新理论应运而生。其中最有影响的有：芝加哥学派（认为现实生活中的垄断现象是微弱的、过渡性的，政府的产业组织政策应该保留）、新制度学派（从企业内部产权结构和组织结构的变化来分析企业行为的变异以及对经济运行效果的影响）、新奥地利学派（竞争是一个过程，不是一种静态的市场结构。认为当今的市场基本是竞争性的，利润是这些大企业创新程度和规模经济的报酬）。

（一）芝加哥学派

芝加哥学派在理论上继承了奈特以来芝加哥传统的自由主义经济思想，信奉自由市场经济中竞争机制的作用，强调新古典学派价格理论在产业活动分析中的适用性，坚持认为产业组织及公共政策问题应该通过价格理论的视角来研究，力图重新把价格理论中完全竞争和垄断这两个传统概念作为剖析产业组织问题的基本概念。1968年施蒂格勒（V. Stigler）的名著《产业组织》一书的问世，标志着芝加哥学派在理论上的成熟。在其理论的形成中，芝加哥大学法学院的学者们也做出了重要的贡献，代表人物是波斯纳。

1. 芝加哥学派产业组织理论的基本观点

芝加哥学派认为，市场绩效起决定作用，不同的企业效率形成不同的市场结构。正是由于一些企业在剧烈的市场竞争中能取得更高的生产效率，所以它们才能获得高额利润,并进而促进了企业规模的扩大和市场集中度的提高,形成以大企业和高集中度为特征的市场结构。即使市场中存在着某些垄断势力,只要不存在政府进入规制,这种高集中度产生的高利润会因为新企业大量进入而消失。

芝加哥学派还认为,高集中度市场中的大企业必然具有高效率,而产生这种高效率主要在于大规模生产的规模经济性、先进的技术和生产设备、优越的产品质量和完善的企业组织和管理等因素。即使市场是垄断的或高集中寡占,只要市场绩效是良好的,政府规制就没有必要。从这一立场出发,芝加哥学派对哈佛学派的 SCP 分析框架进行了猛烈抨击,认为与其说存在着市场结构决定市场行为进而决定市场绩效这样的因果关系,倒不如应该说是市场绩效或市场行为决定市场结构。

芝加哥学派通过大量的实证研究,批驳了哈佛学派的"集中度——利润率"假说,指出高集中产业中的高利润率是生产效率的结果。他们注重效率标准,坚信经济自由主义思想。由于芝加哥学派注重效率标准,因此信奉芝加哥学派理论的人通常被称为"效率主义者"。

2. 芝加哥学派产业组织理论的政策主张

芝加哥学派的产业组织理论,对 20 世纪 80 年代以来美国里根、老布什政府时期反垄断政策和规制政策的转变起了很大的影响作用。第一,他们认为生产日益集中在大企业手中有利于提高规模经济效益和生产效率,大公司的高利润完全可能是经营活动高效率的结果,而与市场垄断势力无关。第二,他们认为大企业形成和生产集中是通过企业内部或外部增长来实现的,企业内部增长表明这些企业具有超越竞争对手的生产效率,如果对这种大企业进行分割,就等于破坏了效率增长源泉。

芝加哥学派在产业政策上,主张让市场力量自动起调节作用,认为应尽可能地减少政策对产业活动的干预,以扩大企业和私人的自由经济活动的范围。主张放松反托拉斯法的实施和政府规制政策。反托拉斯政策的重点应放在对企业的市场行为进行干预上,其中主要是对卡特尔等企业间价格协调行为和分配市场的协调行为实行禁止和控制,因为唯有这些市场行为限制了产业,而未能提高生产效率,从而损害了消费者福利。

3. "芝加哥革命"

20 世纪 70 年代以后,由于传统产业国际竞争力日趋减弱,美国经济出现了大量的财政赤字和贸易赤字,一些重要产业的生产活动向国外转移,发生了所谓的产业空心化现象。许多人士认为,实施过分严格的反垄断政策和过分的且无意义的规制政策是使美国经济丧失活力的重要原因,而反垄断政策其目的在于实现经济效率性的观点已被越来越多的人所接受。1981年,里根就任美国总统后,就任命信奉自由主义的贝格斯特(Baster)和米勒(Miller)分别担任美国司法部反托拉斯局局长和联邦贸易委员会主席,以后波斯纳又被任命为联邦法院的法官,芝加哥学派成了美国垄断政策的主流,并直接推动了美国反垄断政策的重大转变。20世纪80年代反托拉斯局起诉的案件几乎都是卡特尔案件。1981年至1985年反托拉斯局起诉的垄断行为案仅3件,同期起诉的合并案28件,比以往都有了大幅度减少,联邦贸易委员会的反托拉斯案也同样大幅度减少。20世纪80年代美国这一系列的变化被人们称之为反垄断政策的"芝加哥革命"。

(二)可竞争市场理论

20世纪70年代后,对政府规制特别是进入规制的批评越来越多,认为它不仅导致了不公平,而且规制制度本身的效率也越来越低;新技术运用使规制的依据不断淡化。以计算机和电子技术为中心的技术革命的兴起以及由此导致的经济管理业务中的系统技术的普遍运用,使得原来政府对航空、通信、汽车运输等产业进行规制的依据不断淡化。因此,在美、英等发达市场经济国家出现了放松规制的倾向。而可竞争市场理论,则成为这种政策转换的重要理论支柱。

1981年12月29日,美国著名经济学家鲍莫尔(W. J. Baumol)在就职美国经济学会主席的演说中,首次提出了可竞争市场的概念(Theory of Contestable Markets)。1982年,鲍莫尔以及帕恩查(J. C. Panzar)和伟利格(R. D. Willing)3人在芝加哥学派产业组织理论的基础上合著并出版了《可竞争市场与产业结构理论》一书,标志着可竞争市场理论的形成。

1. 可竞争市场理论的基本内容

可竞争市场理论的基本假设:一是企业进入和退出市场是完全自由的;二是潜在进入者能根据评价进入市场的盈利性;三是潜在进入者能采取"打了就跑"的策略。可竞争市场理论的主要内容可概括为:

第一,解释了完全可竞争市场和沉没成本的概念。完全可竞争市场是指市场内的企业从该市场退出时完全不用负担不可回收的沉没成本,从而企业进入和退出完全自由的市场。市场是否是完全可竞争,仅仅取决于是否存在沉没成本,而与产业内企业数量的多少无关。沉没成本指企业进入市场所投入的资本,当企业退出市场不能收回一部分。沉没成本沉没的程度主要取决于所投入资本向其他市场转移或资产出让回收的可能性,而与所投入固定费用的大小无关。无论固定费用有多大，只要能够回收，就不是沉没成本。例如，退出企业所持有的生产设备和厂房建筑物，即使可以出让或改变用途，但由于出让价格较低或使用价值的减少而不能回收的投入费用部分，或难以回收因而只能作废处理的有形资产的未折旧部分，以及用于研究开发、广告、员工教育培训等形成无形资产的支出（这部分支出因其专用性而不能转作他用所以难以回收），等等。

第二，在可竞争市场上不存在超额利润，寡头垄断企业或完全垄断企业也不例外。因为任何超额利润都会吸引潜在进入者以同样的成本与垄断企业分割市场份额与利润，潜在进入者即使制定比现有企业更低的价格也能获得正常利润，甚至部分超额利润。垄断企业只能制定超额利润为零的"可维持价格"（sustainable price），以防止潜在进入者与其竞争。

第三，在可竞争市场上不存在任何形式的生产低效率和管理上的 X 低效率（X-Inefficiency）。因为生产和管理上的低效率都会增加不必要的成本，这些非正常成本像高于平均利润的非正常利润一样，会吸引效率较高的潜在竞争者进入市场。因此，虽然从短期看，现有企业可能存在低效率现象，但从长期看，潜在进入者的威胁会迫使现有企业消除生产和管理上的低效率问题。

第四，良好的市场效率和技术效率等市场绩效，在传统哈佛学派理想的市场结构以外仍然可以实现，而无需众多竞争企业的存在。寡头市场，甚至是独家垄断市场，只要保持市场进入的完全自由，只要不存在特别的进入市场成本，潜在竞争的压力就会迫使任何市场结构条件下的企业采取竞争行为。

第五，解释"打了就跑"策略（Hit and Run Entry）。在完全竞争市场中，由于沉没成本为零，因而潜在进入者为了追求利润会迅速地进入任何一个具有高额利润的部门，并能够在现存企业对进入做出反应前无摩擦地快速撤出。这种形式被称为"打了就跑"策略。

2. 可竞争市场理论的方法论特点

（1）以完全可竞争市场及沉没成本（Sunk Cost）等概念的分析为中心，来推导可持续的有效率的产业组织的基本态势及其内生的形成过程。

完全可竞争市场分析：由于企业进入和退出市场是完全自由的，因此相对于现存企业，潜在进入者在生产技术、产品质量、成本等方面并不存在任何劣势。一个完全可竞争市场的重要标志是对快速进入缺乏阻止力。即使市场上仅有一个企业独家垄断，这家垄断企业所能获取的资本收益率也不会高于完全竞争市场众多企业所能获取的正常收益率。因此，可竞争市场条件下理想的竞争，可以作用于所有的市场结构形态。

沉没成本分析：鲍莫尔等人认为，无论固定费用或资产的未折旧部分有多大，只要能够回收，就不是沉没成本。民用航空飞机就是一个典型例子。如果进入、退出不存在人为规制的话，原来往返于两城市之间的班机，可以很容易地从该航线（市场）退出而进入以这两个城市中的任何一个城市为起点的新航线，而在原有航线中并无费用沉没。同样，运输业中的卡车的资产流动性也比较大。另外，一般认为金融业的经营诀窍和研究开发所形成的技术知识等无形资产由于存在较大的可应用性，因此其沉没成本也比较低。沉没成本的大小决定了企业从市场退出的难易程度，从而影响着企业的进入决策。因为一旦进入后退出时的沉没成本越大，企业退出就越是困难，企业的进入决策就越是小心谨慎。因此，沉没成本越大，市场进入压力就越小，进而现存企业的压力就越小。在这一点上，鲍莫尔等人的可竞争市场理论，与传统的产业组织理论中将规模经济性、产品差别化和绝对费用差别等作为进入壁垒决定因素的做法有很大差别。

"打了就跑"策略：在完全可竞争市场上，凭借"打了就跑"策略进入市场的企业在该产业中滞留时间的长短，通常取决于现存企业的反应时间。但是，即使是一个短暂的获利机会，也会吸引潜在进入者进入，并在现存企业对价格做出任何反应之前就站稳脚跟。最后，由于退出市场是完全自由和不付代价的，因此，当现存企业作出报复反应使价格下降到无利可图时，它们会带着获得的利润离开市场。这种进入退出甚至可以重复多次，直到消除任何垄断的超额利润。因此无论是垄断市场还是寡占市场，任何企业都不能维持能带来垄断超额利润的价格。同样，在可竞争市场上现存企业也不能维持任何形式的低效率的生产组织。因为生产和管理上的低效率都会增加不必要的成本，会吸引效率高的潜在竞争者进入市场。可竞争市场的均衡，就是在现存企业的价格和市场地位的这种可持续条件下达到的，这时，有效率的产业组织成为一种内生的结果。

（2）与芝加哥学派的观点类似，可竞争市场理论依据的也是新古典经济学的均衡分析方法，并强调长期分析。

在长期内达到的均衡是市场进入与退出过程均处于静态状态，即一方面处于现存市场上的企业不存在退出市场的动机，因为它们都没有亏损；另一方面处于潜在竞争地位的企业也不存在进入这个市场的动机，因为这个市场不存在高额利润。可竞争市场上这两个必要的市场均衡特征导致了如下结果：市场上所有企业超额利润为零；没有一个企业的边际成本大于市场价格；如果至少有两个企业在市场上，那么没有一个企业的边际成本小于市场价格；市场上现存企业的总产出量成本最小，否则将有新的企业进入。这表明可竞争市场即使在寡占甚至在垄断条件下，也可以实现最佳福利目标。在可竞争市场上，数目相对较少、从事多产品生产的企业仍然可以通过在不同的市场交叉经营，充分发挥规模经济和范围经济的作用，实现资源最优配置技术进步。

3. 可竞争市场理论的政策主张

按照可竞争市场理论，在近似的完全可竞争市场上，自由放任政策比通常的反托拉斯政策和政府规制政策更为有效。少数几家大企业纵向兼并或横向兼并，传统的观点都认为会带来垄断弊端，而在可竞争市场条件下，它们都变成无害的甚至可能是更有效率的了。

当然，可竞争市场理论并不认为无约束的市场能够自动解决一切经济问题，也不认为所有实质上的政府规制和反托拉斯措施都是有害的干预。在鲍莫尔等人看来，政府的竞争政策与其说应该重视市场结构，倒不如说更应该重视是否存在充分的潜在竞争压力，而确保潜在竞争压力存在的关键是要尽可能降低沉没成本。为此，他们主张一方面积极研究能够减少沉没成本的新技术、新工艺，另一方面要排除一切人为的不必要的进入和退出壁垒。

（三）新奥地利学派

新奥地利学派在理论上的成就，是建立在门格尔（Carl Menger）、庞巴维克（Eugen Von Bohnbawark）始创的奥地利经济学派的传统思想和方法之上的。代表人物有米塞尔（L. Mises）、米塞尔最重要的学生和追随者哈耶克（F. A. Hayek）、在英国和美国曾受教于他们的柯兹纳（I. M. Kirzner）、罗斯巴德（M. N. Rothbard）、阿门塔诺（D. T. Armentano）、斯巴达罗（L. M. Spadaro）、李特勒其德（S. C. Littlechild）、里奇（W. D. Reekie）等。虽然被称为新奥地利学派，但他们实际上都活跃在美国和英国的学术界。

1. 新奥地利学派的基本观点

米塞尔在1996年出版的《人类行为学》一书中，详细论述了新奥地利学派的方法论。在米塞尔看来，历史事件是许多因素造成的复合结果，并不像实证主义图式那样可用来检验理论。不加批判地将物理学的方法应用于社会科学现象，在经济学领域采用与自然科学相同的工具进行分析是不合适的。从这一观点出发，米塞尔主张任何经济现象都应该运用人类行为科学的方法。新奥地利学派注重个体行为的逻辑分析，在理解市场时着重过程分析，其研究目标是从个人效用和行为到价格的非线性因果传递。在新奥地利学派看来，在现实经济生活中，各企业围绕产品质量、价格、成本和新产品开发你我争夺、互相竞争，这一对抗性过程才是竞争的本意。但在完全竞争模型中，企业不提高或降低价格，不区分产品，不做广告宣传，也不试图针对其竞争者而改变成本结构，或者做一些在动态经济过程中企业应做的任何其他事情；在其定义中完全排除了所有这些竞争因素，而仅仅描述了作为竞争结果的均衡状态。

与在其他许多领域一样，新奥地利学派的产业组织理论的基础是奈特式的不确定概念。不确定性使得完全竞争模型无法用来解释现实的市场经济。因为这种竞争分析的基本前提之一，就是市场参与者都具有充分掌握市场信息和知识的能力及条件，而不存在不确定性，即所谓"信息的完全性"。哈耶克提出，"市场秩序之所以优越，这个秩序之所以照例要取代其他类型的秩序（只要不受到政府权力的压制）确实就在于它在资源配置方面，运用着许多特定事实的知识，这些知识分散地存在于无数人的中间，而任何一个人是掌握不了的。"新奥地利学派从不完全信息出发，在理解市场时强调过程学习和发现，认为竞争性市场过程是分散的知识、信息的发现和利用过程，因而他们特别强调企业家及其创业精神在这一过程中的重要作用，强调在竞争的市场上企业家是如何知道资源的流动以最好地满足消费者的需要。

柯兹纳充分发展了米塞尔的人类行为概念，认为经济生活的手段与目的关系并非一成不变，而要受有创造性的人的行为的制约，他将这种创造性的作用定义为创业精神。它在本质上是发现新的然而是人们希望得到的需要，以及满足这些需要的新资源、新技术或其他手段的能力。在要素投入价格低于最终产品价格的市场状态下，本来就存在着获利机会。而企业家就是发现这些市场上已经存在但未被注意的机会，并通过比其他人更好地满足消费者来利用这些机会的人。在柯兹纳看来，市场不均衡是因为市场参与者的无知，即存在着未被发现或者因为信息不完全造成错误决策而失落的利润机会。按照这种观点，市场过程实际上也就是不均衡的调整过程，而企业家则在这一过程中起着维护均衡的作用。良好的经济绩效只有不断通过这一试错过程，通过学习和发现知识才能得以实现。

2. 新奥地利学派的政策主张

新奥地利学派是市场万能主义者，信赖市场的自组织能力，主张市场可以解决所有的经济问题，对各种反托拉斯的法规和制裁措施持否定的态度；政府作为管理社会公共资源的机构，不必去关心企业是否垄断了稀缺资源，而要重视的是企业是否拥有支配潜在的竞争者的权力，尤其是借助法律和制度形成的权力。不要让被政府管制的垄断成为被政府保护的垄断；政府应把供给交给市场机制。

## 第二节 企业

产业组织理论的演进始于对企业行为和市场结构的演进,主要涉及在各种不同的市场结构下,企业对价格和质量、生产能力或规模、产品定位和产品系列、广告和分销结构以及研究和开发等策略变量的选择。企业是现代社会中的一种重要的组织形式和制度形式。研究并了解企业,搞清楚它的性质和目标及具体运行方式,是研究并理解其他组织和制度,尤其是市场的基础。企业是产业组织理论的基本研究对象。本节重点介绍西方主流经济学关于企业的理论。

### 一、西方观点:什么是企业

(一)新古典企业理论

新古典经济学对企业行为分析的假设前提:厂商被认为具有经济理性,它们具备有用的信息、精于计算、孜孜不倦地追求利润最大化目标;企业或厂商被看作是在市场经济中业已存在的、完全有效运转的、为赚取利润而从事商品生产活动的一个完整经济单位,它可以是一个个体生产者,也可以是一家规模巨大的公司。

在新古典经济学中,不把企业看作是一种组织,而是一个可行的生产计划集。企业被理解为生产函数(production function)。所谓生产函数,就是描述在生产技术状况给定条件下,生产要素投入量与产品的产出量之间的物质数量关系的函数式,一般记为:$Q = f(x_1 \cdots\cdots x_n)$

Q 表示生产某种产品所需各种生产要素投入量。

企业活动目的是利润最大化,这就意味着在目标产出水平给定的情况下,他将使成本实现最小化。假设生产所有的生产要素 $x_1$, $x_2 \cdots\cdots$, $x_n$ 的价格为 $w_1$, $w_2 \cdots\cdots$, $w_n$ 则企业总成本为 $\sum W_i x_i$,于是,在目标产量 Q 既定条件下,M 可以通过求解下列问题而使总成本达到最小化:$\min \sum W_i x_i$

$$\text{s. t. } f(x_1, \cdots\cdots, x_n) \geqslant Q \qquad (2-1)$$

关于厂商的长期均衡、短期场衡如何实现,已在西方经济学中进行了分析。

规模经济（Scale Economy）指伴随着生产经营规模的扩大而出现的单位产品成本下降、收益上升的现象。从理论上，表现为长期平均成本曲线 LAC 向下倾斜。最佳规模（长期）MES 是 LAC 上最接近横坐标轴上的最低点对应的产量。LAC 不是无限的，当规模超过 Q 点后，LAC 会有一段大致保持不变的阶段；当规模继续扩大到 $Q^1$ 后，由于受产业的技术工艺特征、管理幅度、市场需求量等影响，单位成本会上升。而企业规模的一个主要决定因素是它能够利用规模或范围经济的程度。范围经济存在于单个企业的联合产出超过两个各自生产一种产品的企业所能达到的产量之和（假定两个企业得到的投入物相等）。如果企业的联合生产低于独立企业所能达到的产量，那么其生产过程就涉及范围不经济。这种情况在一种产品的生产与另一种产品的生产有冲突时可能会发生。范围经济也可以一般化到多产品企业。如图 2-1。

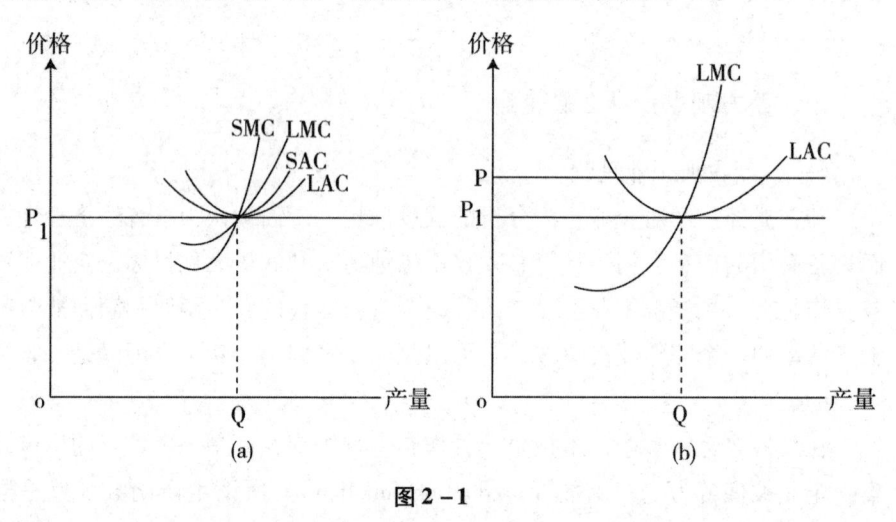

图 2-1

从整个行业看，在短期内，不仅该行业现有厂商的厂房设备的规模是固定不变的，而且该行业的厂商的数量也是固定不变的。在短期内当一个行业的需求状况和供给状况基本稳定时，行业的产量和价格将保持稳定，该行业处于短期均衡状态。此时厂商的边际成本曲线 MC 与边际收益曲线 MR 的交点所对应的产量就是厂商最优的生产规模。如图 2-2。

图 2-2

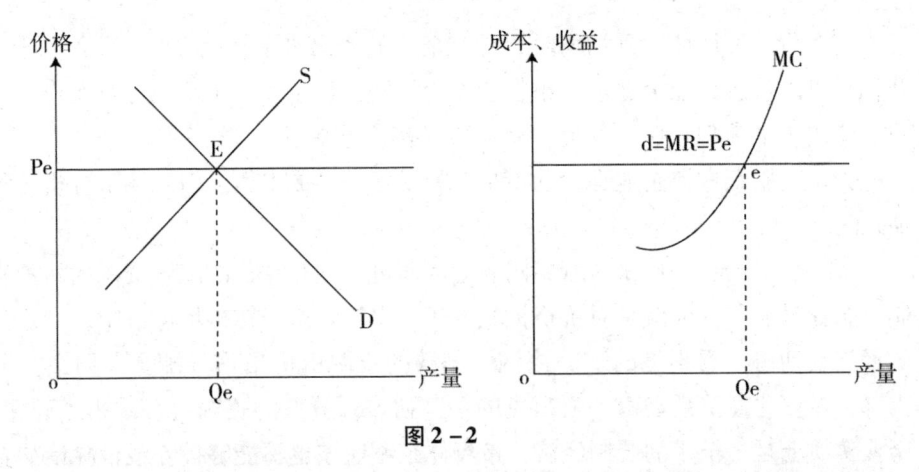

新古典企业理论强调技术的作用，在特定意义上强调规模经济和范围经济作为企业规模的重要决定因素，这无疑是正确的。在利润最大化目标和完全竞争的假定下，该理论在分析最优生产选择如何随着投入和产出价格的变动而变动方面、在理解一个产业（或企业）的整体行为方面、在研究企业之间策略相互作用的结构方面，一直是十分有用的。但是，与此同时新古典企业理论也存在着很大的弱点。比如既然市场机制是资源配置的最有效方式，那么为什么在现实中存在大量的企业？为什么很多现实公司的规模远远超过了工程的需要等问题无法给出确切的答案。

（二）现代企业理论

现代企业理论是在对新古典企业理论的反思和批评中发展起来的。包括1939年霍尔Hall的价格理论和企业行为理论（非完全竞争市场；非P最大化，非MC=MR原则）；凡勃仑、米恩斯、伯利的所有权与经营权分离理论；"经理中心论"；1959年鲍莫尔的最大销售收入模型；1963年马里斯的最大增长率假说；1963年威廉姆森的经理效用函数论；科斯、威廉姆森、阿尔钦的新厂商理论。

1. 科斯的现代企业理论

科斯（R. H. Coase）1937年发表著名的《企业的性质》（the Nature of the Firm）一文，被认为是现代企业理论开山之作。在此文中，科斯指出新古典企业理论存在非常明显的缺陷。第一，它在关注价格体系的时候，忽略了市场的作用。第二，在强调企业功能的同时，忽略了企业的制度结构，所以不能解释生产活动为什么和如何被组织在企业内进行等问题。第三，它未令人满意地解决企业边界及其决定问题。如设想两家企业，具有相同生产函数 Q 和成本函数 C，在完全竞争市场上两者都面临相同市场均衡价格 $P^*$。按照新古典企业理论，在行业和厂商达到均衡时，每家企业的产出水平将是$Q^*$。那么为什么我们不可以设想，让上述两家小企业作为一家大型企业一个部门进行运作，而总的产出水平为$2Q^*$呢？因此，企业边界就被忽略了。

为了克服新古典企业理论的不足，科斯把交易成本概念引入经济分析，科斯认为：

第一，市场和企业是执行相同职能因而可以相互替代的配置资源的两种机制，企业最显著特征就是对价格机制替代，也就是说，在市场体系中，专业化的经济活动由"看不见的手"协调，分散的资源由价格信号配置。而在企业内部，专业化经济活动由"看得见的手"协调，分散的资源由行政指令配置。企业实质上是一个小的统制经济，市场体系不应该也不能够排除或消除诸如企业具有这样统制经济，相反倒是保证了它们只能在比其他企业或者比市场运行的结果更有效率的时候才能够生存下去。

第二，无论应用市场机制还是运用企业组织来协调生产，都是有成本的。科斯指出，企业组织之所以存在是因为"利用价格机制是有成本的"。新古典经济学假设在市场过程中不存在交易摩擦，因而不存在交易成本，而实际情况是市场交换存在着交易摩擦，从而也存在交易成本。这主要是因为：发现相关价格即获取有关的市场信息，是要支付一些费用的；进行交易谈判，签订交易契约也要支付一些费用的，如雇主到市场上采购原材料、招聘工人，需要花费时间，需要发现价格、需要冒花费成本而购买不到原材料和劳动力或虽已购买到却不适用的风险，当然他还需要签订交易合约并对交易的实行进行监督等等，这一切都构成交易成本。

第三，市场经济中之所以存在企业的原因在于有些交易在企业内部进行比通过市场所花费成本要低。原因如下：若不存在企业，各要素所有者通过市场机制进行合作生产，必须签订一系列相互交易、合作的契约。而当由企业来组织合作生产时，这一系列契约就被一个契约所替代，这无疑可降低交易成本；企业较稳定的长期契约可以降低有些重要交易的发生次数，也可以减少不确定性，从而节省了一部分交易成本；企业内部契约具有这样的特征，即生产要素尤其是劳动力所有者为获得一定报酬而同意在一定限度内服从企业家的指挥。这就使企业家有可能指挥其雇佣的生产要素在最有价值的用途上运作，从而提高效率减少生产费用。

第四，市场机制被替代是由于市场交易有成本，企业没有无限扩张成世界上只有一家巨大企业则是因为企业组织也有成本。市场与企业界限是由以下原则决定：当一个企业扩张到如此规模，以至于再多组织一项交易所引起的成本既等于别的企业组织这次交易成本，也等于市场机制组织这次交易成本时，静态均衡状态就实现了，企业与市场的界限也就划定了。

在科斯对企业性质所探讨的基础上，张五常改进和发展了科斯的企业理论。张五常认为，企业与市场的不同只是一个程度的问题，是契约安排的两种不同形式而已。企业是在下述情况下出现的：私有要素的所有者按合约将要素使用权转让给代理者以获取收入；在此合约中，要素所有者必须遵守某些外来的指挥，而不再靠频频计较他也参与其间的多种活动的市场价格来决定自己的行为。企业并非为取代市场而设立，而仅仅是用要素市场取代产品市场，或者说是"一种合约取代另一种合约"。对这两种合约安排的选择取决于由对代替物定价所节约的交易费用是否能弥补由相应的信息不足而造成的损失。

从20世纪70年代开始，科斯开创的现代企业理论主要沿着两个分支发展，一是交易成本理论，着眼点在于企业与市场的关系；二是代理理论，侧重于分析企业内部组织结构及企业成员之间的代理关系。这两种理论的共同点是都强调企业的契约性，故一般将现代企业理论又称为"企业的契约理论"。

2. 交易成本理论与企业的纵向一体化

科斯把交易成本概念引入经济分析，但他却没能指出交易成本本身的起因和性质，因而不能够使我们全面、系统地理解这些问题。在这些方面，威廉姆森做了进一步的研究，使关于企业、市场等经济组织研究的交易成本理论成为一个严密的体系。

威廉姆森指出，"当一项物品或劳务越过技术上可分的结合部而转移时，交易就发生了"。[①] 技术上可分的结合部指的是技术上不可分的实体之间发生联系的区域。而且，交易是通过某种明确或不明确的契约进行的。所以，交易成本也就是运用经济体制的成本，包括事前成本：协议的起草、谈判的成本和保障协议被执行所需的成本和事后成本：错误应变成本、争吵成本、治理结构的建立和运转成本、使承诺完全兑现而引起的约束成本。

与古典经济学"经济人"行为假定相区别，威廉姆森提出了"契约人"概念，把它作为研究企业等经济组织的出发点。契约人行为的基本假定，一是有限理性（Bounded rationality）。西蒙指出，有限理性是主观上追求理性，但客观上只能有限地做到这一点。二是机会主义（Opportunistic behavior）。威廉姆森提出，它指人们以欺诈手段追求自身利益的行为倾向。包括事前的以保险学中的"逆向选择"为典型；事后的以保险学中的"道德风险"为典型。二

---

① O. E. Williamson. The Economic Institutions of Capitalism. New York：Free Press，1985

者同时存在时，严重的契约困难产生，从而使治理结构的选择成为必要。

威廉姆森进一步提出了描述交易性质的三个维度：一是交易所涉及的资产专用性。当一项耐久性投资被用于支持某些特定交易时，所投入的资产就具有专用性；若交易过早终止，则有"沉没成本"。因此契约关系的连续性意义重大。契约或组织的保障可降低交易成本，非市场治理结构（企业）替代市场治理结构的动因就是保障交易。企业纵向一体化即有些市场采购让位于企业自己生产，从而消除或减少资产专用性所产生的机会主义问题，因为机会主义会受到权威的监督。二是交易所涉及的不确定性，即交易受制于不同程度的不确定性，使应变性的、连续性的决策成为必要，对治理结构的选择很重要，因为不同的治理结构有不同的应变能力，许多交易要求各方必须在一段时间无法确定的未来中承担义务而带来了风险。三是交易发生的频率。多次发生的交易较之一次发生的交易，更容易使治理结构的成本抵消。不同交易分别找到了与之最相适应的使交易成本最小化的组织形式，即从节约交易成本的角度说明并确定了各种经济组织的性质和存在的理由及作用的范围。

威廉姆森根据两种交易频率类型和三种资产专用性程度，通过将具有不同性质的交易分派给不同的治理结构，提出了六种交易类型及其必须与之相匹配的各种治理结构，以使交易成本达到最小化。威廉姆森还用资产的专用性解释了企业纵向一体化现象。他把企业看成是连续生产过程之间不完全合约所导致的纵向一体化实体，指出企业之所以会出现，是因为当合约不可能完全时，纵向一体化能够消除或至少减少资产专用性所产生的机会主义问题。

3. 代理理论和现代企业组织的形成

阿尔钦、德姆赛茨为先导，提出了关于企业内部结构（横向一体化）问题。他们认为在其他条件不变情况下，管理费用越低，在企业内部组织资源的比较优势就越大；通过说明企业的意义是什么，解释在怎样的环境下，管理资源的成本低于由市场交易配置资源的成本的，并在此基础上提出了一系列概念（队生产、测度、监控、偷闲、剩余权利）。

（1）计量问题（the metering problem）

经济组织有两个至关重要的计量需求，即对投入生产率和报酬的计量，计量内容是看报酬的支付与生产率是否一致。其重要性在于，如果计量正确，就能使报酬的支付与生产率相一致，从而促进所有投入所有者的合作，发挥各自在专业化分工与协作中的比较优势，提高整个组织的生产率。如果产出可以计量则由市场机制解决；若产出不能直接计量，则只能由导致能节约计量费用的经济运行方式（企业）完成。企业产生于此。

(2) 队生产（team production）

队生产是指这样一种生产：使用几种类型的资源；产出不是每种合作资源的分产出之和，由一个追加的因素创造了组织问题；队生产所使用的所有资源不属于同一个人。正因为队生产向市场提供的产品是联合产品，而且不是每个成员边际产品之和，使得对参与合作生产的成员的边际产品无法直接地、分别地、便宜地观察和计量，从而必然导致搭便车的问题，队成员因为能将偷闲的成本转嫁给别人，而获得偷闲的激励，结果使队生产的效率受到损害。因此，就有必要寻找监察费用尽可能低的组织方式来进行生产。

(3) 古典企业

队导向的生产可以提高生产率，合作边际产品是有费用的，简单的市场交换难以限制偷闲行为；估计边际生产率是经济的，因为信息不完全。减少偷闲——监督队员生产——监督监督者不偷闲即激励机制的设计或产权制度的安排问题，其有效办法是将剩余索取权赋予监督者，这样，由监督者充当代理人的合同安排形式便产生了，即古典企业产生了。古典企业特征：联合投入的生产；有几个投入的所有者；有一个团体对所有联合投入的合约是共同的；享有这些权力的人可以独立于其他投入所有者的合同，而与任何投入合约进行再谈判；他有剩余索取权；他可以改变队成员的资格；他可以出售这些用来定义古典企业的所有制的权利。

古典企业的实质是一个合约结构，规定了组织的决策程序，明确了剩余索取权；建立了处理问题的机制；又是一种专门收集、整理和出售信息的市场制度；还是一种合同关系，不仅有与雇员的关系，还有与供给商、客户、贷款人的关系，许多投资品分属于不同的所有者。

## 二、东方观点：什么是企业

东方文化以人文精神和非理性主义为特点，十分注重人的因素，道德评判高于一切。而西方文化崇尚理性主义和科学精神，忽视人性，重视理性，不主张道德评判，重视事实评判，这就使东西方对企业看法截然不同，而且经营企业的方式也有很大差别。我们论述了注重理性分析，主要从技术的角度研究企业的西方企业观。在本节中我们主要探讨一下注重人的因素，主要从现实的角度研究企业的东方企业观。由于日本是东方最早进入工业化的国家，同时又是工商企业最发达的国家，因此，我们在这里主要介绍日本学者具有东方特色的企业理论。

（一）东方人本主义企业理论

日本一桥大学伊丹敬之认为，在日本企业经营实践的各种具体方法的背后，有一种潜在的、超越文化与国界的企业经营原理，他把此原理称为"人本主义"。人本主义是与资本主义相对的广义词，它体现于企业的经营方法之中。如果说资本主义是以钱为根本的话，人本主义则是以人为根本来组织经济和经营活动的。

日本"人本主义"企业观的产生，有着深刻的文化和历史背景。一方面，它深受中国儒家文化民本主义思想的影响；另一方面，日本是一个自然资源极其匮乏的岛国，第二次世界大战后又面临着必须在废墟上白手起家的严峻现实。人本主义企业观将人视为企业经济活动中最根本、最具有决定意义的资源，正是抓住了问题的要害，找到了日本经济发展最为可靠的立足点，从而为战后日本经济的腾飞和发展开辟了正确的航道。日本人本主义企业理论的主要观点有以下几个方面。

1. 企业的性质

企业是以财货、服务的提供为主要功能的人与资源的集合体，是被置于一个管理组织之下的社会性存在。第一，企业的根本属性是一种社会性存在；第二，企业的功能是向社会提供财货或服务；第三，企业是由人与资源共同构成的；第四，企业作为人与资源的集合体处于一个管理组织的支配之下。

2. 企业经济活动的本质特征

企业的功能是向社会提供财货或服务，但这种"提供"并不是轻而易举的，企业在"提供"财货或服务的过程中伴随着某种生产难度，解决这种生产困难所必要的技术转换过程才是企业经济活动的本质内容之所在。否则的话，也没有必要成立企业这种组织专门为社会提供财货或服务了。企业的本质特征只能是从事技术性转换。掌握并运用特定的生产技术，才是企业的立足之本。

3. 企业生存的依据

日本经济学界认为，企业之所以生存的原因有二：一是企业所从事的技术性转换比其他企业或非企业的组织方式（如行政命令）有更高的效率，即效率优势是企业生存的主要依据。二是企业所提供的财货或服务是符合社会需求的，否则，企业将失去生存的资格。因此，效率性与社会性的统一既是企业生存的主要依据，也是市场经济对企业的本质要求。

（二）东方企业的特点

日本企业主要具有以下三个方面的特点：

1. 家庭风格与超血缘意识共存

现代日本企业并不是由纯血亲成员集合构成,但其经营方式却带有浓厚的家庭风格。首先,企业内部实行温情主义的家长制管理。所谓温情主义主要表现在工资制度中的年功序列制、组织人事制度中的内部提拔制和终身雇用制、民主管理制度中的企业内部工会制以及各种福利待遇制度。所谓家长制管理主要表现在企业内部上司对下属家长式的绝对权威、职工对其所属企业或集团的忠诚以及对"家长"(企业经营管理者)的服从。其次,日本人不仅把企业看作是谋生场所,更重要的是把其当作一种生活共同体,从中寻求个人生存的价值,使得企业(集团)或成员之间具有一种超越一般职能组织的家庭式亲近感。如职工甚至职工的妻子生病,上司会亲自去探望,职工家里有喜事,上司会亲自登门祝贺,平时上司还会亲自与下属一起用餐等。企业内部成员有一种强烈的家庭归属感。

2. 企业目标与个人利益相融

日本企业文化并不否认职工个人的利益和愿望,也不简单地强调"个人服从组织",它使每个成员都时刻意识到,自己与企业休戚相关,生存与共。主要体现在以下几个方面:一是企业追求的是双重经营目标,一个目标是利润,表明企业是一个利益集团,另一个目标是企业持续性,这表明企业又是一个共同体。企业在分配利润时,经营者往往把职工的利益放在重要位置,职工对企业的依附性也很强。二是利益一体感使企业内部成员之间有着一种共同的纽带,当他们一旦选择了一个企业后,就把自己的利益和企业集团的利益、个人使命和企业的目标融合在一起,有着一种强烈的参加集体活动的愿望和自发的主人翁意识。

3. 儒家伦理与制度理性并用

企业经营者利用儒家文化的"和""忠""仁""信"等思想来强化企业内部凝聚力和企业集团成员之间的信用感和协作精神;同时又利用正式规章制度的建设和完善,实现管理科学化,提高企业运作效率。例如,企业经营者可能会因员工的妻子生病而带着礼品专程驱车去探望,也可能会因为发现某工员工利用办公室电话向家里妻子询问病情而将其开除,前者是可调节的伦理,后者则是刚性的制度,两者合理结合,构成了日本企业管理的综合优势。

## 第三节 市场

本部分主要根据经典的 SCP 理论框架介绍市场结构、市场行为和市场绩效的有关内容，并尽可能对内容作系统的归纳和整理。

### 一、市场结构

（一）市场结构的概念与类型

结构就是构成一定系统的要素之间的关系和组织。在产业组织理论中，产业的市场结构是指企业市场关系的特征和形式。内容包括：卖方（企业）之间的关系；买方（企业或消费者）之间的关系；买卖双方的关系；市场内已有的买方和卖方与正在进入或可能进入市场的买方、卖方之间的关系。上述关系在现实市场中的综合反映就是市场的竞争和垄断关系。因此，也可以说，市场结构是一个反映市场竞争和垄断关系的概念。

1. 四种基本类型的市场结构

张伯伦、罗宾逊夫人根据竞争和垄断程度一般把市场结构分为四种类型。

（1）完全竞争市场

完全竞争市场是不存在垄断、竞争程度最高的市场，它具有以下特征：市场上有大量互相独立的买方和卖方，企业规模小，以致不能影响市场价格；所有企业都提供同质的标准化产品，产品无差异；企业能自由进入退出市场，没有任何限制资源流动和价格变化的障碍；所有买方和卖方都能获得完备信息，不存在由信息产生的交易成本。

显然，完全具有上述特征的完全竞争市场在现实中是不存在的，只具有理论研究上的意义。现实中的农产品市场有点类似完全竞争市场。发达工业经济中的期货市场也基本具备上述条件。

（2）完全垄断市场

完全垄断是指不存在任何竞争。完全垄断市场具有以下特征：完全垄断的产业只有一个企业，企业就是产业；完全垄断企业所提供的产品，没有任何替代品；其他企业难以进入完全垄断产业与垄断企业竞争。和完全竞争市场一样，完全垄断市场在现实中也几乎不存在，只有公用事业如邮政有点类似于此。

(3) 垄断竞争市场

垄断竞争市场是垄断和竞争并存的市场。它具有以下特征：市场上有很多企业，他们对市场可以施加有限影响，但不能控制价格；产业内各企业的产品在质量、商标、外观、广告及销售服务等方面存在差别，产品是相似而不相同，有差别但差别又不是大得不能互相替代；市场进退障碍比较小，企业能自由进入退出市场。这是一种比较接近现实的市场类型。垄断竞争企业在食品工业、服装工业及日用品工业中，是普遍存在的现象。

(4) 寡头垄断市场

寡头垄断市场具有以下特征：产业内只有少数几个企业，企业之间既相互依赖又相互竞争；每个企业占有相当的市场份额，能对价格产生一定影响；市场进退障碍相当大，新企业进入市场和老企业退出市场都相当困难。这也是一种比较接近现实的市场类型。寡头垄断企业在钢铁、有色金属、石油化工、建材、汽车等产业中普遍存在。寡头垄断是产业组织理论重点研究的市场结构。

2. 贝恩的市场结构分类

贝恩依据产业内前四位和前八位的行业集中度指标，对产业结构进行了分类，如表 2-1 所示。

表 2-1　贝恩的市场结构分类

|  | $C_4$ 值（%） | $C_8$ 值（%） |
| --- | --- | --- |
| 寡占 I | 85 | — |
| 寡占 II | $75 \leq C_4 < 85$ | $C_8 \leq 85$ |
| 寡占 III | $50 \leq C_4 < 75$ | $75 \leq C_8 < 85$ |
| 寡占 IV | $35 \leq C_4 < 50$ | $45 \leq C_8 < 75$ |
| 寡占 V | $30 \leq C_4 < 35$ | $40 \leq C_8 < 45$ |
| 竞争型 | $C_4 < 30$ | $C_8 < 40$ |

资料来源：[美] J. S. 贝恩. 产业组织. 丸善1981年版. 141-148

3. 植草益的分类方法

由于各国国情不同，各国学者对本国市场结构分类标准不尽相同，但与贝恩的基本一致。日本学者植草益运用本国 1963 年的统计资料，对不同的市场结构所做的分类如表 2-2 所示。

表 2-2　植草益的市场结构分类

| 市场结构 | | $C_8$ 值（%） | 产业规模状况（亿日元） | |
| --- | --- | --- | --- | --- |
| 粗分 | 细分 | | 大规模 | 小规模 |
| 寡占型 | 极高寡占型 中寡占型 | 高、$70 < C_8$ $40 < C_8 < 70$ | 年生产额 >200 年生产额 >200 | 年生产额 <200 年生产额 <200 |
| 竞争型 | 低集中竞争型 散竞争型 | 分 $20 < C_8 < 40$ $C_8 < 20$ | 年生产额 >200 年生产额 >200 | 年生产额 <200 年生产额 <200 |

资料来源：[日] 植草益. 产业组织论. 筑摩 1982 年版

（二）影响市场结构的因素

决定市场结构的因素很多，主要包括：市场集中度、产品差异化、进入和退出壁垒、市场需求的价格弹性、市场需求的增长率、短期成本结构。这些因素是相互影响的，其中一个因素改变时也会导致其他因素的变化，从而使整个市场结构的特征发生变化。

1. 市场集中度

市场集中度是指特定产业的生产经营集中程度，一般用该产业中最大的主要的企业所拥有的生产要素或其产销量占整个产业的比重来表示。一般地说，集中度高就表明在特定产业中少数大企业拥有较大的经济支配能力，或者说具备了一定程度的垄断能力。因此，不管这少数大企业在主观上是否有使用垄断力量的动机，但集中度高已经表明了他们在客观上具有了垄断力量。

因集中度反映的是产业生产经营的集中程度，所以该产业内大企业的规模和市场容量就是两个直接影响因素。

（1）企业规模变化与集中度

某产业的市场容量既定，少数大企业的规模越大，集中度就越高；反之，则相反。导致企业规模变化的主要因素有：第一，企业有扩大规模的动机。一是追求规模经济效益。每个企业都力求把自己的企业规模扩展到单位产品的生产成本和销售费用达到最小的水平，即最优规模的水平；二是垄断的动机。企业试图通过扩大规模，提高市场占有率；三是企业经营者出于自身利益需要而追求扩大企业的规模。第二，技术进步为企业扩大规模提供了可能。随着工业生产技术的发展，大型机械设备和大型生产线使产品生产经营的规模扩大。第三，政府经济政策和法律的影响。如反托拉斯法限制规模企业的合并和联合；许多国家为了提高本国企业人国际市场上的竞争实力，采取一些优惠政策，鼓励企业扩大规模。从长期的发展过程来看，上述因素综合作用的结果是企业规模有扩大的趋势。

(2) 市场容量变化与集中度

市场容量的变化与集中度的基本关系是：市场容量扩大容易降低集中度，市场容量缩小或不变容易提高集中度。大企业常在市场容量缩小或不变时加强兼并，在市场容量扩大时率先发展；只有出现很高的市场容量增长率并超过大企业扩张的速度时，才有可能导致集中度的降低。

影响市场容量变化的主要因素有：一是经济发展速度。经济发展速度是决定总需求的一个重要因素，因而也是市场容量的一个重要决定因素；二是居民收入水平和消费结构的变化情况。它们直接决定了最终消费品产业的市场容量变化情况，也是间接决定生产资料产业市场容量的一个因素；三是国家经济政策。例如，扩张的财政货币政策刺激总需求的扩张，扩大对生产资料的需求，提高居民购买能力，进而起了促进消费品产业和生产资料产业市场容量扩大的作用；扶持重点产业的发展，则会引起与重点产业相关联的产业市场容量的扩大。

2. 产品差别化

产品差别化是指在同类产品的生产中，不同企业所提供的产品所具有的不同特点和差异。企业制造差别产品的目的是为了引起买者对该企业产品的特殊偏好，从而在市场竞争中占据有利地位，因此对企业来说，产品差别化是一种经营手段，一种非价格竞争手段。例如，生产牙膏的企业可以通过各种方法使本企业牙膏和同类产品相比具有特色（双氟、儿童防龋、清凉薄荷口味等），以致对一部分消费者产生强烈吸引力，专爱使用该企业生产的牙膏。通过产品差异化，企业就可以找到属于自己的稳定的目标市场，它所生产的产品被其他竞争性产品替代的可能性也降低了，结果自然破坏了完全竞争的局面，使市场结构向着垄断竞争的趋势发展，最终可能导致寡头垄断和完全垄断的市场结构。形成产品差别化的因素主要有以下几方面。

（1）产品的物理性差异。产品的用途本质相同，但性能、构造、外观等有所不同，直接影响产品的使用效果。

（2）买方的主观差异。即由于企业的广告、宣传等促销活动而引起买方对这一产品的偏好；或买方受消费潮流的影响而对某种产品生产偏好；或者是由于买方对产品不够了解而产生的主观差异。

（3）对买方的服务差异。包括向买方提供有关信息、发送服务、技术维修服务、提供信用支持等。在这些服务方面的差异会引起买方对商品的不同偏好。

（4）地理位置差异。因企业或销售点的位置不同而给买方带来的购买时间、方便程度、运输成本的差异，这也会造成买方在产品选择上的差异。

（5）特殊促销活动差异。如赠礼品、配附件、进行有奖销售等活动而造成买方在产品选择上的差异。

3. 市场进入和退出障碍

（1）进入障碍（barriers to entry）

进入障碍又称进入壁垒或进入门槛，它是指产业内已有企业对准备进入或正在进入该产业的新企业所拥有的优势，或者说是新企业在进入该产业时所遇到的不利因素和限制。由于市场容量和生产资源是有限的，新企业一旦进入某一产业，必须与该产业内的原有企业展开争夺市场和资源的竞争。进入障碍的大小反映了新企业在进入该产业过程中所遇到困难的大小。如果某产业的进入障碍大，就是新企业在进入该产业时遇到的困难大，一般企业就难以顺利进入，相对而言，该产业的竞争程度就要弱一些，垄断程度就要强一些。因而进入障碍是影响市场垄断和竞争关系的一个重要因素，也是市场结构的一个基本因素。形成进入障碍的因素有以下几方面。

第一，规模经济。新企业在进入某一产业的初期，一般难以充分享受规模的经济性，相对于产业内已有的企业其生产成本必然较高，这就是规模经济障碍。产生这个障碍的原因有：一是由于筹资的困难，新企业进入产业时的生产规模远小于最佳生产规模。对规模经济性显著的产业，小规模生产可导致单位产品生产成本大量增加，远远超过原有企业的平均生产成本；二是即使克服了筹资的困难，新企业在生产经营的初期也难以获得与最佳生产规模相适应的市场份额，即使有了发挥规模经济的生产能力，但由于市场所限，或者开工率比较低、或者产品积压、或者低价销售，结果都对新企业不利。

第二，绝对费用优势。老企业一般都占有一些稀缺的资源和生产要素。例如，在原料占有上的优势；对专利和技术诀窍的占有优势；产品销售渠道和运输条件上的优势；人才优势等。新企业要进入某产业和老企业竞争就要获取这些资源，所需的费用就是绝对费用。由绝对费用而引起的新企业成本大幅度增加被称为绝对费用障碍。

第三，产品差别化。产品差别化障碍是指买者对老企业产品的偏好程度高于新企业产品，以致引起新企业产品进入市场的困难。一般来说，老企业利用广告宣传和其他促销手段，其产品和商标已为买者所熟悉，其市场形象和信誉已经确立。新企业欲使自己的产品占领市场，必先让买者了解自己的产品，树立形象和信誉，这需要投入大量资金、加强广告宣传、建立销售网络和服务系统、培训销售人员等。这样新企业的销售费用必然大大超过老企业，其产品成本也随之增加。

第四，政策和法规。国家对新建企业的行政管理以及相关的经济政策和法规，也不同程度地形成了新企业进入某些产业的障碍。例如，在某些产业中，开设企业需要经过复杂的批准程序，购买国外技术和进口设备、原材料都需要批准发证，资金的筹措分配也要受到政策和法规的制约。

（2）退出障碍（barriers to exit）

所谓退出是指某个企业停止作为卖方的行为，从那个产业撤退。退出包括破产和转产两种情况。从理论上讲，某个企业长期经营亏损、资不抵债，不能正常进行生产经营，就应该退出该产业，转产或破产。但实际上这样的企业由于受到种种限制很难从该产业中退出，那些对退出的限制就是该企业在退出该产业时所遇到的障碍，即退出障碍。退出障碍主要包括以下几方面。

第一，资产专用性和沉没成本。企业投资形成的固定资产（设备、厂房及其他建筑物等）由于用于特定产品的生产及销售而变得特殊化，在很多情况下不容易将企业特定用途的固定资产转用或转卖给生产和销售其他产品的企业。当企业退出一个产业向其他产业转移时，由于部分设备的专用性特别强，企业在转产时不得不废弃这些设备，这些设备的价值就不能收回。这种不能收回的费用就叫沉没成本，它是企业退出产业时的一种损失，也就构成了企业退出时的障碍。

第二，解雇费用。在大多数情况下，企业退出某个产业时需要解雇工人。解雇工人要支付退职金、解雇工资，有时为了让工人改行，还需要培训费用和转移费用。这些费用就是企业在退出某产业时要付出的代价，也就构成了企业退出时的障碍。

第三，结合生产。结合生产在许多产业中存在。例如，在石油精炼产业中，从汽油到轻油、煤油、重油等多种产品用石油结合生产，现在，即使重油市场上的需求显著下降，但降低重油生产量却有限度。这样，结合生产的产业即使其一部分市场需求下降，但作为结合生产结果的一部分要单独退出是相当困难的。

第四，政策和法规。政府为了一定的目的，往往通过制定政策和法规来限制生产某些产品的企业从产业中退出。例如，在电力、邮电、煤气等提供公共产品的产业中，各国政府都制定相应的政策和法规来限制企业的退出。

（三）市场结构的计量

1. 计量产业的垄断和竞争程度

这方面的指标主要有：

（1）行业集中度（concentration ratio）

行业集中度是指产业内规模处于前几位的企业的生产、销售、资产或职工

的累计数量占整个产业的比重,计算公式为:

$$C_n = \sum_{i=1}^{n} X_i / \sum_{i=1}^{N} X_i \qquad (2-2)$$

其中:$C_n$ 为 X 产业内规模最大的前几位企业的集中度,$X_i$ 为 X 产业内第 i 位企业的生产额、销售额、资产额、职工人数,n 为 X 产业内的企业数,N 为 X 产业的全部企业数。

这一指数的测算相对比较容易,而且又能较好地反映产业内的生产集中状况,显示产业的垄断和竞争程度,因此是使用很广泛的反映市场结构的指数。贝恩和植草益就是使用它划分了市场结构。但是,由于该指标只考察少数大企业的生产集中程度,而没有考察产业内企业规模分布情况;无法反映大企业之间的相对集中情况;难以反映市场份额和产品差异程度的变化情况。

(2) 洛伦兹曲线 (Lorenz curve)

洛伦兹曲线反映的是产业中由小到大企业数量的累积百分比与其规模(市场占有率)的累积百分比之间的关系。在图 2-3 中,如果洛伦兹曲线与 45°线重合,则说明该产业中所有企业具有相同规模;如果洛伦兹曲线凸向右下角,则说明该产业中企业规模分布是不均匀的,洛伦兹曲线偏离 45°线的程度越大,则表明企业规模分布的不均匀度也越大。应该注意到,洛伦兹曲线不能有效地反映集中程度的变化情况。例如,产业中小企业数目的减少使得剩余的企业在规模上更接近了,于是产业内企业规模分布不均匀度下降了,但集中度却上升了。

(3) 基尼系数 (Gini coefficient)

基尼系数建立在洛伦兹曲线基础上,是把洛伦兹曲线所反映的不均匀度用数量表示出来。计算公式为:$G = L/M$ \qquad (2-3)

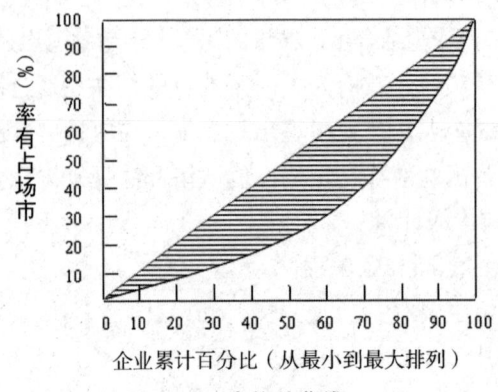

图 2-3 洛伦兹曲线

其中：L 为洛伦兹曲线与均匀分布线（对角线）之间的面积；M 为洛伦兹曲线与右下方两条直角边之间的面积。0≤G≤1，基尼系数越小，说明企业规模分布越接近于均等；反之，则说明越不均等。基尼系数与洛伦兹曲线一样，是度量某个特定市场的，G=0 时，可能是 2 家各占 50% 市场份额的企业组成的，也可能是 100 家各占 1% 市场份额的企业组成；G 相等，不能代表某一特定市场中的一种企业规模分布状况。

（4）赫芬达尔——赫希曼指数（Herfindhl–Hirschman index）

HHI 指数也是一种反映产业中企业规模分布的指标，计算公式为：

$$HHI = \sum_{i=1}^{n}(X_i/X)^2 = \sum_{i=1}^{n}S_i^2 \qquad (2-4)$$

其中：n 为产业中的企业数目；$X_i$ 为第 i 位企业的规模；X 为产业的总规模 $S_i^2$ 是 i 位企业的市场占有率。

HHI 指数有如下特点：当独家企业垄断时，HHI=1。当所有企业规模相同时，HHI=1/n。因而这一指数在 1/n 到 1 之间变动。数值越大，表明企业规模分布的不均匀度越高；前几位企业的 $X_i/X$ 数值对指数影响大，后面小企业的 $X_i/X$ 数值对指数影响很小。所以，该指数既计量了绝对集中度也计量了相对集中度；该指数能较好地计量全部产业生产集中的变化情况。例如，某产业有甲、乙两个企业，$S_甲 = X_甲/T$，$S_乙 = X_乙/T$，当这两个企业合并时，恒有：$(S_甲 + S_乙)^2 - (S_甲^2 + S_乙^2) = 2S_甲 S_乙 > 0$，即 $(S_甲 + S_乙)^2 > S_甲^2 + S_乙^2$

因此，只要企业合并，该指数值就会增加；只要企业分解，该指数值就会减少。

2. 计量单个企业的垄断势力

（1）勒纳指数。勒纳提出，以企业为产品所定的价格比其边际成本高多少，作为衡量企业垄断势力的标准。以 $I_L$ 表示勒纳指数，计算公式为：

$$I_L = (P - MC)/P \qquad (2-5)$$

其中：P 为产品价格，MC 为产品边际成本。因为 P≥MC，且均为正值，故 $0 \leq I_L < 1$。勒纳指数数值越大表明垄断势力越大。这个指数本质上是根据垄断企业的行为来计量其垄断势力，它计量的是价格偏离边际成本的程度。例如 MC=5 元，垄断价格=10 元，则勒纳指数就等于 (10-5)/10=0.5。

（2）贝恩指数。贝恩主张以企业为产品所定价格比其平均成本高多少，作为衡量企业垄断势力时的标准。以 $I_B$ 表示贝恩指数，计算公式为：

$$IB = (P - AC)/P \qquad (2-6)$$

其中：AC 为产品的平均成本（包括平均利润）。因为 P≥AC，且均为正值，故 0≤IB<1。贝恩指数数值越大表明垄断势力越大。这个指数本质上是根据绩效来计量企业的垄断势力，它计量的是企业获取超额利润（P-AC）的程度。例如，平均成本 = 6 元，垄断价格 = 10 元，则贝恩指数就等于 (10-6)/10 = 0.4。

贝恩曾根据该标准对产业的进入障碍类型作了划分。高度进入障碍产业，销售价格比平均费用（包括平均利润）高 10%，新企业难以进入的产业；较高进入障碍产业，销售价格比平均费用高 6~8% 时，新企业仍难以进入的产业；中等进入障碍产业，销售价格比平均费用高 4% 左右，新企业仍难以进入的产业；低度进入障碍产业，销售价格高于平均费用 2% 以内，新企业较容易进入的产业。

(3) 规模经济障碍系数。计算公式为：

$$d = (最优规模/市场容量) \times 100\% \qquad (2-7)$$

d 是企业最优规模占中场总容量的比重，市场总容量既定时，d 越大，说明企业最优规模越大，因而从规模经济角度考察的进入障碍也就越大。植草益利用该办法对产业进入障碍程度作了测算，提出了如下标准：d 为 10%~25% 时，该产业为高度规模经济障碍；d 为 5%~9% 时，该产业为较高规模经济障碍；d 为 5% 以下时，该产业为中等或较低程度的规模经济障碍。

3. 计量产品的替代程度

(1) 需求的交叉弹性。需求交叉弹性是指某种产品 i 价格的相对变化而引起的另一种相关产品 j 的需求量的相对变动。即 j 产品对 i 产品需求的交叉价格弹性系数为 $Q_{ij}$。公式为：

$$Q_{ij} = (dq_i/q_i) / (dp_j/p_j) \qquad (2-8)$$

式中：$Q_{ij}$ 是 i 产品需求量对 j 产品价格的交叉弹性；$dq_i/q_i$ 是 i 产品的需求变化率；$dp_j/p_j$ 是 j 产品的价格变化率。

$Q_{ij} > 0$ 时，i、j 交叉价格与需求量成同向变化，如橘子价格上升，需求量下降，其替代品苹果价格不变，需求量上升。$Q_{ij}$ 越大，替代性越强，竞争程度越强。$Q_{ij} < 0$，i、j 是互补品，如汽车与汽油，$Q_{ij}$ 越大，互补性越强；$Q_{ij} = 0$，i、j 为独立品。

(2) 广告密度。广告是企业用来传递产品差异信息的最重要和最常用的手段。广告密度的计算公式为：

$$广告密度 = AD/SL \qquad (2-9)$$

式中：AD——产品广告费用的绝对金额；SL——产品销售额。

植草益对日本 31 个产业 1997 年的广告费用和广告密度进行了实证研究，并用广告费用的绝对额和广告密度两项指标对衡量产业市场的产品差别程度的标准作了如下分类：AD/SL≥3.5% 或 AD≥20 亿日元，为很高产品差别产业，并且产业市场中存在重要的非广告性的产品差别因素；1% ≤AD/SL <3.5% 或 10 亿日元≤AD <20 亿日元，为高产品差别产业，并且产业市场上存在较为重要的非广告性的产品差别因素；AD/SL <1% 或 AD <10 亿日元，为中产品差别产业。

广告对产品差别化程度影响较大，广告活动的数据相对比较容易收集，因此在产业组织研究中，主要是通过广告费用的有关指标来分析产品差别化程度的。

## 二、市场行为

产业组织理论主要研究寡头企业的行为。市场行为是指企业为实现其经营目标而根据市场环境的情况采取相应行动的行为。经营目标是企业市场行为的目的和动力。市场环境主要指影响市场运行结果的各种因素，包括消费者和竞争对手的心理和信心；现实的和潜在的竞争对手的数量；各厂商的生产技术；竞争对手进入产业的成本和速度等，它是企业市场行为的主要制约因素。市场行为主要包括三方面的内容：一是以控制和影响价格为基本特征和直接目的的价格行为，包括成本加目标利润定价行为、各种协调性定价行为以及限制性定价行为和掠夺性定价行为。二是以促进销售、提高市场占有率为主要内容的促销行为，如广告行为等。三是以产权关系变动为主要特征的企业组织调整行为，如横向合并和纵向一体化行为。据此，我们将市场行为分成两大类：市场竞争行为和市场协调行为。

（一）市场竞争行为

市场竞争行为可以分成三种具体的行为：定价行为、广告行为和兼并行为。

1. 定价行为

（1）限制性定价行为（Entry Limit Pricing）

限制性价格又称阻止进入价格，是指寡头垄断市场中的原有企业选择一个既能带来部分垄断利润而又不足以吸引新的竞争对手进入的价格，直接目的是阻止进入，但实质是牺牲部分短期利润而追求长期利润最大化。

前提：行为能够实施并取得效果必须满足如下三个假设条件（贝恩—索罗斯假定）：原有企业和潜在进入企业都谋求长期利润最大化；原有企业认为，进入企业会认定进入后原有企业会维持其产量，价格会因新企业增加产量而下降；原有企业很容易通过串通来制定进入阻止价格。

进入阻止价格定位水平受两个因素影响：一是市场进入壁垒。进入壁垒高，进入阻止定价可以高些；反之，进入壁垒低，进入阻止定价则必须低些。否则，难以达到阻止新企业进入的预期目的。二是经济规模。当经济规模是主要的进入壁垒时，产业内原有企业的定价水平的原则是：使非经济规模条件下生产的新企业无利可图，迫使它们退出市场；适当增加产量，减少新企业可能获得的市场份额，迫使它们成本上升，从而不得不退出市场。

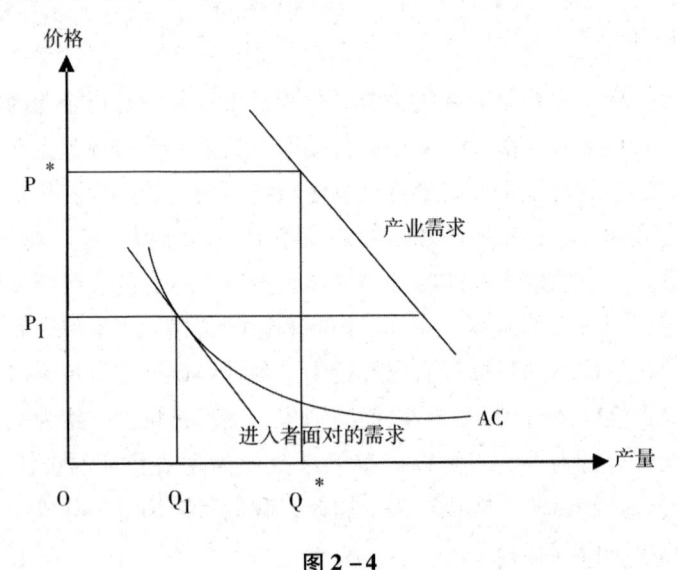

图 2-4

图 2-4 显示的是进入者和在位厂商的行为。设进入者、在位厂商面对同样的产业需求曲线、平均成本曲线 AC。若在位厂商生产 $Q^*$，新厂商进入时在位厂商仍生产 $Q^*$，则新厂商面对的需求曲线为产业需求曲线减 $Q^*$，即产业需求曲线左移 $Q^*$ 个单位。若新厂商不进入，价格为 $P^*$；若新厂商进入，生

产 $Q_1$，则产业总产量为 $Q_1 + Q^*$，价格为 $P_1$，$P_1$ 正好等于进入者（产量为 $Q_1$）的 AC，意味着不存在对进入的刺激；若产量为 $Q^*$，进入者面对的剩余需求曲线低于 AC，则进入者不获利。在位厂商选择能够产生这种效果的产量 $Q^*$，能够获得的价格 $P^*$，这样的 $P^*$ 为限制性价格。

这一策略行为存在的主要问题是，为什么进入者会相信在位者像它说的那样只生产 $Q^*$ 产量。后来者认为，使它可信的是当进入者进入时，市场环境要使得在位厂商具有生产 $Q^*$ 单位产量的动机。如已投资建设的生产能力，即厂商1在第一期花钱限制自己在第二期的产量（置之死地而后生），这是一个扩展型博弈（extensive form game），它显示了每一个厂商客户所有可能的行动及其后果。

（2）掠夺性定价行为（predatory pricing）

掠夺性价格也称驱逐竞争对手定价行为，是指一企业以低于自己生产成本的价格，力图将其竞争对手挤垮，以垄断市场的行为。这种定价并不是经常发生的，大企业对小企业通常是兼并而不是驱逐出产业，因为兼并既能避免短期降低价格的损失，又能达到消灭竞争者的目的。只有在两种情况下会出现驱逐竞争对手的定价行为：一种是兼并成本过高；另一种是在谈判过程中，实行降价活动以提高讨价还价的条件。

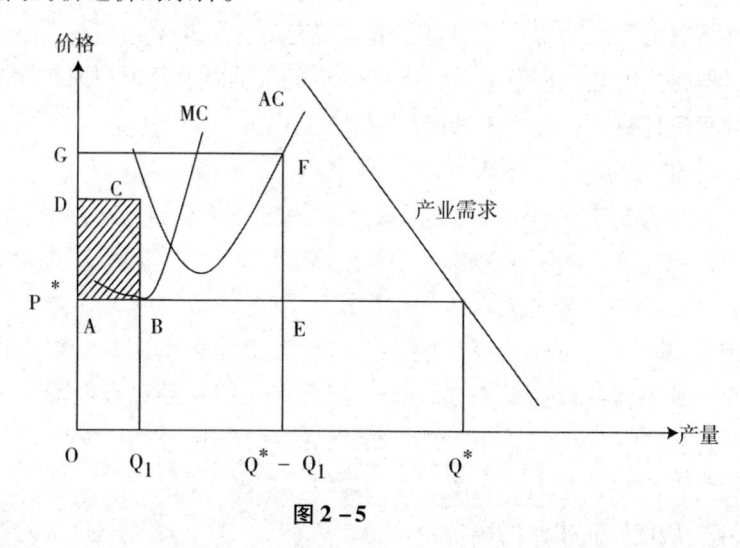

**图 2 - 5**

图 2 - 5 中，若厂商希望价格降到 $P^*$，使对手退出，此时，厂商必须生产 $Q^*$。设在位厂商与竞争对手 MC、AC 相同，则对手能生产的产量仅为 $Q_1$，损失量为 ABCD；在位厂商此时只能够生产 $Q^* - Q_1$，而使总产量为 $Q^*$，价格为 $P^*$。为生产 $Q^* - Q_1$，在位厂商 MC、AC 均高于 $P^*$，所以损失为 AEFG。而

且 AEFG ＞ ABCD。该定价方法是经常提到的非法取得垄断地位的手段之一。在著名的洛克菲勒石油公司垄断一案（1911年）中，美国最高法庭认为在19世纪的最后二十几年里，该石油公司以杀伤性定价方法先后使得近120个小石油公司濒临破产，然后将其收买，从而控制了当时采油和炼油市场的90％。洛克菲勒石油公司被判为垄断罪，并在法庭的命令下分割为34个小公司。

企业还可以采用其他"非正当的竞争手段"来垄断一个行业。1945年，美国政府指控阿洛卡（Aloca）公司通过一系列手段企图垄断制铝行业，其中之一是所谓"价格挤压"方法。阿洛卡是生产铝锭的主要厂家，除为其他生产铝板的公司提供原料之外，它自己同时也生产铝板。为了扩大它在制铝行业的地位，阿洛卡大幅度提高了其铝锭的价格，使得其他铝板生产者的成本上涨，无法与之竞争。这种"价格挤压"的做法被法庭判为非法。

掠夺性定价有三个重要的特征：在掠夺性定价中出现的价格下降，一般是暂时性的；在掠夺性定价中企业发动暂时性降价，实质目的是要缩减供给量；一般情况下，采用掠夺性定价策略的都是市场上势力雄厚的大企业。

掠夺性定价行为后果和影响：一般发生在大企业和小企业之间，大企业采用这种策略的目的主要在于驱逐或消灭现有的竞争对手或是教训不合作的竞争对手，但是同时它也向意欲进入市场的新企业发出了警告。掠夺性定价对市场结构的竞争性将产生极为不利的影响。

2. 广告行为

广告行为是企业在市场上经常采用的一种主要的非价格竞争的方式。现代社会广告的规模、影响越来越大。据有关统计，我国居民受广告影响发生的购物行为占60.4％，年轻人对广告信赖程度高，为62.5％，个体业主受影响最大，为62.9％，无业人员受影响小。不同类型的物品影响不同：日用品广告效果大，其中营养保健品为82.9％，依次为快捷食品如方便面、火腿；洗洁用品、化妆品、妇女用品；饮料酒类烟；耐用品小，其中冰箱、彩电大些；影响小的是自行车、电脑。电视广告占优势，报纸次之。

（1）最优广告水平的确定

在市场经济中，企业的广告费支出与其销售收入有密切的联系，广告费支出的增加将导致销售收入的增加。最优广告水平就是使企业利润最大化的广告费支出水平。既然广告费支出影响产品销量，那么企业的需求函数可以表示为 Q＝Q（P，A），其中Q为销量，P为价格，A为广告费，该函数表示企业产品销量由价格和广告费共同决定。企业的利润函数可以表示为 $\pi = P \cdot Q - C(Q) - A$，其中 $C(Q)$ 为成本函数，表明成本由销量决定。

把利润函数分别对价格 P 和广告费 A 求偏导数，并令偏导数为 0，经推导可得下式：

$$A/(Q \cdot P) = a/e \qquad (2-10)$$

其中：e 为需求价格弹性，即需求量变化率与价格变化率之比；a 为需求广告弹性，即需求量变化率与广告费变化率之比。当广告费与销售收入的比率等于需求广告弹性与需求价格弹性的比率时，企业得到最大利润。

（2）产品特点与广告

广告费与销售收入的比率为广告密度，广告密度取决于产品的特点。

一般来说，消费品产业的广告密度普遍高于生产资料产业的广告密度。因为相对于消费品的购买者来说，生产资料的购买者具有更多的有关他所购买产品的知识和信息，因而其购买决策较少受广告的影响。另外，由于生产资料的技术经济特点，生产资料的生产企业更倾向于依靠销售服务而不是广告来促销。

消费品可以被分为两类。先验商品（Search goods）和后验商品（Experience goods）。先验商品又叫搜寻品，指的是那些在购买之前质量可以检验的商品，例如家具、服装以及其他主要性质可通过视觉或触觉检查而确定的商品。后验商品又叫经验品，指的是那些质量必须在购买之后才能检验的商品，例如加工食品、软件设计和心理治疗。对于先验商品，广告主要是向消费者如实地提供有关产品的信息，如产品的品质特征等。对于后验商品，广告主要是向消费者宣传产品的存在和信誉，试图影响消费者的购买决策。经验数据表明，后验商品的广告密度比先验商品要高。

消费品也可以被分为方便商品和选购商品两类。方便商品的特点是单价低、购买频率高，选购商品的特点是单价高、购买频率低。对于选购商品，消费者购买时主要考虑的是产品特点和销售服务，较少受广告的影响。对于方便商品，消费者购买时受广告的影响较大，因为在这种情况下，消费者在每次购买时不愿花很多的精力和时间去考虑。经验数据也证实了方便商品的广告密度比选购商品广告密度要高。广告也是造成产品差别化的重要原因。广告通过电视、报纸等传播媒体，把有关产品的信息提供给消费者，宣传产品的性能和特色，引起消费者注意本企业的产品，经过一段时间后，会使部分消费者产生对该产品的特殊偏好，最终影响消费者的购买决策。

(3) 市场结构与广告

一些研究表明广告密度与集中度有关，中等集中度的产业比高或低集中度的产业具有更高的广告密度。造成这种关系的原因：刚开始时随着集中度的提高、企业销售收入的增加，企业盈利会随之增加，广告费也随之增加；随着集中度的继续提高，企业数量减少，相互之间的依存性增大，这时，企业不得不考虑竞争对于对自己所做广告的反应，为避免在广告竞争中两败俱伤，他们被迫减少广告。

对于竞争性产业来说，广告有提高集中度的作用。这是因为，当所有竞争企业都从事广告活动时，他们的市场份额将随广告活动的成败而变化。成功的广告会使企业拥有更多的消费者，把其他企业的顾客也吸引过来，市场份额提高。失败的广告会使企业失去顾客，甚至被迫退出市场。所以说广告竞争的结果会使竞争产业的集中度提高。实证研究也表明，广告活动是竞争企业市场份额差距拉大的重要原因。

广告会增强进入障碍。产业内原有企业经过做大量的广告已经为其产品在市场上树立了信誉，商标已为消费者所熟悉和认可，已经拥有了稳定的消费者群。也就是说产业内原有企业所投入的广告费已经通过商标和信誉形成了无形资产。因此，新企业在进入市场初期就不得不支出较高的广告费，这就给新企业的进入增加了障碍。

3. 企业兼并

企业兼并是指在商品经济条件下，财产独立或相对独立的法人通过市场购买或其他有偿转让的形式，获取其他企业法人的资产，从而实现产权转移的经济行为。这一定义包括五个内涵：第一，企业兼并的存在基础是商品经济。第二，企业兼并的活动主体是财产独立或相对独立的企业法人。第三，企业兼并是以产权有偿转让为基本标志的。第四，企业兼并是市场竞争中的优胜劣汰。第五，企业兼并的落脚点是吞并或吸收其他企业法人的资产，从而实现产权转移。

以美国为首的资本主义国家曾经发生了5次大的兼并高潮，特别是世纪之交兼并表现出新的特点：并购数量增多，数额巨大。牵涉的企业数量多，并购规模大；并购行业广泛，热点日益突出；涉及的国家多，地理分布正发生变化；并购方式多样，强强联合占主导地位，并有跨国并购；并购浪潮影响深远。会对各国和国际的市场集中度、市场份额、市场结构等产生深远影响。将使产业结构、市场结构在全球范围内发生大的变化。

（1）企业兼并的类型

一是水平兼并（Horizontal Merger）。又称横向兼并，是指进行兼并的企业属于同一产业、生产同一类产品或处于同一的加工工艺阶段，面对同一的市场。例如，两家企业都生产手表，它们之间进行了兼并就可以称为水平兼并。

二是垂直兼并（Vertical Merger），又称纵向兼并，是指进行兼并的企业之间存在着垂直的联系，分别处于生产和流通过程的不同阶段。例如，纺织企业和服装企业，前者向后者提供原材料，后者是前者的买主，这两个企业之间的兼并就是垂直兼并。

三是混合兼并（Conglomerate Merger），是指分属不同产业，生产工艺上没有关联关系，产品也完全不相同的企业间的兼并。例如，生产手表的企业和生产服装的企业，分别属于不同产业，生产工艺上没有关联关系，产品完全不同，如果他们之间进行了兼并就可称为混合兼并。

（2）企业兼并的动机

一是获得规模经济效益。通过兼并扩大经营规模可以降低平均成本，从而提高利润。通过兼并所获得的规模经济效益可分为三个方面。第一，财务上的规模经济效益。例如，兼并后因为大量购买的折扣可减少原材料采购成本，规模大、实力强可以得到较低利率的贷款，减少中间环节可降低促销费用等。第二种是技术上的规模经济效益。由于规模的扩大，设备的专业化，生产的自动化与连续化水平就可以提高，这样，生产出同样多的产品只需要较少的投入，第三种是"协同效应"。协同效应可以从互补性活动的联合生产中产生。例如，一家企业拥有一支强大的研究与开发技术力量，另一家企业拥有一批出色的经营管理人员，这两家企业兼并后，便会产生协同效应。

二是降低进入新产业的障碍。一般来说，当企业试图进入新的产业时，它可以通过在新产业里投资新建企业的方式，也可以通过兼并新产业里的原有企业的方式。采用新建企业的方式，将会遇到全部的进入障碍，而且新增生产能力对产业的供求平衡会产生影响，如果新增生产能力很大，产业生产能力出现过剩，就有可能引发价格战。在采用兼并方法时，一方面可以大幅度降低进入障碍；另一方面，由于兼并一般不给产业增加新的生产能力，短期内产业内部的竞争结构保持不变，引起价格战或报复的可能性大大减少了。

三是增强市场力量。通过兼并，企业的市场占有率上升，企业的市场力量即企业影响和控制市场的能力也随之增强。一般来说，市场占有率越高，企业的市场力量就越强，也就越有可能获得垄断超额利润。对于企业来说，提高市场占有率也可以采取价格竞争和非价格竞争等手段击败竞争对手，占领他的市场,但这时对方也会采取相同的手段加以还击。如果采用兼并的方式,则被兼并者的市场就自然归兼并者了。

四是确保原材料半成品等投入品的供应。因为将生产的不同阶段集中在一家大企业之内,一方面可以保证生产的诸环节更好地衔接,保证原材料、半成品等投入品的供应;另一方面还可以降低运输费用、节省原材料、燃料,从而降低产品成本。企业间的垂直兼并与此原因关系较大。

五是减少风险。有些企业通过兼并某些与自己产品无关的企业实行经营多样化。这样,如果企业在某种产品的经营上出现亏损,往往可以从另一些产品的盈利中得到补偿。

六是企业家的成就感和心理满足。企业规模的不断扩大,预示着企业兴旺发达,此时,作为企业领导人就会有一种成就感和心理满足,因为这些人是职业企业家,其职业就是领导企业取得发展。企业家与一般股东不同,股东只对股息感兴趣,只关心利润,而企业家则更多地关心企业长远发展,因为这将影响他们的权力、收入和社会地位等。

(二)价格协调行为

价格协调行为是指企业之间在价格决定和调整过程中相互协调而采取的共同行为。企业间协调价格的基本目的是:限制价格竞争,共同控制市场,获取垄断利润。常见的价格协调行为主要有:卡特尔和价格领导制。

1. 卡特尔(Cartel)

卡特尔也称为共谋或串谋,是指以限制竞争、控制市场、谋求最大利润为目的的同一产业内独立企业间的一种协调形式。主要有两种类型:一种是有明确的文字协定,称为明确协定卡特尔;另一种只有口头协定而无文字协定,称为秘密协定卡特尔。

(1) 卡特尔的动机

某个产业卡特尔化之后,由于所有企业一致行动,所以价格将随各个企业产量的变化而变化,这时单位企业所面临的需求曲线 D 就不是水平的而是向右下方倾斜的了,和完全竞争条件下的产业需求曲线重合。需求曲线向下倾斜,边际收入曲线必然在需求曲线之下。以利润最大化为目标定价,卡特尔内单个企业的价格定为 $P'$,产量定为 $Q'$。由于 $OP' > OP$,于是企业获得了垄断利润。因此,卡特尔化的动机是获取垄断利润。如图 2-6。

图 2-6

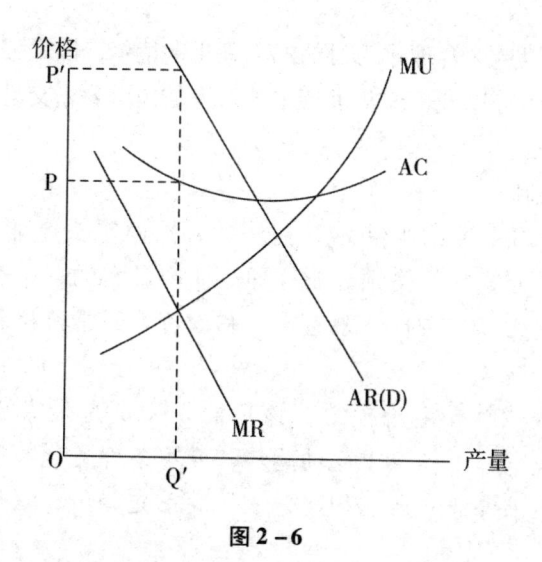

**（2）卡特尔的不稳定性和组织措施**

卡特尔内的单个企业总是有企图违约，暗中削价的倾向，这是因为如果卡特尔内的其他成员仍然守约，那么单个违约者在价格上的较小下降就会引起对其产品需求的大量增加，因而导致其总收益大幅度增加。由于收益增加的诱惑，当卡特尔内有较多企业违约时，这样的卡特尔就要瓦解了。因此，可以说如果没有强有力的手段维持，卡特尔难以持久。为了维持和管理卡特尔，通常采取两种基本的组织措施：组织内强制和组织外强制。组织内强制是指为保证协定的执行，规定对参加卡特尔的企业进行监督，对有违反协定行为的企业进行惩罚。组织外强制则是卡特尔用各种手段排挤未参加卡特尔的企业，迫使其退出市场或者参加卡特尔。

**（3）卡特尔成功的必要条件**

卡特尔要成功的话，还必须满足下列基本条件：第一，控制大部分现有产量和潜在产量。不存在来自卡特尔外部的有效竞争。第二，有效的替代品必须是有限的。因为如果长期存在着对卡特尔产品的替代可能性时，卡特尔通过限产提价的企图就会因出现替代品而难以实现，从而卡特尔协定难以维持。第三，对卡特尔产品的需求必须是相对稳定的。如果需求不稳定，起伏波动大，那么要维持和管理卡特尔协定的价格难度会大大增加。第四，卡特尔内的企业必须愿意而且拥有足够数量的产品来影响市场，消费者也不会因卡特尔的存在而大量囤积这种产品。

卡特尔限制产量、提高价格，破坏了价格机制的作用，使资源不能得到最优配置。因此，在发达国家，除了一些有特殊目的，经政府特别批准的所谓的合法卡特尔，如以产业合理化为目的的合理化卡特尔，以增强出口竞争能力为目的的出口卡特尔等以外，通常卡特尔被认为是违反公平交易原则和反垄断原则的，是违法的。

2. 价格领导制

由于未经政府批准的卡特尔是违法的，因而寡头企业试图暗中串谋。暗中串谋的主要方式是价格领导制，即产业中最大的一个企业制定和变动价格，其他企业或多或少自动跟着定价和变价。通常价格领导制有三种主要形式：

（1）晴雨表式领导定价模式。该厂商不一定是最大规模、最高效率的，但在管理或掌握市场供求变动趋势和成本条件变化幅度上有较好的判断力。如市场需求停滞、产品积压，该厂商首先调价，其他厂商会做是出相应调整的。

（2）支配企业的价格领导制。占市场供给量的主要份额的大厂商能够根据自己 P 最大化条件来确定价格，期于的被动接受该价格；但主导厂商必须考虑其他厂商的产量是怎样取决于它所制定的价格的。如图 2–7。

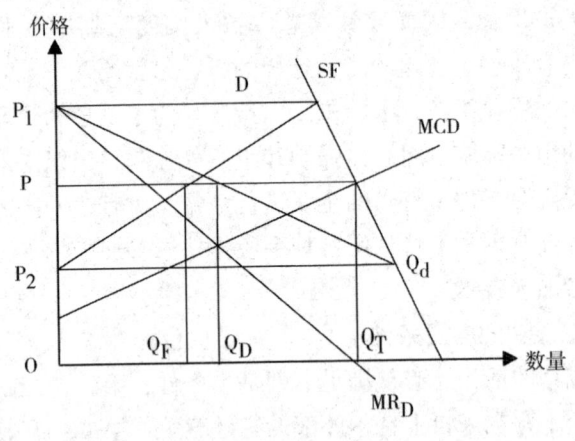

图 2–7

图 2–7 中，D 为市场需求曲线；SF 为供给曲线，即其余是厂商们的总 MC；Dd 是主导厂商的需求曲线（市场需求曲线 D 与其余厂商供给曲线 SF 之差）。在价格 $P_1$ 时，其余厂商的供给量正好等于市场需求量，主导厂商此时需求量为 0；$P_2$ 时，其余厂商不生产任何产品，主导厂商面临的是市场需求曲线；$P_1 \sim P_2$ 之间，主导厂商的需求曲线为 Dd，边际收益曲线为 $MR_D$，边际成本曲线为 $MC_D$，所以 $MR_D$ 与 $MC_D$ 交点所决定的产量 $Q_D$ 就是主导厂商 P′ 极大化产量；P 为定价。因为 $Q_T = Q_D + Q_F$，其余厂商则在 $Q_F$ 产量生产。

（3）低成本企业的价格领导制。市场上有三个巨头，生产同质产品，但生产成本各不相同，它们暗中默认平分市场，所以每家的需求曲线相同，即 $d_1 = d_2 = d_3$，厂商 1 成本最低，它按 $P'$ 最大化条件即 $MR_1 = MC_1$ 确定其最佳产量 $Q_1$，则相应价格为 $P_1$，厂商 2、3 也如此，确定产量为 $Q_2'$、$Q_3'$，价格则为 $P_2$、$P_3$，由于产品同质，厂商 2、3 只能按 $P_1$ 销售，获得 $Q_2$、$Q_3$ 销量，但利润小于厂商 1。见图 2-8。

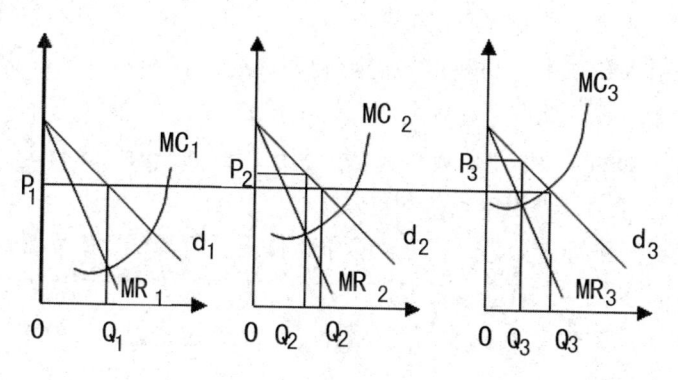

图 2-8 低成本厂商图

### 三、市场绩效

市场绩效是指在一定的市场结构下，由一定的市场行为所形成的价格、产量、成本、利润、产品质量和品种以及在技术进步等方面的最终经济成果。它实质上反映的是市场运行的效率。产业组织理论对市场绩效的研究有两个基本方面：第一，对市场绩效进行描述和评价。主要从资源配置效率、产业的规模结构效率、技术进步等几个方面，直接和间接地描述市场绩效的基本情况，评价市场绩效的优劣。第二，研究市场绩效与市场结构、市场行为之间的关系，并主要从这三者相互作用的关系中，寻找市场绩效的影响因素。

市场绩效既是特定市场结构和市场行为条件下市场运行的实际效果，也是最终实现经济活动目标的程度。所以，绩效的衡量同经济活动的目标密不可分。由于这个目标是多元化的，市场绩效的评价也是多层次的。

1. 资源配置效率

资源配置效率是同时从消费者的效用满足程度和生产者的生产效率大小的角度来考察资源的利用状态，它的内容可以分为三个方面：一是有限的消费品在消费者之间进行分配以使消费者获得的效用满足程度；二是有限的生产资源在生产者之间进行分配以使生产者所获得的产出大小程度;三是同时考虑生产者和消费者两个方面:即生产者利用有限的生产资源所得到的产出大小程度和消费者使用这些产出所获得的效用满足程度。

资源配置效率是评价市场绩效优劣的最重要标准,这个标准在实际应用中常常使用利润率指标。如果产业间利润率趋于平均化,则实现了资源优化配置;高利润率意味着存在超额利润。超额利润一般来自:由不可预期的需求和费用变化形成的预想外的利润;企业在风险性大的领域投资成功获得的风险利润;开发和引入新技术成功获得的创新利润;通过控制市场所获得的垄断利润。从全产业来看,前三种超额利润都是短期的,因此,如果某一产业的利润率长期超过平均利润率水平,则可以认为与该产业的垄断因素有关。

(1) 完全竞争条件下的资源配置效率

西方微观经济理论认为,在完全竞争条件下,资源配置效率最优,即消费者获得最大效用;生产者获得最大产出;生产者的最大产出和消费者的最大效用同时实现。意大利经济学家帕累托提出了一个判定资源配置效率的标准:如果改变资源的配置已经不可能,在不损害任何一个人的前提下使任何一个人的处境变得比以前更好,这就意味着资源配置达到了最优状态。1906年,帕累托运用无差异曲线和埃奇沃思盒状图相结合的方法,证明了完全竞争市场自动满足资源配置最优的三个条件:能自动寻到消费者效用最大和生产者产出最大,并且消费者效用最大和生产者产出最大同时实现,从而证明了完全竞争市场能自动实现资源配置的最优状态。

(2) 垄断对资源配置效率的影响

垄断者行使市场支配力而把产量限制在完全竞争水平之下,使价格高于边际成本,这意味着资源的配置没有达到帕累托最优状态。从社会的观点来看,垄断者限制产量提高价格,就是垄断产业的产量过少,如果增加垄断产业的产量,可以使一些人的处境得到改善而不损害其他人的利益。所以说,垄断降低了资源配置效率。

一般认为,垄断造成的损失还包括资源被用于获得、维持和保护垄断地位时所导致的损失。例如,借助广告、产品样式、包装等非价格竞争,企业可以设法获得和维持垄断利润。但是,只要在竞争条件下不需要存在这种由于获取垄断利润的竞争行为所产生的开支,它们就可以被认为是社会性的浪费。为了设置进入障碍而发生的开支,例如,建立过剩生产能力、产品花样增多或使用实际无用的专利权,其目的也是为了获得和维持垄断利润。在这种情况下,另一些企业可以增加开支来突破这些进入障碍(例如增加广告费支出),这些开支代表了企业为垄断利润所作的努力。假如在竞争条件下所有这类开支都不会发生，那么它们代表了由垄断造成的一种资源浪费。

（3）X-非效率

所谓X-非效率，是指在垄断企业的大组织内部存在着资源配置的低效率状态。这说明，免受竞争压力的保护不但会产生市场配置的低效率，还会产生另外一种类型的低效率：免受竞争压力的厂商存在超额的单位生产成本，因为这种类型的低效率的性质尚不明了，所以称作X-非效率。大企业内部普遍存在X-非效率的主要原因是：企业内不同集团的利益目标的不一致；企业规模扩大导致组织层次增加、信息沟通的速度和质量下降，从而使企业的管理成本上升、效率下降；垄断企业在没有竞争压力的条件下，缺乏成本最小化的动机。这样，就很难避免产生低效率的选择和行为。

2. 产业的规模结构效率

产业的规模结构效率就是从产业内规模经济效益实现程度的角度来考察资源的利用状态。规模经济效益的实现程度，通常用达到或接近经济规模的企业的产量占整个产业产量的比例来表示。

规模经济指产品的单位生产成本随规模即生产能力的提高而逐渐降低的规律。分为四个层次：产品规模经济、工厂规模经济、企业规模经济和行业规模经济。在这里，我们考察的是整个产业，与之有关的则是企业规模经济和行业规模经济。企业规模经济是指企业自身通过横向一体化或纵向一体化所实现的规模效益。行业规模经济是指当某个行业总产量扩张时，该行业内部的企业能提高专业化程度，降低单位成本，行业的长期供给曲线是向下倾斜的，即该行业是一个规模报酬递增的行业。行业的规模效益与行业内企业的外部经济和不经济相关。

产业内规模经济效益的实现情况可以分为三种：未达到获得规模经济效益所必需的经济规模的企业是市场的主要供给者，这表明该产业的规模结构效率不高，存在着大量低效率的小规模生产；达到和接近经济规模的企业是市场的主要供给者。这说明该产业充分获得了规模经济效益，产业的规模结构效率处于理想状态；市场的主要供给者是超经济规模的大企业。由于这种超经济规模的过度集中，已不能再使产业的长期平均成本降低，只是加强了企业的垄断力量，因此并不能提高产业的规模结构效率。

在发达国家，产业的规模结构效率有如下特点：

第一，在多数产业，达到经济规模的企业是市场的主要供给者。贝恩对美国汽车、水泥、石膏制品、铜、服装、食品、卷烟、打字机、农业机械、钢铁等 20 种产业的调查表明，70%～90% 的产品是由达到经济规模的企业生产的。在日本，规模经济效益显著的钢铁、石油化工、汽车、电视机等产业，主要生产厂家都是达到经济规模的企业。规模结构效率的提高带来了巨大的利益，以乙烯为例，1960 年价格为 75～83 日元/公斤，随着整个产业的规模经济化，1971 年～1992 年降到 27～30 日元/公斤。获得规模经济效益的具体途径主要有两个：一是通过市场竞争，优胜劣汰，美国基本上是这种情况；二是政府推动。战后日本主要是这种情况，以乙烯生产力例，1955 年政策只批准年产 4 万吨以上的乙烯项目，1965 年只批准年产 10 万吨并能发展到年产 20 万吨的项目，1967 年只批准年产 30 万吨以上的项目，仅十余年，几乎所有的乙烯生产企业都达到了经济规模。

第二，在大多数产业，都存在一批非经济规模的企业，这些企业利润率比较低，有的经常亏损，但不退出市场，长期存在。贝恩调查了美国的 20 个产业，发现这些产业中，有 10%～30% 的产量来自非经济规模的企业。为什么会出现这种情况，有几个原因：一是企业设备早已超过折旧期，未及时报废，已经不会增加单位产品的固定成本；二是这类企业的经营者和工人的工资都很低，提高了企业的生存能力；三是小企业主往往是兼营企业，没有业务就停工，有业务就开工，因此企业长期存在；四是在一定条件下有利于提高就业率或有利于就业结构的调整，与地方经济社会稳定和利益关系密切，有时能得到政府支持；五是一些有特色的传统地方工业，虽很小，但有市场，因而能够生存但利润不高；六是在规模经济效益显著的产业，存在这样一批小企业，给大企业拾遗补阙，增加了产业总体的灵活性；它与市场的不完全性、要素难以流动有关。

第三，在相当部分产业，存在超经济规模的过度集中。这种情况，实际上降低了产业的规模结构效率。贝恩发现，在他调查的 12 个产业中，至少有 6 个产业中大公司的生产成本高于较小规模公司的生产成本，这表明存在不必要的超经济规模的过度集中。许多企业之间的合并也有这种情况，生产成本并未因合并而降低，只是加强了大公司的市场支配力量。

3. 产业技术进步

技术进步的含义很广泛。广义的技术进步包括除资本投入和劳动投入之外的所有促进经济增长的因素。产业组织理论中的技术进步主要包括发明、创新和扩散三个阶段。发明是指构思对人类生活或生产活动有用的新产品或新的生产方法以及解决相关的技术问题。创新是指发明被第一次应用并导致一种新产品或新的生产方法出现。扩散是指新产品或新的生产方法被广泛采用。技术进步速度反映的是动态经济效率,它是衡量市场绩效的一个重要标准。

(1) 企业规模与发明和创新

有一种理论认为,发明和创新与企业规模之间存在着正向联系,即发明和创新主要是由大企业承担的。支持这一观点的理由:筹资能力。创新一般需要有较大的资金投入,大企业比较容易筹集到足够的资金;承担风险能力。发明和创新活动是有风险的,大企业有足够的经费,可以同时从事多项发明和创新活动,这样可以分散风险;物质和人才条件。大企业拥有更多更好的专门设备、仪器和实验条件,技术人员的数量多,质量高,这些都有利于发明和创新活动;经营特点。大企业一般都从事多样化经营,一般从事某项发明和创新活动往往会带来一系列相关成果,其中某些成果可以在多样化经营中得到应用,能够获得收益;预期收益。大企业在市场占有率、销售渠道等方面占有优势,这使得他们能够更好地利用发明和创新的成果,因而对发明和创新的预期收益比较高。

有一些实证研究则显示了相反的结论:第一,小企业和大企业相比可能更多地采用非正规的方式进行发明和创新,更侧重于一般应用性的开发研究,而不是侧重较昂贵的商业性开发研究。第二,在一些部门中,并不存在随企业规模扩大,发明和创新会增加的趋势,美国一经济学家考察了1955年到1960年间387家企业的情况,根本没有观测到发明和创新与企业规模之间的正向关系。

(2) 市场结构与发明和创新

市场结构与发明和创新的动力。发明和创新的动力是与对未来获利大小的预期有关的,对发明和创新能够带来的利润预期越大,动力就越大;预期利润越少,动力就越小。完全竞争产业比完全垄断产业有更强的发明和创新动力。

市场结构与发明和创新的能力。现有的理论大多认为垄断企业比竞争企业更具有发明和创新能力。有下列理由:发明和创新存在风险,所需经费难以从资金市场上筹集,只能从内部筹集。由于垄断企业得到了垄断利润,所以被认为从内部筹集资金相对容易;发明和创新项目一般具有规模经济性。在这种情况下,垄断大型企业就有能力在有效规模之上进行发明和创新;垄断大型企业有能力以较好的条件吸引优秀的人才从事发明和创新活动。

竞争性产业比垄断性产业具有更强的发明和创新动力,垄断性产业比竞争性产业具有更强的发明和创新能力,所以,过多的竞争和过多的垄断都可能不利于发明和创新,竞争和垄断的某种组合形式可能最有利于促进发明和创新。有一些经济学家认为现实中的寡头垄断市场比较接近于这种组合形式。

(3) 新技术的扩散

技术进步的第三阶段是新技术的扩散。一个产业中采用新技术的企业所占比重随时间而变化。在初期阶段，新技术的扩散是缓慢的。一段时间以后，随着新技术在生产过程中证明了它的价值而且这一信息传开以后，扩散的速度就会加快。随着没采用新技术的企业占比越来越小，扩散的速度又会慢下来。

有一些研究认为，决定新技术扩散速度有五个主要因素：创新获利能力；产业中的劳动密集程度；产业增长；产业内企业的数量；产业内企业规模之间的差距。实证研究表明，创新的获利性越大，劳动密集程度越高，产业增长越快，企业数量越少，企业规模之间的差距越小，则新技术的扩散速度就越快。

# 第三章

# 博弈和竞争

在这里，我们将进一步研究寡头垄断市场上寡头企业之间竞争的策略性行为。寡头垄断市场上，寡头们的行为是相互影响的，是一种典型的市场博弈，必须用博弈论来研究。

## 第一节 博弈论的基本概念

自冯·纽曼（Von Nenmanu）和摩根斯坦（Morgenstern）于1944年出版《博弈论和经济行为》后，博弈论这一应用数学理论便被引入到产业组织理论之中。只是到了20世纪70年代以后博弈论才成为产业经济学的重要研究方法，产业组织经济学过去几年来在理论方面的重大进展很大程度上是由于博弈论的广泛应用而取得的，同时，博弈论及机制设计、不完全合同理论的应用也使得产业组织经济学的理论基础大大加强。其经典教材是法国学者泰勒尔的《产业组织理论》。

1994年诺贝尔经济学奖授予了三位博弈论专家，纳什、泽尔腾和海萨尼，这是对博弈论在经济学发展中的贡献和作用的充分肯定，确立了博弈论在现代主流经济学中的地位。此后，博弈论作为分析和解决冲突和合作的工具，在管理科学、国际政治、生态学等领域得到广泛的应用。

### 一、博弈论的基本概念

博弈（Game）是指一个人、团队或组织，面对一定的环境条件，在一定的规则下，同时或先后，一次或多次，从各自连续选择的行为或策略中进行选择并加以实施，各自从中取得相应结果的过程。

博弈论（game theory），又译为对策论，是研究相互依赖、相互影响的决策主体的理性决策行为以及这些决策的均衡结果的理论。即一个主体选择受到其他主体选择的影响，且反过来影响其他主题选择时的决策问题和均衡问题。

博弈是决策者求其最大化效用函数 G = {P, A, S, I, U} 的过程。一个博弈一般由以下几个要素组成：参与人（players）：又称局中人，指博弈中选择行动以自身利益最大化的决策主体（可以是个人，也可以是团体，如厂商、政府、国家）；行为（play）：指参与人的决策（变量），如消费者效用最大化决策中的各种商品的购买量；厂商利润最大化决策中的产量、价格等；策略（strategy）：又称战略，指参与人选择其行为的规制，即参与人应该在什么条件下选择什么样的行动，以保证自身利益最大化；信息（information）：指参与人在博弈过程中的知识，特别是有关其他参与人（对手）的特征和行动的知识。即该参与人所掌握的其他参与人的、对其决策有影响的所有知识；收益（payoffs）：是指参与人从博弈中获得的利益水平，它是所有参与人策略或行为的函数，是每个参与人真正关心的东西，如消费者最终所获得的效用、厂商最终所获得的利润；结果（outcome）：指博弈分析者感兴趣的要素集合；均衡（equilibrium）：指所有参与人的最优策略或行动的组合。这里的"均衡"是特指博弈中的均衡，一般称为"纳什均衡"。上述要素中，参与人、行动、结果统称为博弈规则，博弈分析的目的就是使用博弈规则来决定均衡。

## 二、博弈的种类

博弈论可以根据不同的分类标准进行分类。

根据参与人的多少，可将博弈分为两人博弈或多人博弈。

根据参与人是否合作，可将博弈分为合作博弈（Cooperative game）和非合作博弈（Non-cooperative game）。合作博弈和非合作博弈的区别在于：人们的行为相互作用时，参与各方能否达成一个有约束力的协议（binding agreement）。如在寡占市场上，若各方达成一个协议，使联合利润最大化，并各自按协议生产就是合作博弈；一旦协议没有约束力，即没有哪一方能够强迫另一方守协议，每个企业都只选择自己的最优产量或价格来生产，则为非合作博弈；合作博弈强调团体理性、效率、公正、公平；非合作博弈强调个体理性、个体最优决策，结果可能是效率的，也可能是不效率的，后者是主要研究对象。

根据博弈结果的不同，又可分为零和博弈（Zero-Sum game）、常和博弈

(Constant – Sum game) 与变和博弈 (Variable – Sum game)。博弈论运用"二个囚犯,二种选择"的博弈模型从理论上深刻揭示了竞争与竞合为博弈双方带来的迥然相异的结局:零和博弈。在这种博弈中,一方的赢必然伴随着另一方的输,不管各博弈方如何进行决策,各博弈方得益之和都为零。常和博弈。在这种博弈中,各种结果下的各博弈方得益之和总是等于一个非零常数。与零和博弈一样,常和博弈各方的利益关系也是对立的,一方多占有一点利益,另一方必然会少占有一点。变和博弈。即意味着在不同策略组合下各博弈方的得益之和是不同的。倘若博弈各方之间相互配合,则可能争取到总得益和个人得益均较大的理想结局,反之则社会总得益和个人得益均较小。

从行动的先后次序来分,博弈可以分为静态博弈(Static game)和动态博弈(dynamic game)。静态博弈指在博弈中,参与人同时选择行动或虽非同时但后行动者并不知道前行动者采取了什么具体行动。动态博弈指的是参与人的行动有先后顺序,且后行动者能够观察到先行动者所选择的行动的博弈。

从参与人对其他参与人的各种特征信息的获得差异来分,博弈可分为完全信息博弈和不完全信息博弈。完全信息指的是每一个参与人对所有其他参与人的特征,如策略集合及得益函数都有准确完备的知识;否则就是不完全信息。据此,博弈类型有:完全信息静态博弈:纳什均衡 Nash equilibrium(纳什1950);完全信息动态博弈:子博弈精炼纳什均衡 Sub – game perfect Nash equilibrium(泽尔腾1965);不完全信息静态均衡:贝叶斯纳什均衡 Bayesian Nash equilibrium(海萨尼1968);不完全信息动态均衡:精炼贝叶斯纳什均衡 perfect Bayesian Nash equilibrium(泽尔腾1975,Kreps. Wilson 1982,Fudenberg. Tirole 1991)。

(一)完全信息静态博弈

1. 完全信息静态博弈定义

所谓完全信息静态博弈指的是各博弈方同时决策,或者决策行动虽有先后,但后行动者不知道先行动者的具体行动是什么,且各博弈方对博弈中各种策略组合情况下所有参与人相应的得益都完全了解的博弈。

2. 博弈的策略式表达

在博弈论中,一个博弈可以用两种不同的方式表达:一是策略式表达,又称为标准式表达,另一种是扩展式表达。所有参与人同时选择自己的策略,所有参与人选择的策略一起决定每个参与人的得益。值得强调的是,这里参与人同时选择的是"策略",而不是"行动"。当然在静态博弈中,由于参与人只选择一次,所以策略就等同于行动了。而在动态博弈中,策略是参与人在各个阶段的行动的全面计划。策略式表达更适合于静态博弈，而扩展式表达更适合于讨论动态博弈。

3. 博弈的得益矩阵表示

一个博弈被称为有限博弈，其条件：第一，参与人的个数是有限的；第二，每个参人可选择的策略个数是有限的。两人有限博弈的策略式表达及其求解可以方便地用得益矩阵直观地给出。

著名的"囚徒困境"的例子。警察抓住了两个罪犯，但是警察局却缺乏足够的证据指证他们所犯的罪行。如果罪犯中至少有一人供认犯罪，就能确认罪名成立。为了得到所需的口供，警察将这两名罪犯分别关押防止他们串供或结成攻守同盟，并分别跟他们讲清了他们的处境和面临的选择：如果他们两人都拒不认罪，则他们会被以较轻的妨碍公务罪各判1年徒刑；如果两人中有一人坦白认罪，则坦白者立即释放而另一人将重判10年徒刑；如果两人都坦白认罪，则他们将被各判8年监禁，问两个罪犯会如何选择（即是坦白还是抵赖）见图3-1。

4. 纳什均衡

纳什均衡是完全信息静态博弈的一般概念，构成纳什均衡的策略一定是重复剔除严格劣策略过程中（留下的）不能被剔除的策略，即没有任何一个策略严格优于纳什均衡策略。纳什均衡是指在均衡中，每个博弈参与人都确信，在给定其他参与人选择的策略的情况下，该参与人选择了最优策略以回应对手的策略。

占优策略均衡一定是纳什均衡。一般来说，由于每个参与人的得益是博弈中所有参与人的策略的函数，因此每个参与人的最优策略选择依赖于所有其他参与人的策略选择。但在一些特殊的博弈中，一个参与人的最优策略可能可以不依赖于其他参与人的策略选择。即不论其他参与人选择什么策略，他的最优策略是唯一的，这样的最优策略被称为"占优策略"；如果一个博弈中，某个参与人有占优策略，那么该参与人的其他可选择策略就被称为"劣策略"；在一个博弈里，如果所有参与人都有占优策略存在，那么占优策略均衡是可以预测到的唯一的均衡，因为没有一个理性的参与人会选择劣策略。所以在囚徒困境博弈里，［坦白，坦白］是占优策略均衡；囚徒困境反映了一个深刻问题，即个人理性与集体理性的冲突。这给我们一个启示，我们学习博弈论，也许更应该研究的是怎样设计一种制度，在满足个人理性的同时，去争取达到"集体理性"。

严格劣策略的重复剔除。首先找出某个参与人的严格劣策略（假定其存在），把这个劣策略剔除掉，重新构造一个不包含已剔除策略的新的博弈。所谓"严格劣策略"是指在博弈中，不论其他参与人采取什么策略，某一参与人可能采取的策略中，对自己严格不利的策略。重复这个过程，直到只剩下一个唯一的策略组合为止。这个唯一剩下的策略组合就是这个博弈的均衡解，称为"重复剔除的占优均衡"。例如，在股份公司中，股东都承担着监督经理的职能，但是，大小股东从监督中获得的收益大小不一样。在监督成本相同的情况下，大股东从监督中获得的收益明显大于小股东。因此，小股东往往不会像大股东那样去监督经理人员，而大股东也明确无误地知道小股东会选择不监督（这是小股东的占优策略），大股东明知道小股东要搭大股东的便车，但是大股东别无选择。大股东选择监督经理的责任、独自承担监督成本是在小股东占优选择的前提下必须选择的最优策略。

现实生活中，有相当多的博弈，我们无法使用占优策略均衡或重复剔除的策略均衡的方法找出均衡解。其典型的博弈就是"智猪博弈"。例如：在房地产开发博弈中，假定市场需求有限，A、B两个开发商都想开发一定规模的房地产，但是市场对房地产的需求只能满足一个房地产的开发量，而且，每个房地产商必须一次性开发这一定规模的房地产才能获利。在这种情况下，无论是对开发商A还是开发商B，都不存在一种策略优于另一种策略，也不存在严格劣策略：如果A选择开发，则B的最优策略是不开发；如果A选择不开发，则B的最优策略是开发；类似地，如果B选择开发，则A的最优策略是不开发；如果B选择不开发，则A的最优策略是开发。

一个博弈可能有多个纳什均衡，而具体哪个均衡会实现，纳什均衡本身不能给出回答，任何有限博弈都存在至少一个纳什均衡，若是无限博弈则不一定。

5. 纳什均衡策略

由所有参与人的最优策略组成，即我所做的是给定你做的我所能做的最好的；你所做的是给定我做的你所做的最好的。或是有自动实施 self-enforcing 的协议，任何人都无积极性偏离这个协议规定自己的行为规则。

模型1：囚徒困境 prisons'dilemma

[坦白，坦白] 不论对方如何选择，个人的最优选择是坦白，都不坦白不符合个人理性。

例如，长虹、康佳拓展市场份额的选择：保持价格（合作）和降低价格（竞争），企业降低价格，则会不断持续下去，出现双方都不

|  |  | 囚徒乙 ||
|---|---|---|---|
|  |  | 坦白 | 抗拒 |
| 囚徒甲 | 坦白 | -8, -8 | 0, -10 |
|  | 抗拒 | -10, 0 | -1, -1 |

图3-1

愿意看到的结果。"针锋相对"策略使得合作双赢的选择成功,其特点是:策略是友好的,想提价;也是挑衅的,对手不提价,它就降价;策略是宽恕的,对方提价它也提价;策略是明了的,对方了解你的意图。

模型2:智猪博弈 boxed pigs

[大猪按,小猪不按] 大猪没有最优策略 dominant strategy 小猪最优的策略是不按。

例如,大小企业竞争策略,大企业:接受小猪,即研发、广告、创造,开拓行业市场需求;不能降价,因为小猪(价格低)阻止了其他企业的进入;对威胁限制要清楚,快速反击小猪的威胁。小企业:跟随,即模仿仿制;等待,等大企业开拓市场,自己定位在低价上,进行免费搭车,以享受大企业强大广告带来的市场机会;不能贪婪,定位于引不起主导品牌兴趣的细分市场上,限制自己对大企业的威胁。

|  |  | 小猪 | |
|---|---|---|---|
|  |  | 按 | 不按 |
| 大猪 | 按 | 3,1 | 2,4 |
|  | 不按 | 7,1 | 0,0 |

图3-2

模型3:斗鸡博弈

两个均衡[进,退]或者[退,进]关键是要把握对方的支付水平,因为不同的人有不同的支付。例如,繁忙路段的汽油价格战,策略:威胁且必须可信;惩罚,以表明降价的后果。

|  |  | A | |
|---|---|---|---|
|  |  | 进 | 退 |
| B | 进 | -2,-2 | 2,0 |
|  | 退 | 0,2 | 0,0 |

图3-3

在重复博弈中,每个厂商都会造成高于他们行为的名声,且能够研究对手的行为,如性别战 battle of the sex 有先动优势 first mover advantage sequential game。

(二)完全信息动态博弈

1. 完全信息动态博弈定义

在动态博弈中,参与人的行动有先后顺序,后行动的参与人在自己行动之前就可以观察到先行动者(参与人)的行为,并在此基础上选择相应的策略。而且,由于先行动者拥有后行动者可能选择策略的完全信息,因而先行动者在选择自己的策略时,就可以预先考虑自己的选择对后行动者选择的影响,并采取相应的对策。动态博弈中我们把一个参与人的一次行动称为一个"阶段",因此一个动态博弈就会有多个甚至无限个博弈阶段。

## 2. 博弈的扩展式表达

一个动态博弈的扩展式表达应包含以下要素：参与人集合：$I = 1, \cdots, n$；此外我们以后将用 N "代表虚拟的参与人"自然"；参与人的行动顺序：谁在什么时候行动；参与人的行动空间：在每次行动时，参与人有些什么行动可供选择；参与人的信息集：每次行动时，参与人知道些什么；参与人的得益函数：在博弈结束后，每个参与人得到些什么；外生事件（即"自然"的选择）的概率分布。在简单的博弈中，扩展模型可以用博弈树表示。如可乐价格博弈可表示如图 3-4。

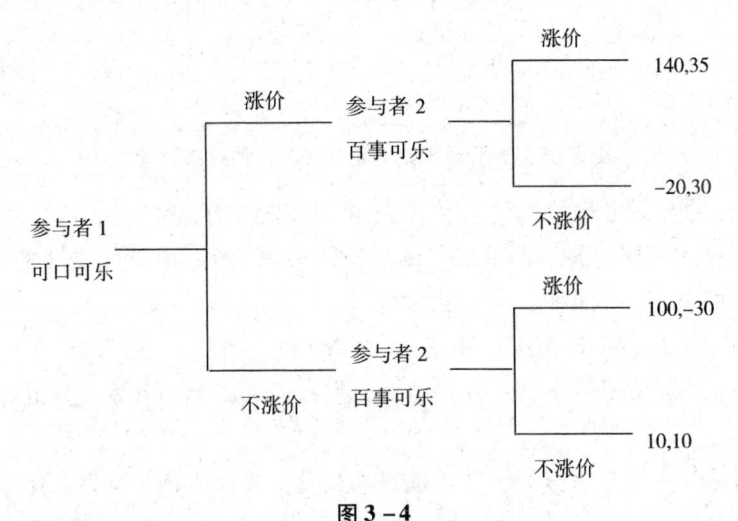

**图 3-4**

## 3. 子博弈精炼纳什均衡

子博弈精炼纳什均衡是泽尔腾（Selten）于 1965 年首先提出的，其目的是将那些不可置信威胁策略的纳什均衡从均衡中剔除，就是说，使最后的均衡中不再包含有不可置信威胁策略的存在，从而给出动态博弈一个合理的均衡解。

（1）不可置信威胁策略。在某一博弈中，一参与人承诺当某种情况发生时，比如其他参与人做出某一特定行动选择时，其将做出某种具体行动。而当该情况真的发生时，承诺人如果真的履行其承诺则会付出相当的代价，而不履行则会收益更大，那么该承诺就是不可置信的。

（2）子博弈

所谓"子博弈"（sub-game）是指它本身可以作为一个独立的博弈进行分析，它是原博弈的一部分。在博弈过程中，从某一个决策点开始，参与者在已有行动的基础上开始选择，到博弈结束，称为"子博弈"。

我们继续沿用前面关于房地产开发的例子，讨论子博弈精炼纳什均衡。图3-5给出了静态条件下双方参与人的收益情况。从图3-5可以知道，该博弈有两个纳什均衡，即（A开发，B不开发）和（A不开发，B开发），我们无法确定是开发商A选择开发，开发商B选择不开发，还是恰恰相反的结果。

|  |  | 开发商 A ||
|---|---|---|---|
|  |  | 开发 | 不开发 |
| 开发商B | 开发 | -4, -4 | 2, 0 |
|  | 不开发 | 0, 2 | 0, 0 |

**图3-5 房地产开发博弈（静态）的收益矩阵**

现在，我们讨论动态博弈。假定房地产开发商A是先行动者。在行动之前，开发商A对对手开发商B的策略进行了预测。在行动开始之前的A看来，如果不计得失，B有四种策略可供选择：

策略一：无论A是否选择开发，B选择开发。

策略二：若A选择开发，B也选择开发；若A选择不开发，B也选择不开发。

策略三：若A选择开发，B就选择不开发；若A选择不开发，B就选择开发。

策略四：无论A是否选择开发，B都选择不开发。

在图3-5的基础上，结合A先行动，B可能选择的四种策略，不难得出表3-1。

**表3-1 先行动者A对B预测结果的收益矩阵**

|  | 开发 | 开发 | 开发 | 不开发 | 不开发 | 开发 | 不开发 | 不开发 |
|---|---|---|---|---|---|---|---|---|
| 开发 | -4 | -4 | -4 | -4 | 2 | 0 | 2 | 0 |
| 不开发 | 0 | 2 | 0 | 0 | 0 | 2 | 0 | 0 |

由表3-1可以看出，在开发商A先行动的情况下，开发商B可供选择的策略中，策略一只包括了上述两个纳什均衡中的后一种均衡，即（A不开发，B开发），而没有包括前一种纳什均衡，即（A开发，B不开发）；策略二上述两种纳什均衡都没有包括；策略四只包括了上述两种纳什均衡中的前一种均衡，即（A开发，B不开发），而未包括后一种纳什均衡，即（A不开发，B

开发）；只有策略三既包括了上述两种纳什均衡中的前一种均衡，又包括了后一种均衡。也就是说，如果 B 选择策略三，那么，无论 A 做出什么选择，B 的回应都能达到纳什均衡。反过来，在给定 B 会选择策略三来回应 A 的选择的前提下，A 的占优选择。因此，A 一定会选择开发。

以上的分析，就是子博弈精炼纳什均衡解的过程。策略（A 开发，B 不开发）就是上述子博弈精炼纳什均衡解。在表 3-1 中，每一行或每一列都是整个博弈的一个子博弈。而且，任何博弈本身可被称为自身的一个子博弈。只有当某一策略组合在每一个子博弈（包括原博弈）上都构成一个纳什均衡，这一策略组合才是子博弈精炼纳什均衡解。显然，如果整个博弈是唯一的子博弈，纳什均衡与子博弈精炼纳什均衡是完全相同的。

（三）重复博弈

重复博弈有下列三个基本特征：第一，阶段博弈之间无物质上的联系，也就是说，前一阶段的博弈不改变后一阶段博弈的结构；第二，所有参与人都观察到博弈过去的历史；第三，参与人关心的是整个博弈的总得益，总得益是所有阶段博弈得益的贴现值之和。它包括有限次重复博弈和无限次重复博弈。

（四）不完全信息博弈

不完全信息博弈是指博弈的各参与人对其他参与人的得益函数不完全了解的博弈。在不完全信息情况下的博弈参与人的最优策略不仅仅依赖于其他参与人的策略，更依赖于对其他参与人情况的判断。主要有海萨尼转换、精炼贝叶斯纳什均衡和信号传递博弈。

## 第二节　静态竞争策略

一般来说，寡头企业进行决策时，不仅要考虑自己的决策对市场的影响，也要考虑竞争对手对自己决策的反应，并根据这种反应来进行自己的决策，如何考虑竞争对手的反应，只能进行推测。推测竞争对手的反应时，通常有两种假定：一是假定竞争对手不会做出反应，继续保持原有的价格和产量；二是假定竞争对手认识到相互间的利害关系，采取了比较明智的反应。

寡头垄断的情况非常复杂，至今还没有一套完整的理论模型。目前，有关寡头企业的均衡价格和产量的决定模型，都需要比较严格的假定，并且假定不同，答案也不同。静态竞争是指在寡头垄断市场上，各竞争参与人只竞争一次，同时做出决策且对各参与人可能有的策略和相应的得益都完全了解的竞争模式。为了讨论简单，对本节所分析的模型先作五个比较强的假设：消费者是价格接受者；所有厂商生产同质的（完全相同的）产品，消费者从中察觉不到任何差异；没有其他厂商进入该行业，这样在观察期内厂商数目保持不变。在本章分析中一般假设市场上只有两个厂商；厂商集体地拥有市场力量，它们能将价格设定于边际成本之上；每一厂商仅设定其价格或产量。在特定的具体模型中，我们将放松其中的某些假定。

### 一、古诺模型——产量决策

1838年，法国学者古诺对寡头企业的定价问题做了开创性的研究，提出了一个寡头模型。这个模型的前提是假定各企业（通常使用双头模型）生产同一产品，并都以产量为决策变量。并且假定，某企业在选择其产量时假定其他企业的产量不会因它的决策而变化。

设在市场上有代号为1、2的两个寡头垄断厂商，他们生产相同的产品，消费者从中察觉不出任何差异。市场出清价格由两家厂商的总产量决定。设厂商1的产量为$q_1$，厂商2的产量为$q_2$，则市场的总产量$Q = q_1 + q_2$。设P为市场出清价格，则P是市场总产量Q的函数，即反需求函数。在本例中，我们假定反需求函数为：$P = P(Q) = 8 - Q$，$Q = q_1 + q_2$。再假设两厂商的生产都无固定成本，且每增加一单位产量的边际生产成本相等，$MC_1 = MC_2 = 2$，即他们分别生产$q_1$和$q_2$产量的成本为$2q_1$和$2q_2$。最后，这两个厂商是同时决定各自的产量以达到各自的利润最大化，即在决策前是不知道另一方的产量的。为此，求解两个寡头垄断厂商的古诺均衡产量。

1. 模型的建立与求解

厂商1的总收益是：

$TR_1 = q_1 p = q_1 [8 - (q_1 + q_2)] = 8q_1 - q_1 q_2 - q_1^2$

厂商1的边际收益为：$MR_1 = 8 - q_2 - 2q_1$

厂商1根据自己利润最大化的条件：$MR_1 = MC_1 = 2$进行产量决策，则有：

$8 - q_2 - 2q_1 = 2$

那么厂商1对于厂商2的反应函数为：$q_1 = 3 - q_2/2$     (1)

同理，厂商2对于厂商1的反应函数为：$q_2 = 3 - q_1/2$     (2)

联合（1）、（2）求解得：$q_1 = q_2 = 2$

这就是本博弈的唯一纳什均衡组合（2，2），即两个厂商同时决策生产2单位产量，是这个博弈的最佳策略。

## 2. 结果分析

这是两厂商根据自身利益最大化原则同时独立做出产量决策的古诺模型均衡结果。这个结果有没有使两厂商真正实现自身利益的最大化？从社会总体的角度来看效率又如何？

我们首先来看古诺模型的结果。在上例中，社会总产量 $Q = q_1 + q_2 = 4$；此时两家厂商的利润 $u_1 = u_2 = q_1 p - MC_1 q_1 = q_1 (8 - q_1 - q_1) - MC_1 q_1 = 2 \times (8 - 2 - 2) - 2 \times 2 = 4$，两厂商利润总和为8；市场出清价格 $P = 8 - 4 = 4$。

我们再从另外一个角度来考察这个问题。如果两家厂商联合起来像一个垄断者一样在市场上行动，以总体利益最大化为目标来考虑市场的最佳产量，此时，总收益为：$TR = pQ = (8 - Q) Q = 8Q - Q^2$，边际收益 $MR = 8 - 2Q$，根据利润最大化条件，$MR = MC = 2$，总产量 $Q = 3$，$q_1 = q_2 = 1.5$，最大总得益 $u = 9$，$u_1 = u_2 = 4.5$。将此结果与两厂商独立决策、只追求自身利益时的博弈结果相比，总产量较少，而总利润较高。

尽管双方都了解这种合作的好处，但如没有足够强制力，这种合作是不可能实现的，即这个合作是不能自动实施的。因为策略（1.5，1.5）不是一个纳什均衡，即在这样的策略组合下，任何一个理性参与人都有足够的积极性通过提高自己的产量来增加自己的得益。尽管双方都知道合作的好处，但最终都不得不接受不合作的结果。这里再次呈现集体非理性。但这个不合作的结果对整个社会来说是有效率的，因为其增加了产量，降低了价格。这也就是为什么传统的西方国家的产业规制政策要严格限制垄断的原因。

古诺模型在现实中有很多例子。如在一个偏远的农产品市场上的两大西瓜垄断种植商之间的产量竞争。另一个很好的例子就是石油输出国组织（OPEC）的限额被突破。

## 二、伯特兰德模型——价格决策

在伯特兰德模型中，厂商选择的是价格而不是产量。为使讨论有意义，这里我们考虑产品有一定差别的伯特兰德价格博弈，即消费者能够感受到产品的微小差别而且有一定的特殊偏好，不会将两种产品当作完全替代品，从而不会当两种产品的价格稍有差异时便会造成价格稍高的产品完全销售不出去。除此以外基本上还是假定两产品是大致可替代的，比如两家厂商在品牌、质量、包装等方面有所不同的同类产品。

在一个市场上，如果产品是有差别的，设两个企业各有固定成本24元，没有可变成本，厂商1和厂商2的产品标价分别为$P_1$和$P_2$，此时，他们各自的需求函数分别为：$Q_1 = 18 - 3P_1 + P_2$，$Q_2 = 18 - 3P_2 + P_1$。两厂商是同时决策，求不串谋时两厂商的价格和产量。

解：这时各厂商都把对手的价格当作固定的前提来选择自己的价格。

厂商1的利润 $\pi_1$ = 总收益—固定成本

$$= P_1 Q_1 - 24 = P_1 (18 - 3P_1 + P_2) = 18P_1 - 3P_1^2 + P_1 P_2 - 24$$

当厂商1认为厂商2的价格$P_2$为某一固定值时，厂商1的利润最大化条件是其利润对其价格$P_1$的一阶微分为0，即 $18 - 6P_1 + P_2 = 0$

所以厂商1的反应曲线为：$P_1 = 3 + P_2/6$     (1)

同理，厂商2的反应曲线：$P_2 = 3 + P_1/6$     (2)

这两条曲线的交点所处的状态为纳什均衡，$P_1 = P_2 = 3.6$

此时 $Q_1 = Q_2 = 10.8$

$\pi_1 = \pi_2 = 14.88$

如果在上例中，双方串谋，共同确定一个价格，使它们的总利润最大化，这时的价格和产量又是多少。

求解：当两个厂商有相同的成本时，它们会有一个相同的价格P，且总利润 $\pi = \pi_1 + \pi_2 = P(Q_1 + Q_2) - 48$

利用需求函数，$Q_1 = 18 - 3P_1 + P_2$，$Q_2 = 18 - 3P_2 + P_1$ 可得总利润

$\pi = P(36 - 6P + 2P) - 48 = 36P - 4P^2 - 48$，令其一阶微分为0，得总利润最大化条件为：$36 - 8P = 0$，$P = 4.5$

即当价格为4.5时，两厂商总利润最大，每期获利16.5元，每厂商的产量为9.

可见，与非串谋相比，其价格更高，产量更低，利润更多。

这种价格决策与古诺模型中的产量决策一样，其纳什均衡也不如各博弈方通过协商、合作所达到的最佳结果，不过这种合作同样也是不能自动实施的。这也是囚徒困境的一种。

### 三、豪泰林模型——产品决策

在豪泰林模型中，产品在物质性能上是相同的，但在空间位置上有差异。不同位置上的消费者要支付不同的运输成本，他们关心的是价格与运输成本之和，而不单是价格。

假设有一个长度为 1 的线性城市，消费者均匀地分布在 [0, 1] 的区间内，分布密度为 1。假定有两个商店，分别位于城市的两端，商店 1 在 x = 0 处，商店 2 在 x = 1 处，两商店出售物质性能完全相同的产品，每个商店提供单位产品的成本为 c，消费者购买商品的运输成本与离商店的距离成正比，单位距离的运输成本为 t，现在假定消费者具有单位需求，即要么消费 1 个单位，要么不消费。我们考虑两商店之间的价格竞争博弈，商店 1 和商店 2 可选择策略为各自的价格 $p_1$，$p_2$，求两商店的价格和得益。

商店1 ●————————x————————● 商店2
0 　　　　　　　　　x　　　　　　　　　1

**图3-6 豪泰林模型**

解：设 $D_i$（$p_1$，$p_2$）（其中 i = 1, 2）是对两个商店的需求，假定在 x 点的消费者到店 1、2 购物无差别，即该消费者到店 1 的旅行成本加上店 1 的产品价格与到店 2 的旅行成本加上店 2 的产品价格是相同的，x 点左边的居民都到店 1 购物，x 点右边的居民都到店 2 购物，且居民分布密度为 1，每个消费都消费 1 个单位产品，则商店 1、2 的需求函数分别是：$D_1 = x$，$D_2 = 1 - x$

而 x 点满足：$p_1 + tx = p_2 + t(1 - x)$，$x = (p_2 - p_1 + t)/2t$

则 $D_1 = x = (p_2 - p_1 + t)/2t$

$D_2 = 1 - x = (p_1 - p_2 + t)/2t$

店 1 的总得益是：$u_1 = (p_1 - c)D_1 = (p_1 - c)(p_2 - p_1 + t)/2t$

为了使利润最大化，令 $u_1$ 对 $p_1$ 求偏导并使之等于 0 得：

$P_2 + c + t - 2P_1 = 0$，$p_1 = 2P_2 - c - t$　　　　　　　　　　(1)

同理，得　　　　　　$p_2 = 2P_1 - c - t$　　　　　　　　　　　　(2)

联合（1）、（2）求得商店 1 和商店 2 利润最大化时：

$p_1 = p_2 = c + t$　　　　　　$u_1 = u_2 = t/2$

这里我们将消费者的位置差异解释为产品差异，这个差异进一步可解释为消费者购买产品的旅行成本。旅行成本越高，产品的差异就越大，均衡价格从而均衡利润也就越高。当旅行成本为 0 时，不同商店的产品之间具有完全的替代性，没有一个商店可以把价格定得高于成本。豪泰林模型是个抽象的例子，但在实际应用中有很强的实用性。我们可以将两商店之间的距离解释为任何一类产品中，不同消费者关心的某一特性的差异程度。如同样的彩电不同尺寸大小之间的偏好差异，或者同类商品不同品牌之间的偏好差异等，可以灵活应用。

## 第三节 动态竞争策略

在静态竞争的情况下，寡头们同时做出决策并且互不知道对方的选择；而在现实中，更多的情况是参与竞争者的行动是有先后的，且后行动者一般都能在自己的行动之前或多或少地观察到竞争对手在此之前的行动信息并以此为依据来修正自己的决策，所以这种竞争情况的模型必须用动态博弈的语言来描述。

在动态博弈中各博弈方在关于博弈进程方面的信息是不对称的，后行动者有更多的信息来帮助自己做出选择。一般来说，这是后行动者的有利条件，此即所谓后动优势或后发制人；但有时先行动者能够利用后行动者的"理性"，采取一些行动并发出一定的信号让后行动者知晓，迫使后行动者不得不做出一些在不知道这些信号前不会做出的选择，此即先动优势或先发制人。

### 一、产量领先策略——斯坦克尔伯格模型

在动态竞争中，产业市场上的两个寡头往往一强一弱，无论是决定产量还是制定价格，弱者往往跟在强者后面，观察强者的实际行动，随后决定自己的策略。我们称先行动者为领导者，而后行动者为跟随者。由于整个产业市场的大小在一定时间内总是一定的，跟随者的加入，要改变整个产业市场的供应，故对领导者的收益也是有影响的。所以领导者在决定自己的策略时要充分考虑到跟随者可能有的策略，将之包括到自己的最优化策略中，否则会造成两败俱伤。对产业市场上这种行为的分析最早是由斯坦克尔伯格做出的，以后就称此类市场竞争的模型为斯坦克尔伯格模型。在斯坦克尔伯格模型最早的版本中，企业选择的也是产量，产品是同质的。模型中领导者企业 1 首先选择产量 $q_1 \geq 0$，跟随者企业 2 观察到 $q_1$，然后选择自己的产量 $q_2 \geq 0$，因此这是一个完全信息博弈。

设两寡头厂商 1 和厂商 2：他们的策略空间都是（0，$Q_{max}$）中的所有实数（其中 $Q_{max}$ 是整个产业市场能容纳的最大产量）；厂商 1 是领导者，先决定产量 $q_1$，厂商 2 观察到 $q_1$ 后再做出它的产量决策 $q_2$；其他假设同古诺模型，P = P（Q）= 8 - Q，其中 Q = $q_1 + q_2$；两厂商固定成本为 0，边际成本 $MC_1$ = $MC_2$ = 2。求两厂商各自的产量和利润。

解：对于厂商 2 来说，厂商 1 的产量为既定，所以厂商 2 利润最大化产量可由它的古诺反映曲线确定，即 $q_2 = 3 - q_1/2$

厂商 1 为使利润最大化所选择的产量必使 $MR_1 = MC_1 = 2$，而厂商 1 的 $TR_1 = Pq_1 = (8 - q_1 - q_2) q_1 = 8q_1 - q_1^2 - q_1 q_2$

厂商 1 知道厂商 2 将依据反映曲线选择：$q_2 = 3 - q_1/2$

所以厂商 1 的 $TR_1 = 8q_1 - q_1^2 - q_1 q_2 = 8q_1 - q_1^2 - q_1 (3 - q_1/2) = 5q_1 - 1/2 q_1^2$

则 $MR_1 = 5 - q_1$，依据 $MR_1 = MC_1 = 2$，该博弈的子博应精炼纳什均衡结果为：

$q_1 = 3$，$q_2 = 1.5$
$TR_1 = 4.5$，$TR_2 = 2.25$

斯坦克尔伯格的均衡总产量大于古诺均衡总产量，而产业总利润小于古诺均衡的产业总利润。不过这里企业 1 的产量和利润都大于其在古诺均衡中的产量和利润，而企业 2 无论是产量和利润都比在古诺均衡中少多了。这当然是由于该模型中两企业所处地位不同的结果，企业 1 具有先行的主动，它把握住企业 2 的理性心理，从而选择较大的产量获得了优势。这就是所谓的"先动优势"。

我们这里看到，在这种动态竞争中，企业怎样发布一个能让人置信的有效信息是十分关键的。

## 二、长期竞争策略——无限次重复古诺模型

在现实经济生活中，寡头垄断市场往往是一种相当稳定、维持很长时间的市场类型。因此，寡头们会年复一年地进行着有关产量、价格等相同的竞争，而且看来这种竞争不会在可预计的时期内结束。这种竞争的格局需要用"重复博弈"来描述。

设市场总产量 $Q = q_1 + q_2$，其中 $q_1$、$q_2$ 分别是原模型中的两博弈方厂商 1 和厂商 2 的产量，即他们的策略，市场出清价格 $P(Q) = 8 - Q$，$(Q < 8$，若 $Q \geq 8$，则 $P = 0)$，两厂商无固定成本，边际成本 $MC_1 = MC_2 = 2$。

我们考虑双方采用如下的触发策略：第一，在第一阶段生产垄断产量的一半 1.5；第二，一直生产 1.5 直到有一方不生产 1.5，则以后一直生产古诺产量 $q_c = 2$。这种触发策略实际上同样是一开始试图合作，选择符合双方共同利

益的产量，而一旦发现对方不合作，偏离对双方有利的产量，则以选择纳什产量进行报复。

可以证明当贴现率 $\delta$ 满足一定要求时，上述触发策略构成子博弈精炼纳什均衡，均衡结果是每期大家都生产 1.5，大家得益都为 $\pi = 4.5$。这是一个帕累托最优。

给定厂商 1 生产垄断产量的一半 1.5，厂商 2 也生产垄断产量的一半 1.5。则每期得益 4.5，无限次重复博弈的总得益现值为：$4.5(1 + \delta + \delta^2 + \cdots) = 4.5/(1-\delta)$。

如果厂商 2 在某一期偏离上述触发策略，则其在背叛的第一阶段所选产量就是给定 $q_1 = 1.5$ 的情况下，最大化自己的利润的产量，即总收益 $= pq_2 = (8 - q_1 - q_2)q_2 = (8 - q_2 - 1.5)q_2 = 6.5q_2 - q_2^2$，边际收益 $MR_2 = 6.5 - 2q_2$，利润最大化条件 $MR_2 = MC_2 = 2$，则 $q_2 = 2.25$，此时，其利润为 $pq_2 = (8 - 1.5 - 2.25) 2.25 = 5.0625$，高于不背叛的第一阶段所得 4.5。

这也导致厂商 1 从第二阶段开始永久性生产古诺产量 $q_c = 2$，这样厂商 2 也被迫选择古诺产量 $q_c$，得益 4。因此，第一阶段背叛的无限次重复古诺博弈的总得益现值为：$5.0625 + 4(\delta + \delta^2 + \cdots) = 5.0625 + 4\delta/(1-\delta)$。

当 $\delta \geq 9/17$ 时，双方都采用上述触发策略构成子博弈精炼纳什均衡。

当 $\delta < 9/17$ 时，偏离是厂商 2 对厂商 1 实行触发策略的最佳反应。这一种情况说明未来得益折算成现在值太小，即博弈方相对不太看重未来利益或由于某种原因未来同样大小利益对现在影响太小，如恶性通货膨胀等，这样博弈方就会较多看重眼前利益而不会为长期利益打算，也不害怕对方在未来阶段的报复。在这种情况下，无限次重复博弈也不会提高原博弈的效率。

这里我们看到，不同的 $\delta$ 支持不同的 $q$。当 $\delta$ 接近 $9/17$ 时，$q$ 接近 $q_m/2$；当 $\delta$ 接近 0 时，$q$ 接近古诺产量 2；当 $0 < \delta < 9/17$ 时，$q_m/2 < q < q_c$。$\delta$ 接近于 0 的经济意义是将来的得益对参与人来讲几乎无意义，当然博弈者会只顾眼前利益。$\delta$ 越大，将来利益越重要，就越能支持较低的 $q$，当 $\delta \geq 9/17$ 时，就能支持最大效率的垄断产量。

### 三、米尔格罗姆—罗伯兹垄断限价模型

一般来说，在市场进入博弈中有两个参与人，即在位者和进入者。在位者的成本函数等情况一般有很多种，在位者自己知道，而进入者是不知道的。进入者只能对之有一个大致的判断，同时可以观察在位者的市场行为来修正自己

的判断。在位者预测到这一点，就要设法在自己的行为中掩饰自己的真实类型或者发出足够有力的威胁信息，遏制进入者的进入。这可以用一个标准的信号传递博弈来描述。米尔格罗姆和罗伯兹在 1982 年提出的垄断限制性定价模型就是信号传递博弈在产业组织理论中的第一个应用。

垄断限制性定价模型（垄断限价模型）试图解释现实中观察到的这样一种现象：垄断企业规定的产品价格一般低于微观经济学定义的最优垄断价格。米尔格罗姆和罗伯兹在其 1982 年提出的模型中对此问题的解释是：垄断限价可以反映这样一个事实，即其他企业不知道垄断者的生产成本，垄断者试图用低价格的信息告诉其他企业自己是低成本的，从而进一步威胁潜在进入者，如果进入与其进行寡头竞争的话将是无利可图的。

"斯宾塞—莫里斯分离条件"（Spence – Mirrles sortingcondition，又称单交叉条件）：改变价格对不同类型企业的利润的影响是不同的，高成本企业通过提价增加的利润要比低成本企业提高同样的价格增加的利润要多；当然高成本企业减价所减少的利润也比低成本企业降低同样的价格减少的利润多。所以低成本企业比高成本企业更"勇于"降价，能够经得住长期的低价格，这与现实生活中的现象是一致的。

信息结构的小小变化会导致均衡结果的很大不同：只要进入者认为在位者是高成本的，先验概率 $\mu(H)$ 大于 0，低成本的在位者就不得不非连续地降低价格直到高成本在位者吃不消，不能跟进继续模仿，以将自己与高成本者区分开，显示出自己是低成本的，遏制进入者的进入。可以看出，不完全信息博弈对信息结构是非常敏感的。

这也提供了潜在市场进入者决策是否进入市场的一个标准，即观察到低于垄断价格的定价就最好不要进入；观察到定价等于垄断价格，就大胆进入。

第四章

# 产业结构

产业结构与经济增长有着密切的关系。特别是现代经济中，产业结构的演进和经济发展的相互作用越来越明显。因此对产业结构的研究越来越受到许多国家的重视。在这里，我们主要介绍产业结构理论、产业结构优化、产业布局和产业关联的相关知识。

产业结构演变与经济增长具有内在的联系。现代经济发展的历程显示，一个国家经济发展的过程，不仅体现为国民生产总值的增长，还必然伴随着产业结构的调整变化。在这过程中，总量与结构是紧密联系、相互作用的，总量与结构是社会经济发展总过程的两个基本变量。经济发展是总量与结构相互作用的结果。产业结构的高变换率会导致经济总量的高增长率，而经济总量的高增长率也会导致产业结构的高变换率。此外，产业结构的变化，还会对社会制度产生影响，引起非经济领域中社会的、制度的和意识形态的一系列变化。

## 第一节 产业结构理论发展

产业结构（theory of Industry Structure）是产业间的技术经济联系与联系方式。广义的产业结构理论包括狭义的产业结构理论和产业关联理论。狭义的产业结构理论是从质的角度动态地揭示产业间技术经济联系与联系方式不断发展变化的趋势，揭示经济发展过程的国民经济各产业部门中，处于主导或支柱地位的产业部门的不断替代的规律及其相应的"结构"效益。产业关联理论是从量的角度静态地研究和分析一定时期内产业间联系与联系方式的技术经济数量比例关系，即产业间"投入"与"产出"的量的比例关系。

产业结构理论以产业之间的技术经济联系及其联系方式为研究对象。产业结构理论的基本体系由产业结构形成理论、主导产业选择理论、产业结构演变理论、产业结构影响因素理论、产业结构效应理论、产业结构优化理论、产业结构分析理论、产业结构政策理论以及产业关联理论等几部分组成。

### 一、产业结构理论的形成与发展

产业结构的思想萌芽可以追溯到17世纪。英国资产阶级古典政治经济学创始人配第早在17世纪就第一次发现了世界各国国民收入水平的差异和经济发展的不同阶段，其关键原因是由于产业结构的不同。他在书中总结出：工业比农业收入多，商业又比工业的收入多。法国古典政治经济学的主要代表、重农学派的创始人魁奈分别于1758年和1766年发表了重要论著《经济表》和《经济表分析》。他创立了"纯产品"学说并在此基础上对社会资本再生产和流通做了分析。他们的发现和研究是产业结构理论的重要思想来源之一。

产业结构理论是人们将经济分析深入到产业结构层次，在进行"产业结构"分析和"产业结构政策"实践的探索过程中逐步产生、发展起来的。以完全竞争为假设条件的资产阶级自由主义经济理论，其经济分析侧重于个量分析。个量分析继亚当·斯密之后，经马歇尔、瓦尔拉斯和帕累托，将"看不见的手"如何自动调节市场均衡、优化资源配置的过程进行了理论抽象，形成了资产阶级正统的价格理论——微观经济理论。其重要结论是，市场机制（看不见的手）能自行调节资源的最佳配置，不需要任何外来干预。1929年爆发的世界性大危机、大失业使自由主义价格理论发生了严重危机，市场失效了，"看不见的手"不灵了。正是在这种情况下，出现了凯恩斯的国民收入理论。凯恩斯及其追随者，将经济分析投向国民经济宏观层次，即总量分析，诞生了以国民经济有关总量的变化及其规律为分析对象的宏观经济理论。凯恩斯的重要结论是：由于边际消费倾向、资本边际效率、流动偏好等心理因素的作用，通常情况下的有效需求不足，"非自愿失业"总会存在，市场机制本身没有力量使总需求与总供给相等，这样就不可避免地会出现萧条和失业。凯恩斯的主张虽一度获得成功，但却孕育着更大的失衡，其结果是国家财政赤字不断膨胀。凯恩斯理论发生了严重危机。凯恩斯主义的失效，使资产阶级经济学家面临着两难境地：回到亚当·斯密那里去搞完全竞争，实践证明行不通；实行凯恩斯主义主张，又使财政赤字、通货膨胀居高不下。于是经济学家在"个量分析"和"总量分析"两个端点的连线上找出路，把手伸进社会再生产过程的中观层次——产业层次，进行产业分析，产业分析理论相继问世。

产业结构政策的概念首先出现在第二次世界大战后的日本。战后日本经济濒临崩溃，日本政府不同时期实施各有侧重的产业结构政策，促进了该国经济的迅速崛起。战后如韩国、法国等也实际上实施了产业结构政策，这些国家制定和实施产业结构政策的实践活动，促进了人们对产业结构理论的研究，从而推动了产业结构理论的形成与发展。

20世纪三四十年代是现代产业结构理论的形成时期。这时期对产业结构理论的形成做出突出贡献的主要有日本经济学家赤松要、美国经济学家库兹涅茨、里昂惕夫和英国经济学家克拉克等人。他们对产业结构的研究从最初的实证分析逐步转到理论研究，促进了产业结构理论的形成。20世纪五六十年代产业结构理论得到了加快的发展。这一时期对产业结构理论做出突出贡献的代表人物有里昂惕夫、库兹涅茨、刘易斯、赫希曼、罗斯托、钱纳里、霍夫曼、希金斯等人。

## 二、产业结构演变规律

随着科技进步和生产社会化程度的提高，随着分工的深化、市场深度广度的扩展，产业结构的演进发展也会表现出一定的规律性。各国经济发展的经验也表明，尽管产业结构受自然、社会经济等多种因素影响，其演进过程因地因时而异，但仍存在着共同的发展趋势，具体表现为产业结构的高度化趋势。在这一总的发展趋势中，三次产业结构转变首先集中在农业向工业的转变上，即所谓的工业化过程。虽然今后的趋向将是信息化过程取代工业化过程，但在现阶段大多数国家，尤其是发展中国家所面临的是工业化问题。为了便于分析、研究和管理产业活动，有必要对产业进行分类。

（一）产业的分类

产业研究和分析目的的不同，产业分类方法也有所不同。我们着重介绍产业的一般分类方法。

1. 关联方式分类法

关联方式分类法就是将具有某种相同或相似关联方式的企业经济活动组成一个集合的方法，它又可以根据不同的关联方式分为多种分类法。

一是技术关联分类法。按照一些比较密切的技术关联关系，划分企业的经济活动，这些企业的经济活动的集合要么具有技术、工艺方面的相似性，要么具有相类似的生产工具、生产流程和管理技术等。如制造业、建筑业、冶炼业、运输业等产业均具有各自密切技术关联关系。这一类产业的企业必须在产品的主要生产技术或制作工艺上具有相似的特点。

二是原料关联分类法。按照具有相同或类似的原材料，性能相似的投入物或活动对象相类似为依据对企业经济活动进行归类的一种划分方法。具有相同的原材料，如棉纺工业、化纤工业、钢铁业、木材业、卷烟业等；具有相类似的原材料，如造纸业、纺织业、服装业、印刷业、冶金工业等；具有性能相似的其他投入物，如电力、煤气、供水等；具有活动对象相类似的产业，如采石业、矿业、渔业、伐木业等。

三是用途关联分类法。就是将具有相同或相似商品用途的企业经济活动组成一个集合的分类方法。这类产业的产品具有相同或相似的用途，如造船业、汽车制造业、仪器工业、软饮料业、烟草业、橡胶轮胎业等等。

四是方向关联分类法。就是以产业间的关联方向为标准对产业进行分类的一种分类方法。包括单向关联：前向关联、后向关联、侧向关联；双向关联：纵向关联、横向关联；环向关联：单环关联、双环关联、多环关联，等等。

五是战略关联分类法。按照在一国产业政策中不同战略地位划分产业的一种分类方法。按照不同战略地位划分的产业主要有以下几类。

主导产业（罗斯托），指能够依靠科技进步或创新获得新的生产函数，能够通过快于其他产品的"不合比例增长"的作用有效地带动其他相关产业快速发展的产业或产业群。这类产业在产业结构体系中处于迅速发展并对产业发展具有引导和支撑作用。

先导产业，指在国民经济体系中具有重要战略地位，并在国民经济规划中先行发展以引导其他产业往某一战略目标方向发展的产业或产业群。这类产业对其他产业起引导作用，但未必对国民经济起支撑作用。

支柱产业，指在国民经济体系中占有重要的战略地位，产业规模在国民经济中占有较大份额，并起支撑作用的产业或产业群，这类产业往往在国民经济中起支撑作用，但不一定能起到引导作用。先导产业发展壮大，达到较大产业规模以后就成了支柱产业或先成为对其他产业既起引导作用又对国民经济起支撑作用的主导产业，然后再发展成为不再起引导作用而只对国民经济起支撑作用的支柱产业。

重点产业，在国民经济体系中占有重要的战略地位并在国民经济规划中需要重点发展的产业。重点产业的概念较模糊，缺乏科学性，它可以包括主导产业、先导产业、支柱产业、先行产业、瓶颈产业、基础产业等。

先行产业：狭义先行产业是指根据产业结构发展的内在规律或自然规律必须先行发展以免阻碍其他产业发展的产业，这类产业包括瓶颈产业和基础产业。另一类先行产业指根据国民经济战略规划的需要人为确定必须先行发展以带动和引导其他产业发展的产业，即（先导产业）。广义先行产业包括狭义的先行产业和先导产业。基础产业是在产业结构体系中为其他产业的发展提供基本条件并为大多数产业提供服务的产业。瓶颈产业是在产业结构体系中未得到应有的发展进而已严重制约其他产业和国民经济发展的产业。

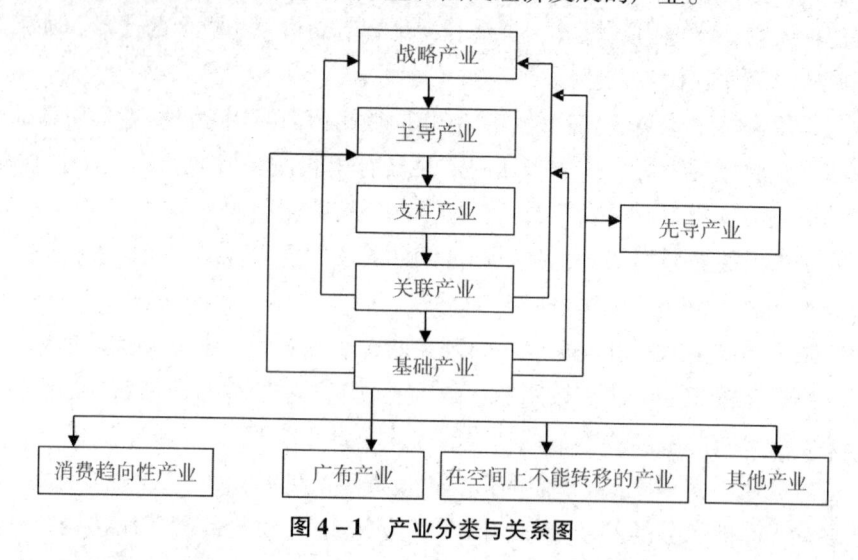

**图 4-1 产业分类与关系图**

## 2. 三次产业分类法

新西兰经济学家费歇尔首先创立，英国经济学家、统计学家克拉克在费歇尔的基础上，采用三次产业分类法对三次产业结构的变化与经济发展的关系进行了大量的实证分析，总结出三次产业结构的变化规律及其对经济发展的作用。今天，三次产业分类法更多地以经济活动与自然界的关系为标准将全部经济活动划分为三大类：直接从自然界获取产品的物质生产部门为第一次产业；将加工取自自然界的物质生产部门为第二次产业；派生于有形物质财富生产活动之上的无形财富的生产部门，即广义的服务业划为第三次产业。

根据这个划分标准，三次产业分别是：第一次产业指广义的农业，包括种植业、畜牧业、渔业、狩猎业和林业。第二次产业指广义上的工业，包括制造业、采掘业和矿业、建筑业、煤气、电力、供水等。第三次产业指广义上的服务业，包括运输业、通信业、科学、教育、文化、卫生等。

随着科学技术的迅速发展和人类经济活动的日益复杂化，三次产业分类法的缺陷日益暴露出来。首先，有些产业的归类尚存在争议。如第二次产业的采掘业和矿业是直接从自然界获取产品，是直接依赖对自然资源的开发和利用来进行的生产活动，理应划入第一次产业；其次，第三次产业内容过于繁杂，从最简单的修鞋到最复杂的航天、科研都包括了。从最简单的劳动密集型——理发业、餐饮业等到技术要求最为复杂的高知识密集型产业——信息产业、生物工程。无论怎样，这是一种有效的产业经济分析方法，被诸多国家广泛采用，许多经济学家用它来解释经济发展的条件和结果。

在此基础上，我国提出了三次产业划分的具体标准和范围：第一产业：农业（包括林业、牧业、渔业等）。第二产业：工业（包括采掘业、制造业、自来水、电力、蒸汽、热水、煤气）和建筑业。第三产业：除了上述第一、第二产业以外的其他各业。由于第三产业包括的行业多、范围广，根据我国的实际情况，第三产业可分为两大部分：一是流通部门，二是服务部门，具体又可分为四个层次。

第一层次：流通部门，包括交通运输业、邮电通信业、商业、饮食业，物资供销和仓储业。第二层次：为生产和生活服务的部门，包括金融业、保险业、地质普查业、房地产业、公用事业、居民服务业、旅游业、咨询信息服务业和各类技术服务业等。第三层次：为提高科学文化水平和居民素质服务的部门，包括教育、文化、广播电视事业，科学研究事业，卫生、体育和社会福利事业等。第四层次：为社会公共需要服务的部门，包括国家机关、政党机关、社会团体以及军队和警察等。

3. 国家标准分类法

一国（或一地）政府为了统一该国（或该地）产业经济研究的统计和分析口径，以便科学地制定产业政策和对国民经济进行宏观管理，并根据该国（或该地）的实际而编制和颁布的划分产业的一种国家标准。这类方法具有以下特征：第一，具有整体性、广泛性和权威性的特征；第二，在运用上具有强制性和代表性；第三，具有明确的目的性；第四，具有特殊性；第五，具有较高的科学性。美国于1972年编制和颁布了它的国家标准分类法，设有7位数字的编码。第一位数字代表产业部门，前两位数字代表产品类，共99种主要产业种类，然后再层层细分，一直细分到7位数字，共分为7500种不同的产品类型。英国编制的国家标准分类法有27个主要产业种类，181个产业分类。中国国家标准局编制和颁布《国民经济行业分类与代码》，将国民经济划分为16个门类、92个大类、300多个中类和更多小类。

4. 国际标准分类法

国际标准产业分类法实际上同三次产业分类法是一致的，且比后者更细致。它同三次产业分类法保持着稳定的相关联系，其分类的大项很容易组合成三个部分，因而同三次产业分类法的三次产业相对应。国际标准产业分类法是联合国为了统一世界各国的产业分类于1971年编制和颁布的《全部经济活动的国际标准产业分类索引》，将全部经济活动分为大、中、小、细四个层次。根据国际标准分类法所做的统计有很高的可比性，为产业经济问题的研究提供了很大的方便，并被广泛运用。

1971年版的"国际标准产业分类"将"全部经济活动"分为10个大项，在每个大项下面分成若干中项，每个中项下面分成若干小项，最后将小项分解成若干细项等。如图4－2：

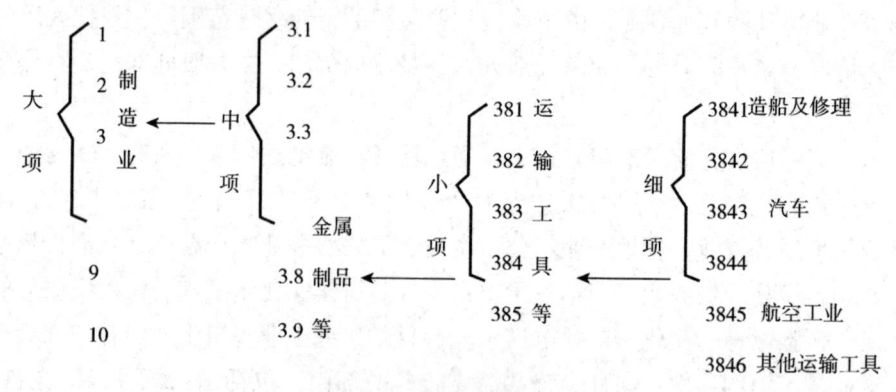

图4－2　产业分类图

5. 两大部类分类法

这是马克思为了解释资本主义的本质和剩余价值产生的秘密所采用的产业分类方法。生产生产资料的部门为第Ⅰ部类；生产消费资料的部门为第Ⅱ部类。此种方法的缺陷有：只包括物质生产部门，不能涵盖所有产业，如运输业、商业，不利于对产业经济的全面分析；许多产品难以归类，如钢铁可用于生产资料生产，又可用于消费资料的生产，给产业经济的研究工作带来困难；分类不够细化、不能深入地分析产业结构变化对经济增长的影响；与其他方法相差甚远，分析口径不一，而且不够细化，其分析结果很难进行比较。但它揭示了社会再生产顺利进行时两大部类产业间的实物和价值构成的比例平衡关系，是研究社会再生产过程的理论基础。

6. 农轻重产业分类法

以物质生产的不同特点为标准，将社会经济活动中的物质生产部门分成农业、轻工业、重工业三大部门。这种分类法具有直观、简便、易行的特点。它在研究和安排工业化发展进程方面具有很大的实用价值，例如重化工业化进程。这种分类法来源于前苏联，只适合于工业化程度较低的发展阶段，不适合于工业化程度较高的发展阶段。缺陷有：没有把全部物质生产部门都包括进去，更没有涵盖非物质生产部门，不利于对产业经济问题进行比较全面系统的研究；随着科学技术的快速发展，传统的农轻重边界越来越模糊，相当多产业特别是新兴产业难于归类到哪一部门；这种分类法也不够细分，一方面很难从深层次揭示农轻重结构变化对经济发展的影响，另一方面也难于对统计结果进行比较，这都给产业经济的分析和研究工作带来困难。

7. 生产要素分类法

根据所需投入生产要素的不同比重和对不同生产要素的不同依赖程度可以将全部生产部门划分为劳动密集型产业、资本密集型产业和知识密集型产业三类。劳动密集型产业指在生产过程中资本、知识的有机构成水平低，活劳动特别是体力劳动所占比重较大的产业（纺织、服装、食品）。资本密集型产业指在其劳动过程中活劳动、知识的有机构成水平较低，资本的有机构成水平较高，产品物化劳动所占比重较大的产业（交通、钢铁、汽车、机器制造）。知识密集型产业，是指在其生产过程中对知识的依赖程度大，即知识含量高，脑力劳动所占比重较大的产业（航天、生物、信息）。

生产要素分类法能比较客观地反映一国的经济发展水平，知识密集型产业比重越大，说明该国经济发展水平越高。劳动密集型产业比重大说明该国经济发展水平低；也反映了产业结构的高度化趋势，即由劳动密集型产业占主导地位的产业结构向资本密集型产业占主导地位的产业结构过渡，最后过渡到知识密集型产业占主导地位的产业结构。这有利于一国根据产业结构变化的这种趋势制定相应的产业发展政策。所以生产要素分类法也得到了广泛的应用。但它的划分界限比较模糊，也比较容易受主观因素影响。另外，资源的密集程度是相对的，也是动态变化的。技术进步越快，知识老化也越快，原来是知识密集型产业，随着知识的老化，也会变成劳动密集型产业。所以，资源的密集程度是相对的，也是动态变化的。

产业除了以上几种最常见、最常用的分类方法外，还有其他一些分类方法。

1. 四次产业分类法

一是美国经济学家马克·波拉特提出的，把所有产业经济活动部门分为农业、工业、服务业和信息业。另一种是我国学者王树林提出的四次产业分类法：第三产业属于物质产品再生产总过程的领域，第四产业属于精神产品再生产总过程的领域。

2. 产业发展阶段分类法

产业发展阶段分类法是指按照产业发展所处的不同阶段进行产业分类的一种方法。由于划分产业发展阶段的标准有很多，所以处于不同发展阶段的产业的界限并不是很明确，只能是大概的划分。按照这种分类法划分的常见产业有幼小产业、新兴产业、朝阳产业、衰退产业、夕阳产业、淘汰产业。这种划分有利于了解影响产业变化的因素，有利于准确掌握产业变化的趋势和规律，从而提前制定相关调整或预防的政策。

3. 生产流程分类法

生产流程分类法是指根据工艺技术生产流程的先后顺序划分产业的一种方法。这种划分法有两种情况，一种情况是相对于某一产业的工序位置来说的；另一种情况是没有基准产业作比较的更加模糊的习惯称法。按生产流程可以划分为上游产业、中游产业、下游产业。

4. 霍夫曼分类法

德国经济学家霍夫曼研究工业化发展阶段时将产业分为：消费资料工业，食品、纺织等；资本资料工业冶金及金属材料工业、运输机械工业等；其他工业，橡胶、木材、造纸、印刷等。将产品用途有75%以上属资本资料的产业划分为资本资料工业，难以用以上标准划分的产业则被列入其他工业。这一划分界线在实际工作中难以划分和量度，因而这一方法在特定条件下才有实际应用价值。

5. 钱纳里—泰勒分类法

钱纳里—泰勒分类法是指美国经济学家钱纳里和泰勒在考察生产规模较大和经济比较发达的国家的制造业内部结构的转换和原因时，为了研究的需要，将不同经济发展时期对经济发展起主要作用的制造业部门划分为初期产业、中期产业和后期产业的一种分类方法。初期产业包括食品、纺织、皮革等，主要是满足基本生活需要；中期产业包括非金属矿工业、橡胶工业、木材与木材加工业、石油工业、化学工业、煤炭工业等，产品具有明显的最终需求性质；后期产业包括服装和日用品、印刷出版、粗钢、纸制品、金属制品和机械制品。产品具有很强的最终需求性质。这种分类法一方面有利于在经济发展的长期过程中深入考察制造业内部各产业部门的地位和作用的变化，进而揭示制造业内部结构转换的原因，即产业间存在着关联效应；另一方面有利于有关政府部门根据不同经济发展时期产业的不同特征制定产业政策，促进制造业内部结构优化，从而推动经济的快速发展。

（二）产业结构演进的一般趋势

1. 从工业化发展的阶段来看

产业结构的演进有五个阶段：前工业化时期、工业化初期、工业化中期、工业化后期和后工业化时期。在前工业化时期，第一产业占主导地位，第二产业有一定发展，第三产业的地位微乎其微。在工业化初期，第一产业产值在国民经济中的比重逐渐缩小，其地位不断下降；第二产业有较大发展，工业重心从轻工业主导型转向基础工业主导型，第二产业占主导地位；第三产业也有一定发展，但在国民经济中的比重还比较小。在工业化中期，工业重心由基础产业向高加工度工业转变，第二产业仍占据第一位，第三产业继续上升。在工业化后期，第二产业比重继续下降，第三产业继续快速发展，其中信息产业增长加快，第三产业产值比重在三次产业中的地位占有支配地位。在后工业化时期，产业知识化成为主要特征。产业结构的发展就是沿着这样的一个发展进程由低级向高级走向高度现代化的。

2. 从主导产业的转换过程来看

产业结构的演进有以农业为主导、轻纺工业为主导、原料工业和燃料动力工业等基础工业为重心的重化工业为主导、低度加工型的工业为主导、高度加工组装型工业为主导、第三产业为主导、信息产业为主导等几个阶段，每个阶段都有其独特的规律。

3. 从产业的内在变动来看

产业结构的演进是沿着以第一产业为主导到第二产业为主导，再到第三产业为主导的方向发展的。在第一产业内部，产业结构从技术水平低下的粗放型农业向技术要求较高的集约型农业，再向生物、环境、生化、生态等技术含量较高的绿色农业、生态农业发展；种植型农业向畜牧业、野外型农业向工厂型农业方向发展。在第二产业内部，产业结构的演进朝着轻纺工业—基础型重化工业—加工型重化工业方向发展。从资源结构变动情况看，产业结构沿着劳动密集型产业—资本密集型产业—知识密集型产业方向演进。从市场导向角度看，产业结构朝着封闭型—进口替代型—出口导向型—市场全球化方向演进。在第三产业内部，产业结构沿着传统型服务业—多元化服务—现代型服务—信息产业—知识产业的方向发展。如图4-1所示，信息产业在每个阶段实际是信息工业、信息服务业及"知识产业"并存，只是以某一个为主。超过$A_1$、$B_1$后，经济的阶段便跃入下一个新的稳态阶段。一般而言，从数学上讲$X_3 > X_2 > X_1$。即信息产业成长遵循从以信息工业为主阶段逐步向以知识产业为主的阶段发展的规律。

图4-3

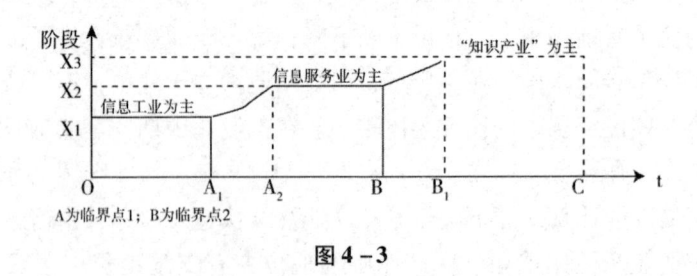

A为临界点1；B为临界点2

**4. 从产业结构演进的顺序看**

产业结构由低级向高级发展的各阶段是难以逾越的，但各阶段的发展过程可以缩短。从演进角度看，后一阶段产业的发展是以前一阶段产业充分发展为基础的。在经济发展过程中，依序产生第一、二、三产业，而三次产业结构转变首先集中在农业向工业的转变上，即所谓的工业化过程，在这个过程中，又细分为"重工业化""高加工度化""技术集约化"三个阶段。今后的趋向将是信息化过程取代工业化过程。

**5. 产业结构变化的新趋势**

20世纪60年代以后，西方主要发达国家产业结构变化呈现了新的发展趋势。一是第一产业的劳动力及国民收入的相对比重在20世纪60年代在西方主要发国家仍保持着下降趋势。进入20世纪70年代后，这种趋势似有减弱，美、英无论劳动力还是国民收入的相对重都已降到4%以下。二是第二产业则无论劳动力还是国民收入的相对比重进入20世纪60年代以后呈下降状态。在第二产业内，则表现为资本密集的重化工业比重逐渐下降，资本技术密集、技术知识密集的产业比重迅速上升。如日本20世纪80年代钢铁工业的萎缩与电子工业的兴起。三是第三次产业的上述两项指标都保持着向上的势头，其比重都在50%以上，这主要是产业结构软性化的结果。产业结构的软性化有两方面的内容，一是在产业结构的发展过程中，第三次产业的比重不增高，出现"经济服务化"趋势；二是在所有产业中，伴随着高加工化趋势，知识技术密集程度增高，经济发展对高技术人才的依赖大大增强。产业结构软性化趋势的客观性也可以从结构演进的动因中得到说明，初级需要的满足使人们不断推动消费向发展和享受资料发展，对"精神""闲暇"消费的要求逐渐提高，这必然要求服务业的迅速发展。同时经济发展也要求为生产服务的第三产业跟上其发展速度。另一方面，伴随着技术进步和加工度的深化，单纯靠投入大量一般劳动力和资本密集，已不能促进经济的进一步增长，知识技术"软件"资源作用的提高，必然使对高技术人才的依赖度增强。

（三）产业结构演变规律的理论考察

1. 经济发展同产业结构的演变——配第—克拉克定理（Petty - Clark theorem）

早在17世纪，西方经济学家威廉·配第就已经发现，随着经济的不断发展，产业中心将逐渐由有形财物的生产转向无形的服务性生产。1691年，威廉·配第根据当时英国的实际情况明确指出："工业往往比农业、商业往往比工业的利润多得多。因此劳动力必然由农转工，而后再由工转商。"英国经济学家克拉克在威廉·配第的研究成果之上，搜集和整理若干国家的统计资料，进行国际比较和时间序列分析，得出如下结论：随着经济的发展，人均国民收入的提高，劳动力首先由第一次产业向第二次产业移动；当人均国民收入水平进一步提高时，劳动力便向第三次产业移动。劳动力在产业间的分布状况为：第一次产业将减少，第二、三次产业将增加。人们称这种由人均收入变化引起产业结构变化的规律为配第—克拉克定律。

人们总是由低收入的产业向高收入的产业移动的，这不仅可以从一个国家经济发展的时间序列分析中得到印证，而且还可以从处于不同发展水平上的国家在同一时点的横断面比较中得到类似的结论。人均国民收入水平越高的国家，农业劳动力在全部劳动力中所占的比重相对来说就越小，而第二、三产业中劳动力所占的比重相对来说就越大；反之亦然。在经济发展过程中就业会由以第一产业为主向以第二产业为主，继而向第三产业为主转变，人均收入变化引起劳动力流动，进而导致产业结构演进的规律。

为什么第一产业国民收入及劳动力的相对比重趋于减少呢？第一次产业主要是生产生活必需品，而生活必需品的需求特性是当人们的生活水平、收入水平达到一定程度后，个人收入中用于支付必需品的比例减少，这就是恩格尔系数变化规律。农业的低收入弹性使农产品在价格和获得附加价值上处于不利地位，从而使农业所实现的国民收入的份额趋于减少，劳动力的相对比重下降。此外，农业技术进步的困难性和生产周期特点，使农业呈报酬递减，增产不增收现象，而第二产业在多数情况下是投资递增的，这使农业在国民收入增长中处于不利地位。加上土地的有限性和农业劳动生产率的提高，必然导致农业劳动力相对比重减少。

为什么第二产业国民收入的相对比重上升呢？不仅消费结构的变化趋势使工业的收入弹性处于有利地位，而且国民收入中投资部分的增长在不断拓宽工业市场。因此，整个国民收入的支出结构的演变都支持着工业的高收入弹性，从而导致第二次产业所实现的国民收入在全部国民收入中的比重上升。

第三产业提供的服务，从发展观点看，比农业产品具有更高的收入弹性。随着国民收入人均水平的上升，人们追求消费"服务"这种商品的需求将越来越大，出现人们的消费需求的"超物质化"，第三产业的国民收入的相对比重必然上升，由此吸引了劳动力向第三产业转移。

2. 库兹涅茨的产业结构演变规律——人均收入影响论

美国著名经济学家西蒙·库兹列茨（simon kuznets）（1901－1985）擅长国民经济统计，特别是国民收入统计，在西方获得过"GNP之父"的美名，1971年由于他在研究产业结构理论方面的成就，获得过诺贝尔经济学奖。库兹涅茨在继承克拉克研究成果的基础上，对产业结构的演变规律做了进一步探讨，阐明了劳动力和国民收入在产业间分布结构演变的一般趋势，从而在深化产业结构演变的诱因分析方面取得了突出成就。他收集和整理了20多个国家的庞大数据，把三次产业分别称为"农业部门""工业部门"和"服务部门"。根据57个国家的统计资料，整理出1958年在人均国内生产总值几个不同基准点的产业结构变化趋势。

表4－1　国民生产总值的横断面考察

| 组型 | 1 | 2 | 3 | 4 | 5 | 6 | 7 | 8 |
|---|---|---|---|---|---|---|---|---|
| 国家数 | 6 | 6 | 6 | 15 | 6 | 6 | 6 | 6 |
| 人均GDP | 51.8 | 82.6 | 138 | 221 | 360 | 540 | 864 | 1382 |
| A | 53.6 | 44.6 | 37.9 | 32.2 | 22.5 | 17.4 | 11.8 | 9.2 |
| I | 18.5 | 22.4 | 24.6 | 29.4 | 35.2 | 39.5 | 52.9 | 50.2 |
| S | 27.9 | 33.0 | 37.5 | 38.4 | 42.3 | 43.1 | 35.3 | 40.6 |

表4－2　1960年59个国家的劳动力在三部门所占份额

| 组型 | 1 | 2 | 3 | 4 | 5 | 6 | 7 | 8 |
|---|---|---|---|---|---|---|---|---|
| 国家数 | 5 | 6 | 6 | 18 | 6 | 6 | 6 | 6 |
| 人均GDP | 72.3 | 107 | 147 | 218 | 382 | 588 | 999 | 1501 |
| A | 79.7 | 63.9 | 66.2 | 59.6 | 37.8 | 21.8 | 18.9 | 11.6 |
| I | 9.9 | 15.2 | 16.0 | 20.1 | 30.2 | 40.9 | 47.2 | 48.1 |
| S | 10.4 | 20.9 | 17.8 | 20.3 | 37.0 | 37.3 | 33.9 | 40.3 |

根据表4－1和表4－2，库兹涅茨得出如下的结论：随着时间的推移，第一产业的国民收入在整个国民收入中的比重与该产业中劳动力相对比重一样，呈不断下降趋势；第二产业的国民收入相对比重和劳动力相对比重的基本趋势是不断上升；第三产业的劳动力相对比重，几乎在所有的样本国家都呈上升趋势。但国民收入的相对比重却未必与之同步，综合地看，国民收入的相对比重

在这些样本国家是大体不变或略有上升；工业在国民经济中的比重将经历一个由上升到下降的"∩"型变化。库兹涅茨发现的这种变动规律，即产业结构的变动受人均国民收入变动的影响，被称为库兹涅茨人均收入影响论。

3. 霍夫曼工业化过程中的重工业化规律

在西方经济学家中，对工业化过程的工业结构演变规律做了开拓性研究的是德国经济学家霍夫曼。20世纪30年代初，他根据近20个国家的时间系列数据，分析了制造业中消费资料工业和资本资料工业的比例关系。这一比例关系就是消费资料工业的净产值和资本资料工业的净产值之比，其比值就是霍夫曼比例。公式为：

霍夫曼比例或系数＝消费品工业净产值/资本品工业净产值

霍夫曼通过设定霍夫曼比例或霍夫曼系数，提出随着一国工业化的进展，霍夫曼比例呈现出不断下降的趋势，这就是著名的"霍夫曼定理"。霍夫曼比例越小，重工业化程度越高，工业化水平也越高，霍夫曼依据对20多个国家工业内部结构时序划分和计算分析，把工业发展划分为如下4个阶段。

表4-3 霍夫曼比例及工业化阶段划分

| 阶段 | 第一阶段 | 第二阶段 | 第三阶段 | 第四阶段 |
|---|---|---|---|---|
| 霍夫曼比例 | 5（±1） | 2.5（±1） | 1（±0.5） | 1以下 |

第一阶段，消费品工业占统治地位，资本品工业不发达。第二阶段，资本品工业的增长快于消费品工业的增长，但消费品工业的规模仍然比资本品工业的规模大。第三阶段，资本品工业继续比消费品工业更快地增长。第四阶段，资本品工业的净产值已经超过消费品工业的净产值。

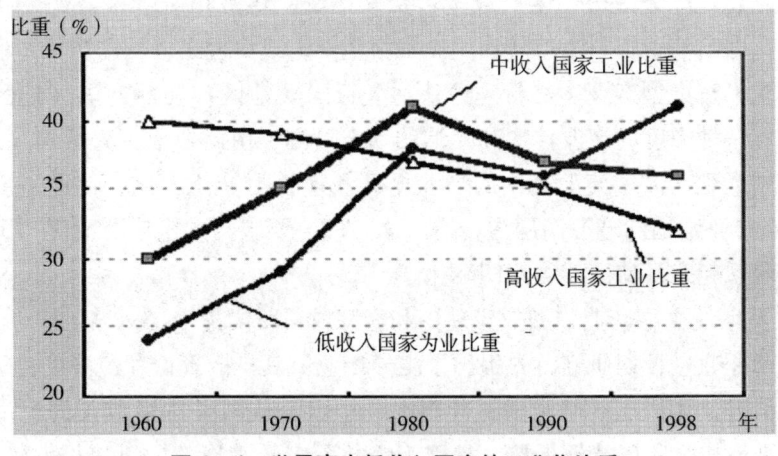

图4-4 世界高中低收入国家的工业化比重

工业比重，1960年高收入国家高于中收入国家，中收入国家高于低收入国家；1998年高收入国家低于中收入国家，中收入国家低于低收入国家。

4. 生产资料生产更快增长规律

马克思的社会再生产理论中两大部类关系是：要实现社会资本的扩大再生产，第Ⅰ部类1年内所生产的生产资料必须多于两大部类1年内所消耗的生产资料，以便第2年有多余的生产资料用于扩大再生产，可用公式表达为Ⅰ（C+V+M）>Ⅰ（C）+Ⅱ（C），也可简化表达为Ⅰ（V+M）>Ⅱ（C）。

在此基础上，列宁指出："技术愈发展，手工劳动就愈受排挤而为许多愈来愈复杂的机器所代替，就是说，机器和制造机器的必需品在国家全部生产中所占的地位愈来愈大。""资本发展的规律就是不变资本比可变资本增长得快。"因此，"增长最快的是制造生产资料的生产资料生产，其次是制造消费资料的生产资料生产，最慢的是消费资料的生产。"列宁同时也明确指出："但是决不能由此得出结论说，生产资料的生产可以完全不依赖消费品的生产而发展，也不能说二者毫无关系。""生产消费（生产资料的消费）归根到底总是同个人消费联系着，总是以个人消费为转移的。"生产资料生产更快增长的原因：技术进步→资本有机构成提高→不变资本更快增长→生产资料生产更快增长。

5. 赤松要雁行形态理论

产业结构演进的一个重要趋势就是与国际市场相适应。一国的经济发展需要有完善的内贸与外贸相结合的全方位的产业结构。日本经济学家赤松要从一国到另一国的产业转移的研究中，提出了一个著名的"雁行形态理论"：后起国特定产业的生命周期一般由"进口—生产、进口替代—出口"三个阶段构成，战后发展为"引进—进口替代—出口—成熟—反进口"的循环。这一过程与各国比较优势结构（生产成本、要素禀赋、要素相对价格）的变化是相对应的，即由消费资料生产转向生产资料生产，或由轻工业转向重化工业，进而转向技术密集型产业。雁行理论认为先行国（地区）与后期国（地区）之间存在着一种梯度的产业传递和吸纳的动态过程，由此形成了先行国（地区）和后起国（地区）一定时期内的产业循环和连锁型变化机制，促进了后起国（地区）产业结构向着更高层次转换。这一理论要求将本国产业发展与国际市场密切联系起来，使产业结构国际化。

6. 罗斯托主导产业扩散效应理论和经济成长阶段论

罗斯托通过长期研究首先提出了主导产业及其扩散理论和经济成长阶段理论。他认为，无论在任何时期，甚至在一个已经成熟并继续成长的经济体系中，经济增长之所以能够保持，是因为为数不多的主导部门迅速扩大的结果，而且这种扩大又产生了具有重要意义的对其他产业部门的作用，即产生了主导产业的扩散效应，包括回顾效应、旁侧效应和前向效应。罗斯托的这些理论被称为罗斯托主导产业扩散效应理论。罗斯托经济增长六个阶段：第一，传统社会阶段；第二，为起飞创造前提条件阶段；第三，起飞阶段；第四，成熟阶段；第五，高额消费阶段；第六，追求生活质量阶段。

7. 钱纳里工业化阶段理论

钱纳里从经济发展的长期过程中考察了制造业内部各产业部门的地位和作用的变动，揭示了制造业内部结构转换的原因，即产业间存在着产业关联效应，为了解制造业内部的结构变动趋势奠定了基础。他的这些在不同经济发展阶段的不同产业具有不同特点的理论总结被称为钱纳里工业化理论。

钱纳里从经济长期发展中考察制造业内部各产业部门的地位和作用的变动，揭示了制造业内部结构转换的原因，即产业间存在着产业关联效应，为了解制造业内部结构变动趋势奠定了基础。他发现制造业发展受人均 GNP、需求规模和投资率的影响大，而受工业品和初级品输出率的影响小。

他提出三个阶段六个时期的划分。初级产品生产阶段：第一时期——传统社会：产业结构以农业为主；第二时期——工业化初期阶段。产业结构由传统的农业结构向现代工业化结构转变，工业以初级产品生产为主。工业化阶段分为两个时期。第三时期——工业化中期：制造业由轻工业向重型工业迅速增长转变，非农劳动力开始占主体，第三产业开始迅速发展——即重化工业阶段；第四时期——工业化后期阶段：第一、第二产业协调发展的同时，第三产业由平稳转入持续高速增长。发达经济阶段分两个时期。第五时期——后工业化社会：制造业内部结构由资本密集型向以技术密集型产业为主导转换，同时生活方式现代化，高档耐用消费品普及；第六时期——现代化社会：第三产业开始分化，智能密集型和知识密集型产业从服务业中分离出来并占主导地位；人们的消费欲望呈现出多样性和多变性，追求个性。

### 三、决定和影响产业结构的因素

决定和影响一个国家产业结构的因素是极其复杂的，但一般在产业结构理论中这些因素可归纳为以下几个方面。

（一）需求结构

1. 个人消费结构

个人消费结构强烈地影响生产消费资料的产业的构成，而影响个人消费结构的因素相当复杂。需求结构就是按照人们需要等级的先后次序排列的有机构成。按照恩格斯的划分，人的需要有三个层次，即生存需要、享受需要和发展需要，每一层次又包含了对同一层次的不同商品的需要。需求是指有支付能力的需求。它与可支配收入之间存在着某种函数关系，即消费可看成是收入的函数，$c=f(y)$。其中，y 表示收入，c 表示消费，消费倾向又可分为平均消费倾向和边际消费倾向。前者指总消费量和总收入量之比（c/Y）；后者是消费增量和收入增量之比（$\triangle C/\triangle Y$）。消费倾向与产业结构的变化有很大的关系。当代发展经济学家如刘易斯、钱纳里等人，在研究发展中国家工业化过程中的结构变化问题时，都充分利用了消费倾向理论。他们指出，伴随着收入水平提高而出现的边际消费倾向递减，以及边际储蓄倾向递增的现象，是发展中国家工业化过程的启动以及制造业中资本密集型部门逐步增加的基本因素。

当收入有限而不能满足所有层次需要时，人们首先把有限的收入用于购买生存需要的商品。因此，需求结构的一个基本特征是对各类商品供给的丰富水平具有不同的反应。随着人均收入水平提高，需求重点会逐步向更高层次转移。需求引导生产，需求结构的变动导致产业结构的变动。大量统计分析表明，需求结构的变化与产业结构的变化是相对应的。在人均产值 300 美元以下的低收入阶段，恩格尔系数较大，人们对吃穿所需的产品需求占主导地位，同时储蓄较少，无力发展资本集约型产业；在人均产值 300 美元以上，需求结构的重点转向非必需品，特别是耐用消费品，这种变化要求资本物品的生产迅速增加。因而，以农业和轻工业为中心的生产转向以设备、耐用消费品制造为中心的基础工业和重加工业的生产；在人均收入高水平阶段，人们对精神生活、生活质量和生活环境的要求大大提高，人们的需求趋向多样化、个性化。少品种、大批量的生产方式日渐由多品种、少批量的生产方式取代。同时售前售后服务空前发展，产业结构迅速走向以信息咨询业等高科技产业为中心的服务化。

2. 中间需求和最终需求的比例。所谓中间需求就是各个生产部门对一次就将其本身的全部价值转移到产品中去的生产资料的需求，比如原材料等的需求，这些生产资料就叫作中间产品。所谓最终需求就是个人消费、设备投资、增加库存、出口等构成的需求之和。满足最终需求的产品就叫作最终产品，一个国家的最终产品的价格合计便是这个国家的国民收入。决定一个国家中间需求和最终需求的比例的一个重要因素是这个国家整个国民经济的经济效益。中间需求和最终需求的比例决定了生产中间产品的产业和生产最终产品的产业的比例关系。中间需求结构决定生产中间产品的产业内部结构，最终需求结构和规模的变化是推动产业结构演变最重要的动因之一。

3. 消费和投资的比例。投资不仅是构成现实最终需求的一个重大要素，而且投资将形成新的生产能力。因此，投资在各产业部门的分配是改变现有产业结构的直接原因。最终需求中的消费和投资的比例关系决定消费资料产业同资本资料产业的比例关系。

4. 投资结构。投资结构的变化和整个需求结构的变化一致，但还受生产工艺、生产技术以及资本有机构成的变化的影响。资金向不同产业方向投入所形成投资配置量的比例就是投资结构。不同方向的投资是改变已有产业结构的直接原因；对创造新的需求投资，将形成新的产业而改变原有的产业结构；对部分产业投资，将推动这些产业以更快的速度扩大，从而影响原有产业结构；对全部产业投资，但投资比例不同，则会引起各产业发展程度的差异，导致产业结构的相应变化。

（二）供给结构

1. 劳动力和资本的拥有状况以及它们之间的相对价格。流动的劳动力是产业结构不断演进的重要条件。劳动力缺乏可移性就会阻碍产业结构向更高的阶段发展。劳动力在产业间的移动不仅要有量的保证，而且要有质的保证，即教育和训练的水平、掌握高度技术和技能的能力；随着现代技术的发展和生产设备日益大规模化，特别是在发展重工业和新兴工业上，资本积累是一个非常重要的因素；"资本的价格"即使用资本时付出的股息和利息与劳动力价格——工资水平之间的比较关系也会影响产业结构，工资水平低有利于发展劳动密集型产业，资本价格高则阻碍重工业、新兴工业这类资本有机构成高的产业部门的发展。

2. 生产技术体系、生产力发展水平，特别是科技发展水平。生产力和生产技术水平低，手工劳动占主要地位时，生产社会化程度就低，产业部门就少，产业之间的联系就不密切。随着分工协作的深化，产业结构变动将加快。一是科技进步影响需求结构导致产业结构变化。具体表现在：科技进步使产品成本下降，市场需求扩大，技术进步快的产业发展迅速；技术进步，机器设备、原材料和能源需求不断增加，要求优先发展重工业；技术进步使机器设备效率提高，使单位产品所耗的固定资产下降，单位产品所需原材料和能源减少，使社会扩大再生产对生产资料的需求相对缩小，抑制重工业的发展；技术进步使可替代资源增加，改变原材料的生产结构；技术进步使消费品升级换代，改变消费品的生产结构。二是技术进步影响供给结构直接导致产业结构的变化。具体表现在：技术进步促进社会劳动生产率的提高，导致产业分工的加深和产业经济的发展；现代科技创造了新的劳动工具、新工艺、新材料、新能源，导致新兴产业不断出现，促进产业结构高级化；技术进步影响国际分工，改变国际竞争格局，从而影响到一国产业结构的变化；技术进步对各产业内部各部门的比例关系，也有直接的影响。

3. 自然资源的拥有状况。自然条件的好坏直接影响一国农业的发展；地下资源状况，直接影响采掘工业、燃料动力工业、重工业的结构；经济作物状况则影响轻纺工业的结构。但是，随着科技的进步，许多难以采掘的资源得到开发，天然原料得到综合利用和节约代用。此外，国际贸易可以弥补国内资源的短缺，缓解自然资源对一国产业结构的制约。

（三）国际贸易和国际投资

国际贸易是在开放经济条件下来自外部的影响产业结构变动的因素。它对产业结构的影响，主要是通过国际比较利益机制实现的。一般说来，各国间产品生产的相对优势的变动，会引起进出口结构的变动，进而带动国内产业结构的变动。但是，国际贸易具有双重性。在违反国际比较利益原则下进行国际贸易，虽然也会影响国内产业结构的变动，但并不能促进产业结构有序发展，甚至会导致国内产业结构畸形。只有符合国际比较利益的国际贸易才能促进产业结构不断向高层次发展。

国际贸易是通过本国产品出口刺激本国需求增长和外国产品的进口以增加国内供给来影响本国产业结构的。资源、商品、劳务的出口，对国内相关产业的发展起推动作用；国内紧缺资源、劳务的进口，可以弥补本国生产该类商品的产业不足，同时进口某些新产品、新技术还对开拓本国市场、为本国发展同类产业创造有利条件，有利于推动本国产业结构向更高层次发展。

国际投资包括本国资本的流出和外国资本的流入。对外投资会导致本国产业的对外转移，外国投资则促使国外产业的对内转移。这两方面都会引起国内产业结构的变化。

产业结构的变化除了受到上述各种因素的影响外，还受到政府经济政策和市场等因素的影响。产业结构的变化受到政府产业政策的影响最直接。市场是社会资源配置的重要手段，市场给出的信号直接引导人们的投资与消费行为，进而影响产业结构的变动。因此，市场法规与机制的完善程度也成为影响产业结构的因素之一。政治、经济、社会文化等因素的因素影响是相互交织在一起的，综合影响现有产业结构及其未来的发展变化。一国的政治经济制度、历史条件、人口的状况，战争与和平环境，以及重大的经济政策也会影响一国的产业结构。

上述种种决定和影响产业结构的因素都不是孤立存在的。这些因素可能互相促进、互相制约，以致互相抵触，综合地影响和决定着现有产业结构及它的变化和发展。

## 第二节　产业结构优化

产业结构优化理论是产业结构理论的重要内容，是一国实现经济持续、稳定、快速发展的重要经济理论。在这里，我们主要从产业结构合理化、产业结构高度化和地区产业结构优化等方面展开阐述。

### 一、产业结构优化概述

（一）产业结构优化的含义

产业结构优化是指通过产业调整，使各产业实现协调发展，并满足社会不断增长的需求的过程。产业结构优化是一个相对的概念，它不是指产业结构水平的绝对高低，而是在国民经济效益最优的目标下，根据本国的地理环境、资源条件、经济发展阶段、科学技术水平、人口规模、国际经济关系等特点，通过对产业结构的调整，使之达到与上述条件相适应的各产业协调发展的状态。具体地说，其内涵包括以下三个要点：第一，产业结构优化是一个动态过程，是产业结构逐步趋于合理、不断升级的过程，在一国经济发展的不同阶段，产业结构优化的衡量标准不同。第二，产业结构优化的原则是产业间协调发展和最高效率原则。第三，产业结构优化的目标是资源配置最优化和宏观经济效益最大化。

产业结构优化具有明确而丰富的内容，主要衡量的标志有以下几方面。

1. 产业结构合理化。所谓产业结构合理化是指产业结构由不合理向合理发展的过程。即要求在一定的经济发展的阶段上，根据消费需求和资源条件，对初始不理想的产业结构进行有关变量的调整，理顺结构，使资源在产业间合理配置，有效利用。产业结构是否合理的关键在于产业之间内在的相互作用而产生的一种不同于各产业能力之和的整体能力，如果产业之间的相互作用关系越是协调，结构的整体能力越高，从而产业结构就是合理的。反之，产业结构就是不合理的。

2. 产业结构的高度化。要求资源利用水平随着经济技术的进步不能突破原有界限，从而不断推进产业结构中朝阳产业的成长，其标志是代表现代产业技术水平的高效率产业部门比重不断增大，经济系统内部显示出巨大的持续创新能力。产业结构的合理化与高度化有着密切的联系。产业结构的合理化为产业结构的高度化提供了基础，而高度化则推动产业结构在更高层次上实现合理化。结构的合理化首先着眼于经济发展的近期利益，而高度化则更多地关注结构成长的未来，着眼于经济发展的长远利益。因此，在产业结构的优化的全过程中，应把合理化与高度化问题有机结合起来，以产业结构合理化促进产业结构高度化；以产业结构高度化带动产业结构合理化，在产业结构合理化过程中实现产业结构高度化的发展；在产业结构高度化进程中实现产业结构合理化的调整。只有这样，才能实现产业结构优化。

3. 产业的均衡发展。一方面是产业部门间的均衡发展，另一方面是产业发展的稳定性，即从时间序列的产业波动性评价产业的均衡。产业的协调发展是指产业部门、产业要素在产业发展中要协调一致。

4. 产业发展的效率。主要是指产业发展的速度、质量和效益。

（二）产业结构效应

产业结构效应是指产业结构变化的作用对经济增长所产生的效果，即对经济增长发挥着一种特殊的作用。产业结构的高变换率之所以能够导致经济总量的高增长率，是因为产业结构的特殊功能，即产业结构效应在起作用。产业结构的结构效应，类型很多，如供给效应和需求效应等。周振华在他的《现代经济增长中的结构效应》一书中把产业结构效应分为结构关联效应、结构弹性效应、结构成长效应和结构开放效应。罗斯托认为，经验已经证实了经济增长中主导部门概念的合理性，即三种来自迅速增长的扩散效应的组合促进了经济的快速增长。

1. 回顾效应是指主导部门的增长对那些向自己供应投入品的供应部门产生的影响。罗斯托认为，根据主导部门或新部门的技术特点，它们在处于高速增长的阶段时，会对原材料和机器设备等投入品产生新的投入要求。这些投入，反过来又要求现代设计观念和方法的发展。这些投入可能是物质的，也可能是人力，还可能是制度方面的。

2. 旁侧效应是指主导部门的成长还会引起它周围地区在经济和社会方面的一系列变化，这些变化趋向于在广泛的方面推进工业化进程。现代工业活动围绕在城市人口、服务和各种制度等方面。这些制度加强了工业作为一个不断发展的过程的基础：即由技术决定的等级制度建立起有纪律的劳动力队伍；处理法律问题及投入和产出市场各种关系的专业人员；城市先行资本投资；银行和商业制度；满足驾驭新工业结构的人的需要而存在的建筑业和服务业。这样，新主导部门的出现常常改变了它所在的整个地区。

3. 前向效应是指主导部门的成长诱导了新兴工业部门、新技术、新原料、新材料、新能源的出现，改善了自己供应给其他产业产品的质量。罗斯托认为，现代工业活动创造了能够引起新的工业活动的基础，或者通过削减其他工业部门的投入成本，提供吸引企业进一步开发新产品和服务的条件，或者产生一个瓶颈问题。这个瓶颈问题的解决肯定是有利可图的，所以它能吸引发明家和企业家。这样，主导部门产生了一种刺激力，并为更大范围的经济活动提供了可能性，有时候，甚至为下一个重要的主导部门的出现创造了条件。主导部门不但在技术上，而且在原材料供给上，都具有前向效应。

### 二、产业结构的高度化

产业结构的高度化是指产业结构随着需求结构的变化向更高一级演进的过程，实际上是指产业结构的知识集约化和经济服务化，使得产业具有更高的附加价值。产业结构高度化是一个相对概念，它是针对现有的社会生产力水平，尤其是科技发展水平而言的。产业结构高度化又是一个永不停息的过程，在现有资源和技术条件下，通过自身不断高度化调整，发挥满足需求的最高潜能。显然，产业结构高度化的实质就是随着科技发展和分工深化，产业结构不断向，高附加价值化发展，从而更充分有效地利用资源，更好地满足社会发展需求的一种趋势。

（一）产业结构高度化的主要内容

（1）从产业素质来看，新技术在各产业部门得到广泛的运用，社会有机构成得到进一步提高；产业的劳动者素质和企业家的管理水平不断上升；各产业的产出能力、产出效率不断提高；产业能够适合经济发展阶段的升级换代，即落后的产业被淘汰，新兴产业兴起和壮大。

（2）从结构发展方向来看，整个产业结构由第一次产业占优势顺次向第二次产业、第三次产业占优势的方向发展；在资源结构上，由劳动密集型占优势顺次向资金密集型、技术密集型占优势的方向发展；在加工工业中制造初级产品的产业占优势逐步向制造中间产品、最终产品占优势的方向发展。

（3）从产业组织发展来看，竞争从分散的、小规模的竞争转向以联合或集团式的集中性大规模竞争的方向发展，规模经济的利用程度大大提高；产业间关系趋向复杂化，大中小型企业联系越来越密切，专业化协作越来越细，企业多角化经营范围越来越广。

（4）从产业与国际市场的联系来看，产业结构高级化要求开放度不断提高，产业结构不再是自我封闭式的维持均衡发展，而是通过国际投资、国际贸易、技术引进等国际交流方式，实现与产业系统外的物质能量的交换，在更高层次上实现结构均衡协调发展，建立国际协调型的产业结构。

（二）产业结构高度化的动因

在经济发展的历史长河中，产业结构的高度化是主导产业及其群体不断更替、转换的一个历史演进过程，是一个产业结构由低级到高级、由简单到复杂的渐进过程。

1. 一般动因。劳动力、技术、自然资源、资金等要素供给在总量与结构上不同，产业结构运行效率和内部构成也不同，结构升级能力不同；消费投资需求、产品结构影响或引导产业结构转化方向；政府政策等不可控的外生变量和国际贸易的变化影响产业结构高度化。

2. 产业结构高级化的根本动因是技术创新

技术创新是企业家抓住市场信息的潜在盈利机会，以获取商业利益为目标，重新组织生产条件和要素，建立起效能更强、效率更高和费用更低的生产经营系统，从而推出新的产品、新的工艺、开辟新的市场、获得新的原材料来源或建立企业新的组织的过程。技术创新的本质是将科学技术应用于产品、工艺以及其他商业用途上，以改变人们的生活方式，提高人们的生活质量。技术创新的内容一般包括产品创新、工艺创新、设备创新、材料创新、生产组织与管理创新。

（1）技术创新促进了技术变革、技术进步和新产业的产生。从产业发展的近代史看，正是重大的技术创新推动了产业结构的高级化。蒸汽机的发明、电力的发明、计算机的发明等，都带来了巨大的技术变革、技术进步和新产业的产生，并使得产业结构水平沿着以农业产业为主导、工业产业为主导、信息产业为主导的方向不断升级。

（2）技术创新还导致了生产方式的变革和生产社会化程度的提高。在手工技术的生产时代，无论是工业还是农业都是零散的、分散的、小规模的、相对封闭的生产方式，技术创新使得世界进入工业生产时代又进入信息经济时代，使得生产方式随着多样化（既有大规模生产又有分散的智力化生产）、社会化、国际化的方向发展。同技术进步作为产业结构高级化的本质内容一样，生产方式的进步和社会化程度的提升同样是产业结构高级化的本质内容和重要表现。

（3）技术创新创造了新的市场需求，新的市场需求推动了产业结构的高级化。由于技术创新创造了新的产出，新的产业满足了生产和生活中潜在的和更高层次的需求，这种旺盛的需求又刺激了新产业的扩张，从而直接拉动了产业结构的升级。对新产业的旺盛需求，在生产领域来源于对提高效率的需求，在消费领域则来源于人的求新、求变的心理。对新产出的旺盛需求，使得新产业有很高的需求收入弹性；由于旺盛的市场需求，使得新产业产品价格高扬，其获利水平远远高于全部产业的平均水平，从而引起社会资源迅速流入该产业，使得该产业不断扩张。无论新产业，还是用新技术改造后的传统产业，都因为需求的不断增长而不断扩张，这种扩张正是产业结构高级化的表现。

（三）衡量产业结构高级化的标志

1. 标准结构法

该方法是将一国的产业结构进行比较，以确定一国产业结构的高级化程度。库兹涅茨在研究产业结构的演进规律时，不仅通过时间序列的数据对产业结构的演进规律进行分析，而且还通过横截面的数据对经济发展阶段与产业结构的对应关系进行研究。这种从截面研究产业结构的方法，为我们了解一国产业结构发展到何种程度提供了比较的依据，利用这种方法，库兹涅茨提出了经济发展不同阶段的产业标准结构。根据"标准结构"就能了解一国经济发展到哪一阶段以及产业结构高级化的程度。库兹涅茨的"标准结构"如表4-4。

表4-4 产业的"标准结构"

| | 1964年币值的人均国民生产总值的基准水平（美元） | | | | | | | | |
|---|---|---|---|---|---|---|---|---|---|
| | <10 | 100 | 200 | 300 | 400 | 500 | 800 | 100 | >1000 |
| 产业部门构成（部门产值占国内生产总值的比例） | | | | | | | | | |
| 1. 第一次产业 | 52 | 45 | 32 | 26 | 22 | 20 | 15 | 13 | 12.7 |
| 2. 制造业 | 12 | 14 | 21 | 25 | 27 | 29 | 33 | 34 | 37.9 |
| 3. 基础设施 | 5.3 | 6.1 | 7.2 | 7.9 | 8.5 | 8.9 | 9.8 | 10 | 10.9 |
| 4. 服务业 | 30 | 33 | 38 | 40 | 41 | 41 | 41 | 41 | 38.6 |
| 劳动力部门构成 | | | | | | | | | |
| 5. 初级产业 | 71 | 65 | 55 | 48 | 43 | 39 | 30 | 25 | 15.9 |
| 6. 制造业 | 7.8 | 9.1 | 16 | 20 | 23 | 25 | 30 | 32 | 36.8 |
| 7. 服务业 | 21 | 25 | 27 | 30 | 32 | 34 | 39 | 42 | 47.3 |

2. 相似性系数法

这是以某一参照物的产业结构为标准，通过相似性系数法的计算，将本国的产业结构与参照国产业结构进行比较，以确定本国产业结构高级比程度的一种方法。

设 A 是被比较的产业结构，B 是参照系 $X_{Ai}$、$X_{Bi}$ 分别是产业 i 在 A 和 B 中的比重，则产业结构 A 和参照系 B 之间的结构相似系数 $S_{AB}$ 为：

$$S_{AB} = \left(\sum_{i=1}^{n} X_{Ai} X_{Bi}\right) / \left(\sum_{i=1}^{n} X_{Ai}^2 X_{Bi}^2\right)$$

我国学者曾利用相似性系数以日本为参照系，对中国产业结构的高级化进行过估计，认为中国产业结构中的劳动力结构（1992 年）与日本 1930 年的结构高度相似（相似性系数达到 0.9846）；而产值结构（1989 年）则与日本 1925 年的水平基本相等（系数为 0.9268）。

3. 高新技术产业比重法

在工业内部，衡量产业结构高级化程度，可以用高新技术产业比重法。因为产业结构高级化过程，也是传统产业比重不断降低和高新技术产业比重不断增大的过程。通过计算和比较不同年代高新技术产业、产值、销售收入等在全部工业中的比重，可以衡量产业结构高级化的程度。发展中国家可以以发达国家为参照对象，通过比较高新技术产业比重，来发现发展中国家产业结构高级化的相对水平与发达国家的差距。

（四）主导产业的选择

1. 主导产业的含义

主导产业，主导增长产业，是指那些能够迅速和有效地吸收创新成果，对其他产业的发展有着广泛的影响，能满足不断增长的市场需求并由此而获得较高的和持续的发展速度的产业。由若干个主导产业组成的产业体系，就称作"主导产业群"。主导产业具有一些显著特征。

（1）多层次性。发展中国家在优化产业结构过程中既要解决产业结构的合理化问题，又要解决产业结构的高度化问题。由于要实现的目标是多重的，故处在战略地位的主导产业群也呈现多层次的特点。

（2）综合性。各产业部门在为发展目标服务时，其作用是各有侧重而又互为补充的。各产业部门的作用重点取决于产业部门的特性，即增长特性、关联特性、需求特性、资源特性，部门特性的差异及面临问题的多样性，要求在主导产业选择时，综合考虑多种因素。

(3) 序列更替性。主导产业及其综合体的形成是与一国经济的发展阶段相适应的。在发达国家工业化各个阶段上明显地表现出主导产业及其综合体的有序转换。同时，主导产业的形成是有一定条件的，特定时期的主导产业是在具体条件下选择的结果。一旦条件变化，原有的主导产业群对经济的带动作用就会弱化、消失，进而为新的主导产业群所替代。从经济发展的中短期考虑，由于"瓶颈"作用和"瓶颈"的更替性，主导产业群的选择也要具有序列更替性，前一主导产业群为后一主导产业群奠定发展的基础。

罗斯托把主导产业的作用或特征概括为：依靠科学技术进步，获得新的生产函数；形成持续高速增长的增长率；具有较强的扩散效应，对其他产业乃至所有产业的增长有决定性的影响。这三个作用反映了成为主导产业必备的条件，即它们是一个有机整体，缺一就不成为主导产业。根据罗斯托的阐述，只有少数同时兼备创新和较强扩散效应的高增长产业，才能成为主导产业。

2. 主导产业形成的条件

罗斯托认为，主导产业的形成必须具备如下条件：一是足够的资本积累。一国对主导产业的净投资率从5%左右提高到10%，同时要和鼓励储蓄、限制消费和引进外资结合起来。二是充足的市场需求。这样该产业才有可能不断扩大。三是创新，包括技术创新和制度创新。

3. 主导产业的实现形式

从世界各国的实践来看，主导产业的实现形式无非如下两种：

(1) 市场自发调节。采取这种形式的国家认为，市场竞争和供求关系足以促进具有竞争能力的产业的发展。产业结构的高度化也可以通过市场供求和价格机制来实现，没有必要制定产业规划和为对某些主导产业进行扶持而制定产业政策。同时认为，政府对选择主导产业的认识不如市场力量更有权威性。

(2) 政府积极干预。采取这种方式的国家通过制定产业政策，选择主导产业和确定产业发展序列，不断促进产业结构的高度化。

近年来，越来越多的国家开始重视第二种形式。西方发达国家采取政府积极干预的形式促进主导产业的发展。发展中国家由于市场经济不发达，对主导产业采取倾斜政策显得尤为重要。这样，它们可以使主导产业获得较快发展，并不断促进产业结构的高度化，从而实现"追赶型"国家"后发性利益"和持续、快速发展本国经济的目的。

4. 主导产业的选择基准

所谓主导产业选择，就是政府根据产业结构的总体规划，确定一定经济时空下的主导产业，确定产业发展的序列，从而实现产业结构的合理化和高级化。主导产业的选择和建立，必须按照一定的标准进行。

（1）产业关联基准。一般来说，选择关联强度大、能对其前后向产业起较大的带动作用的产业。通过计算产业的影响力系数 Fj 和感应度系数 Gi 来判断。

（2）需求收入弹性基准：选择弹性大的产业，因为它有更大的市场需求。需求收入弹性系数等于需求增长率与人均国民收入增长率之比，表示需求增长对收入增长的依赖程度。$E_i = (\triangle Q_i/Q_i)/(\triangle Y/Y)$

（3）生产率上升率基准：选择技术进步速度最快、产品附加价值最高的产业。生产率上升率基准即技术进步速度：

$$\triangle R_i/R_i = \triangle Y_i/Y_i - \alpha \triangle K_i/K_i - \beta \triangle L_i/L_i$$

$\triangle R_i/R_i$、$\triangle Y_i/Y_i$、$\triangle K_i/K_i$、$\triangle L_i/L_i$ 分别为 i 产业技术进步速度，i 产业产出增量和产出量，i 产业资本、劳动投入增量和投入量，$\alpha$、$\beta$ 是资本和劳动投入弹性系数。

（4）过密环境基准和丰富劳动内容基准：20世纪70年代，日本规划产业结构的基准在保留产品的"收入弹性"和"生产率上升率"基准外，又加了两条。即"防止速度密集基准"和"丰富劳动的内容基准"。选择能够满足提高能源的利用效率，强化社会防止和改善公害的能力，并具有扩充社会资本能力的产业；同时考虑发展能够为劳动者提供安全舒适和稳定的劳动场所的产业。着眼点是经济的长期发展与社会利益的关系，发展经济与提高劳动者满意度结合。

综上所述，主导产业选择的基准可概括为：需求收入弹性大；供给弹性大；劳动生产率高；能体现技术进步的发展方向；对相关产业的波及带动作用强；较强的国际竞争力。某一产业如果大致符合这些基准，便有发展前途，才有"资格"成为主导产业。

5. 主导产业的转换和发展

实践表明，主导产业的转换和发展经过五个不同的历史发展阶段，如表4-5所示。

表4-5

| 阶段 | 主导产业部门 | 主导产业群体或综合体 |
| --- | --- | --- |
| 第一阶段 | 棉纺织业 | 纺织工业、冶炼工业、采煤工业、早期制造业和交通运输业 |

续 表

| 阶段 | 主导产业部门 | 主导产业群体或综合体 |
|---|---|---|
| 第二阶段 | 钢铁工业、铁路修建业 | 钢铁工业、采煤工业、造船工业、纺织工业、机器制造、铁路运输业、轮船运输业及其他产业 |
| 第三阶段 | 电力、汽车、化工和钢铁工业 | 电力工业、电器工业、机器制造业、化学工业、汽车工业及第二个主导产业群各产业 |
| 第四阶段 | 汽车业、石油、钢铁和其他耐用消费品工业 | 耐用消费品工业、宇航业、计算机工业、原子能工业、合成材料工业及第三个主导产业群各产业 |
| 第五阶段 | 信息产业 | 新材料工业、新能源工业、生物工程、宇航业等新兴产业及第四个主导产业群各产业 |

上述主导产业发展的五个历史阶段说明，在经济发展的历史长河中，产业结构的高度化是主导产业及其群体不断更替、转换的一个历史演进过程，是一个产业结构由低级到高级、由简单到复杂的渐进过程。在这个过程中，主体需要的满足和主体发展中不同阶段的不可逾越性，以及社会生产力发展中技术的不同阶段之间的不可间断性，决定了发展中国家在选择和确定主导产业及其群体进行主导产业及主导产业群的建设时，一方面必须循序渐进，另一方面也可以兼收并蓄。

如前所述，产业结构成长的基准并不是一个规范产业发展的永恒标准，随着经济的发展和科学技术的进步，旧的主导产业带动整个经济发展的使命一旦完成，就要发生主导产业的更替。旧的主导产业的衰落和新的主导产业的形成，标志着产业结构发展的不同阶段，罗斯托把纺织工业说成是"起飞"阶段的古典式的主导产业，钢铁、电力、煤炭、通用机械、化肥工业是成熟阶段的主导产业，汽车制造业是高额消费阶段的主导产业。可见，主导产业的更替呈现出有序的方向性，那么从这种主导产业更替的序列性出发，可以把产业划分为新兴产业、成熟产业和衰退产业。

表4-6 部分国家(地区)2000到3000美元前后产业结构变化情况

| 国家类型 | 国家 | 人均GDP(1999年)美元 | 国内生产总值构成比重(1997年)% 第一产业 | 第二产业 | 第三产业 | 劳动力构成比重(1999年)% 第一产业 | 第二产业 | 第三产业 |
|---|---|---|---|---|---|---|---|---|
| 1. 低收入国家 | 孟加拉国 | 370 | 30.7 | 18.6 | 50.7 | 63.2 | 9.6 | 27.2 |
|  | 印度 | 450 | 40 | 27.2 | 32.8 | 56.5 |  |  |
|  | 巴基斯坦 | 470 | 28.2 | 26.6 | 45.2 | 44.2 | 18.9 | 36.9 |
| 2. 下中等收入国家 | 中国 | 780 | 19.1 | 50 | 30.9 | 50.1 | 23 | 26.9 |
|  | 泰国 | 1960 | 24.4 | 30.1 | 45.5 | 48.5 | 18.4 | 33.1 |
|  | 俄罗斯 | 2270 | 17.1 | 50 | 32.9 | 11.8 | 29.4 | 58.8 |
| 3. 上中等收入国家 | 马来西亚 | 3400 | 26.4 | 41.2 | 32.4 | 18.4 | 31.7 | 49.9 |
|  | 墨西哥 | 4400 | 8.1 | 33.2 | 58.7 | 21 | 25.1 | 53.9 |
|  | 韩国 | 8490 | 16.5 | 44.8 | 38.7 | 11.6 | 27.5 | 60.9 |
| 4. 发达国家 | 英国 | 22640 | 2.5 | 48.9 | 48.6 | 1.5 | 25.9 | 72.6 |
|  | 法国 | 23480 | 5.4 | 42.7 | 51.9 | 4.7 | 26.5 | 68.8 |
|  | 德国 | 23530 | 2 | 45 | 53 | 2.8 | 33.3 | 63.9 |
|  | 美国 | 30600 | 2.4 | 34.7 | 62.9 | 2.6 | 23.2 | 74.2 |
|  | 日本 | 32230 | 3.9 | 44.9 | 51.2 | 5.2 | 31.7 | 63.1 |

注：根据《亚洲"四小龙"经济的崛起》、《世界发展指标》(2001)、《国际统计年鉴》(1995~1997)、《中国统计年鉴》(2002)资料计算整理，2000到3000美元阶段数字。

从4-6中可以看到：部分国家(地区)2000到3000美元前后产业结构变化情况如下：第一，一、二产业比重下降，第三产业比重明显上升。在经济发展的不同阶段，起主导作用的产业是不同的。随着经济发展阶段的推移，产业结构的重心先是从第一产业向第二产业转移，然后从第二产业向第三产业转移，产业结构趋向高级化。第二，美国、日本及香港地区的产业结构在人均GDP 3000美元左右阶段，明显呈现出一产持续下降，二产稳中趋降，第三产业比重持续上升的趋势，而且第三产业的比重均超过50%，居三次产业之首。

### 三、产业结构的合理化

(一) 产业结构合理化的含义

产业结构合理化主要是指产业与产业之间协调能力的加强和关联水平的提高，它是一个动态的过程。产业结构合理化就是要求促进产业结构的动态均衡和产业素质的提高。因此，产业结构的合理化就是要解决供给结构和需求结构的相互适应的问题、三次产业以及各产业内部各部门之间发展的协调问题、产业结构效应如何充分发挥的问题。如果结构关系不协调，结构的整体能力就会降低，那么与之相应的产业结构就不合理。

产业结构合理化就是要促进产业与产业之间协调发展，协调能力的提高。具体表现为：第一，产业素质之间的协调，即相关产业间不存在技术水平的断层和劳动生产率的强烈反差。第二，产业之间相对地位的协调，即在一定的经济发展阶段，由于各产业的经济作用以及相应的增长速度的不同而形成各产业之间有序的排列组合。第三，产业之间联系方式的协调，即按照产业之间存在的投入与产出关系，各产业之间相互服务和相互促进。第四，供给与需求的相适应性，即在需求正常变动的情况下，产业结构具有较强的适应性和应变能力。

产业结构合理化还要促进产业与产业之间关联水平的提高，充分发挥产业结构效应。具体表现为：第一，前向关联。一个产业在生产、产值、技术等方面的变化引起它前向关联部门（利用其产品的部门）在这些方面的变化，或导致新技术的出现、新产业部门的创建等。前向关联水平的提高就意味着满足前向关联部门的需求，否则将产生"瓶颈"。第二，后向关联。一个产业在生产、产值、技术等方面的变化引起它后向关联部门（为其提供产品的部门）在这些方面的变化，如扩大投资、提高产品质量、完善管理、加快技术进步等。后向关联水平的提高就意味着创造新需求。

产业结构合理化是经济协调增长的客观要求。所谓经济的协调增长就是要使经济在不平衡增长的过程中达到平衡增长的目的，最终使国民经济的各个部门得到全面的发展。在经济从不平衡增长向平衡增长转变的过程中，产业结构的不断合理化是至关重要的。产业结构的合理化是经济持续增长的客观要求。资源的持续投入及其配置效果决定产业结构的合理化程度和经济持续增长效果。只有使各产业间保持协调状态，即在一定经济条件下实现产业结构的合理化，才能保证经济增长的协调性和持续性。

（二）产业结构合理化的中心内容：协调

协调是产业结构合理化的中心内容。产业结构的协调不是指产业间的绝对均衡，而是指各产业间有较强的互补和谐关系和相互转换能力。只有强化企业间的协调，才能提高其结构的聚合质量，从而提高产业结构的整体效果。产业结构的协调涉及产业之间各种关系的协调，如生产、技术、利益和分配等。我们这里主要从产业间生产和技术相互关系的角度来考察协调问题。第一，产业素质协调。技术关联程度、劳动生产率协调，连续、互补而有层次。第二，产业间联系方式的协调。投入产出关系，相互依赖、相互影响。相互服务和促进是主要特征。第三，产业间相互地位的协调。有序的排列组合，主次层次、轻重缓急明确、适宜。第四，供、求适应。在需求正常变动的前提下，产业结构通过自身结构的调整适应新的需求变动，使供求之间无论是在数量上还是在结构上的差距都逐渐缩小，并且供需之间的矛盾弱化。

如果结构关系不协调，结构的整体能力就会降低，那么与之相应的产业结构就不合理。产业结构不协调，其主要原因有以下两个。

一是供给结构的变化不能适应需求结构的变化。其表现形式有三种：需求结构变化，供给结构不变，造成供应不足；需求结构变化，供给结构的变化滞后，造成供应滞后；需求结构变化，供给结构的变化过度，造成供应过剩。

二是需求结构的变化不能适应供给结构的变化。其表现形式有三种：供给结构变化，需求结构不变，造成需求不足；供给结构变化，需求结构的变化滞后，造成需求滞后；供给结构变化，需求结构的变化过度，造成需求过度。

（三）产业结构合理化的基准

1. 关于产业结构合理化基准的评说

各种判断基准考察的角度不同，互有长短，应全面考察，综合运用。目前我国理论界在论证产业结构是否合理方面，主要有以下几个判断标准。

（1）国际基准。以钱纳里等人倡导的标准产业结构为依据，判断经济发展不同阶段的产业结构是否达到合理化。但因其是各国统计资料回归分析的结果，一国的社会经济技术发展进程、经济和发展条件、发展战略等不同，不能绝对。

（2）需求结构基准。以产业结构与需求结构相适应的程度判断。但需要判断需求的正常性，不能是畸形的。

（3）产业间比例平衡基准。产业之间的比例平衡是经济增长的基本条件。但需要承认一定时期非均衡增长是正常的。

有学者认为，一个国家的国民经济能否协调发展，从而形成经济的良性循环，取决于这个国家能否建立合理的产业结构。合理的产业结构应符合以下几条判断的标准：充分有效地利用本国的人力、物力、财力、自然资源以及国际分工的好处；使国民经济各部门协调发展，社会的生产、分配、交换、消费顺畅进行，社会扩大再生产顺利发展；国民经济持续稳定地增长，社会需求得以实现；实现人口、资源、环境的良性循环。就工业产业而言，其合理化的判断标志是：结构内部比例关系协调。每一工业部门的社会必须的需求都能从一定的供给源得到满足，每一工业部门的生产能力都能找到合理的需求方向；经济效益较好，结构中各部门的最终产品率较高，部门中间消耗系数降到最低标准，资源得以合理利用；工业部门结构具有开放性；有序变动性。能够保证工业部门结构依次有序地从低级向高级转换。

苏东水认为，产业结构趋于合理化的标志是：能充分有效地利用本国的人力、物力、财力以及国际分工的好处；使国民经济各部门协调发展，社会的生产、交换和分配顺畅进行，社会扩大再生产顺利发展；使国民经济持续稳定地增长，社会需求得以实现；能实现人口、资源、环境的良性循环。

2. 产业结构合理化的比较与测定

目前在识别和论证产业结构是否合理及产业结构的变化方向时，通常采用以下分析方法。

（1）国际比较法

国际比较法即以钱纳里的标准产业结构为基础，将某一国家的产业结构与相同国民生产总值下的标准产业结构加以比较，偏差较大时即认为此时的产业结构是不合理的。国外学者根据发达国家的历史资料和一定时期人均国民生产总值的不同，与发展中国家进行相应的对比，得出结论是：随着现代经济的发展，在人均国民生产总值不断提高的情况下，产业部门结构按一定规律变化着。其变动总趋势是农业部门比重下降；工业部门和服务部门比重上升。

（2）影子价格（预测价格或者最优计划价格）分析法。按照西方经济学的理论，把资源与价格联系起来，由于资源稀缺，为了满足社会需要，商品价格不是由生产它们的平均生产条件的劳动耗费决定的，而是由生产最后一个单位或边际单位的劳动耗费决定的。当各种产品的边际产出相等时，就表明资源得到合理配置，各种产品供需平衡，产业部门结构达到最佳组合。这可用各产业部门的影子价格与其整体影子价格平均值偏离程度来衡量，偏离越小，产业结构就越趋合理。

（3）需求判断法

判断各产业的实际生产能力与相应的对该产业产品的需求是否相符，若两者接近或大体接近，则目前的产业结构是较为合理的。

（4）需求适应性判断法

判断产业结构能力是否随着需求结构的变化而自我调节，是产业结构与需求结构相适应，实现社会生产的目的。

（5）结构效果法

以产业结构变化引起的国民经济总产出的变化来衡量产业结构是否在向合理的方向变动，若结构变化使国民经济总产出获得相对增长，则产业结构的变动方向是正确的。

### (三) 产业结构合理化的调整

**1. 产业结构合理化调整的过程及其收益**

从产业结构趋于合理化的调整过程来看，主要有如下两个过程：一是在部门、行业之间不断进行调整、协调，使之趋于均衡的过程；另一过程则是这种均衡被打破的过程。

在短期内技术水平不发生重大变化的情况下，产业结构由不合理向合理转变的过程中，其边际收益是递减的。将整个产业结构的变化和发展放在较长时间段内考察，可以看出，由于技术进步而一次次进行的结构调整，其边际收益并不表现出递减的规律。

**2. 产业结构合理化调整的机制和动力**

产业结构之所以从不合理向合理化的方向发展，其动力是结构调整过程中收益的存在。根据输入信号的性质和调整方式的类型，理论上可以把产业结构的调整机制分为市场机制和计划机制。

（1）产业结构调整的市场机制。市场机制调整产业结构在很大程度上是一种经济系统的自我调整过程，即经济主体在市场信号的引导下，通过生产资源的重组和在产业部门间的流动，使产业结构尽可能适应需求结构变动的过程。

（2）产业结构调整的计划机制。产业结构的计划调整机制是一种对经济系统的调控过程，即政府向经济系统输入某种信号，直接进行资源在产业间的配置，使产业结构得以变动的过程。

产业结构的市场调节机制和计划调节机制各有其优点及局限性：市场调节机制比较准确、稳妥，又比较灵敏，但却是事后调节，成本较大，时滞较长；计划调节机制具有事前主动性，调整成本较小，却欠准确，市场摩擦较大。因此，单独使用其中一种调节方式，难以达到产业结构合理化的目的。只有把两者很好地结合起来，才能使产业结构向合理化的方向调整。目前，世界各国基本没有哪个国家采用单一的市场调节形式或计划调节形式，而是两种形式结合使用，只是侧重点有所不同而已。

### 四、地区产业结构优化

#### （一）地区的界定

产业结构具有层次性。地区产业结构就是指地区层次的产业结构。所以，要分析和研究地区产业结构就要先对地区进行界定。界定地区的方法主要有三种，即均质区域法、极化区域法和行政区域法。均质区域法是指按内部性质具有相对的一致性而外部性质具有较大的差异性为标准来划分经济区域的方法，这一划分方法强调其所属区域的共性。极化区域法是指按照区域增长极的关联关系来划分经济区域的方法，它强调增长极对关联地区的辐射作用。行政区域法是指一国政府为了方便管理并有利于实现一定的经济目标主要按照行政区划来划分经济区域的方法，它强调经济区域中国家行政管理的重要性。

按照以上三种经济区域的划分方法，可把一国经济划分为如下三大类不同的经济区域体系。

1. 按均质区域法划分的经济地带。这是按地理区域划分的地区，是按地貌、位置，气候等划分的，如长江三角洲地区、珠江三角洲地区等。

2. 按极化区域法划分的大经济区。这是按经济区划，即根据社会生产、流通或交换的特点和经济协作关系划分的地区，通常以大中城市为中心，如上海经济区。

3. 行政区域法划分的行政区划经济区。这是按行政权力的覆盖面来划分的。如我国现有的省、市和自治区。

综上所述，经济地带、大经济地区和行政区划经济区是一国具有国民经济意义的经济地区，能够从不同方面反映国民经济地域分工体系的结构。

（二）地区产业结构优化与经济发展

1. 地区产业结构的含义

地区产业结构是指一个国家按照一定划分标准划分的经济区域内产业与产业之间的技术经济联系和数量比例关系。地区产业结构按照不同划分标准可以划分为地区三次产业结构、农轻重结构、原材料与加工工业结构、要素密集型产业结构等。地区产业结构既是地区经济结构的主要内容，又是国家总体产业结构的子系统。实践证明，地区产业结构优化对任何一个大国的经济发展都是至关重要的。

2. 地区产业结构的特点

地区产业结构不仅是全社会生产分工的产物，也是地域分工的产物。各个地区自然条件、要素禀赋等的不同，形成了地区比较优势的不同，产生了地域分工，是各种产业在不同地区的分布情况不同。在地区层次上，地域分工表现为以地区专门化生产为中心的社会再生产各环节、各部门的组合；在国民经济层次上，地域分工变现为各地区之间的生产协作。因此，地区产业结构也可以说是资源有效配置的经济结构与空间结构的结合。地区产业结构也可以说是资源有效配置的经济结构与空间结构的结合。地区产业结构往往各具特色，不能自成体系。一般来说，地区产业结构具有以下特点。

（1）地区产业结构中往往并不具备一国国民经济的所有部门。

（2）地区产业结构中一般都具有若干个在全国具有专业化分工优势的产业部门。

（3）各地区比较优势不同，专业化部门各异，产业结构往往存在明显差异。

（4）地区产业结构之间互补性、依存性较强。

### 3. 地区产业结构优化与经济发展

合理与协调的地区产业结构是地区经济增长的重要保证。地区产业结构优化将会促进经济的快速发展，经济的快速发展也会促进地区产业结构的高度化和合理化，从而促进地区产业结构的优化。

地区产业结构优化与地区经济增长都是地区经济发展的重要方面。地区产业结构的优劣是一个地区经济发展质量和水平的重要标志，地区产业结构的转换和演变决定着地区工业化、现代化的进程，合理、高效的地区产业结构是地区经济大发展的必备条件。

## （三）地区产业结构的影响因素

影响地区产业结构的主要因素是地区性的特殊条件，其中包括以下几个方面。

### 1. 地区要素禀赋

地区生产要素的特殊性决定了地区产业结构与其他地区产业结构的不同。劳动力资源丰富的地区有利于发展劳动密集型产业，形成劳动密集型产业为主导的地区产业结构；劳动力素质较高的地区有利于发展技术密集型或知识密集型产业，形成技术或知识密集型产业为主导的地区产业结构；矿产资源较丰富的地区有利于发展资源型产业，形成资源型产业为主导的地区产业结构。

### 2. 需求结构导向

需求结构是产业结构严谨的推动力。旺盛的消费需求为地区产业的发展提供了广阔的市场，为产业的扩张提供了市场保证。需求结构的变化又会引起产业结构的变化。地区消费水平的提高表明消费结构的升级，从而促进产业结构的高度化。同时，在存在区际分工协作的条件下，地区产业结构还会受到其他地区需求结构的影响，特别是消费水平较高地区的影响。

### 3. 地区间的经济联系

地区间的经济联系越紧密，产业的结构效应就越能发挥作用。地区间的经济联系主要是地区间商品的区际贸易和生产要素的区际流动。区际贸易是实现地区间比较利益的必有途径。它通过比较各地区的经济优势，形成地区产业结构之间的分工；它还沟通了地区间的产业关联，使地区产业结构还受到区外和国外市场的较大影响。

4. 生产的地区集中度

生产的地区集中度是指一个国家某产业产品在某地区的生产规模在全国中的比重。它可以用区位商来表示。生产的地区集中度主要受国家的产业布局战略、经营环境、市场规模、生产要素等多种因素的影响。

除以上因素外，地区的政治法律环境、经济政策环境、交通条件、历史文化背景等都会不同程度地影响地区产业结构。

（四）地区产业结构分析的经济指标

优化地区产业结构，促进地区产业结构的高度化和合理化，必须进行大量的论证工作。这样，论证体系的建立必须借助一些定量分析的方法，包括多种指标体系和经济模型。一些常用的有关地区产业结构分析的经济指标主要有以下几个。

1. 反映地区产业结构专业化的经济指标

地区产业结构的专业化是指某地区某一个或几个产业的生产相对于全国水平的集中程度。反映地区产业结构专业化的指标主要有以下几个。

（1）区位商（Location Quotient，简称LQ），也称生产的地区集中度指标

区位商通过各产业部门在各地区的相对专业化程度间接地反映了区域间经济联系的结构和方向。常用的测定指标可以是产值、产量、就业人数、固定资产等。其计算公式如下：

$$区位商 = \frac{某地区A部门就业为数/某地区全部就业人数}{全国A部门就业人数/全国总变业人数}$$

$$= \frac{某地区A部门就业人数/全国A部门就业人数}{某地区全部就业人数/全国总就业人数}$$

以上公式中的就业人数可以用产值、产量和固定资产额分别代替来计算各自的区位商。用就业人数、产值、产量和固定资产额分别计算出的区位商，分别称为地区劳动力集中度、产值集中度、产量集中度和固定资产集中度。

LQ>1，表明A产业在该地区专业化程度超过全国，属于地区专业和部门。LQ<1，说明该地区A产业的专业化水平低于全国，还必须从区外输入产品。LQ=1，说明该地区基本自给自足。

（2）人均产量系数和人均产值系数

其计算公式为：

*117*

人均产量系数＝某地区 A 产业产品的人均产量÷全国 A 产业产品的人均产量

人均产值系数＝某地区 A 产业产品的人均产值÷全国 A 产业产品的人均产值

这两个系数反映了该地区某产业与全国同类产业相比的劳动生产率。人均产量系数、人均产值系数大于 1 的产业，说明该地区该产业的劳动生产率水平高于全国平均水平，同时也往往是地区的专业化部门。

(3) 地区产业区际输出指标

这一指标也能反映地区产业的专业化水平。主要指标有：

区域商品率＝某地区 A 产业产品输出量÷该地区 A 产业产品生产总量

区际商品率＝某地区 A 产业产品输出量÷全国各地区 A 产业产品输出总量

一般来说，地区专业化产业的区域商品率和区际商品率在全国各地区中位居前列。区域商品率越高，说明输出商品越多，也说明该地区该产业的专业化水平越高。区际商品率越高，说明该地区该产业的输出在全国的地位越重要，该产业的地区专业化程度也越高。

(4) 区域产业输出系数

计算公式：区域产业输出系数＝某地区 A 产业输出÷该地区各产业输出

这一指标有时也被用来说明地区产业的专业化程度。它涉及多个产业，因而常用输出产值来计算。价格的换算要统一，否则就缺乏可比性。

2. 反映地区产业结构趋同化的经济指标

地区产业结构的趋同化程度或差异程度，可以用常用的相关系数和联合国推荐的相似系数来衡量。

(1) 相关系数

$$R_{ij} = \sum_{k=1}^{n} (X_{ik} - \overline{X}_i)(X_{jk} - \overline{X}_j) / [\sum_{k=1}^{n} (X_{ik} - \overline{X}_i)^2 \sum_{j=1}^{n} (X_{jk} - \overline{X}_j)^2]^{\frac{1}{2}}$$

$R_{ij}$ 表示 i 地区和 j 地区的相关函数；

$X_{ik}$、$X_{jk}$ 表示部门 k 在地区 i 和地区 j 产业结构中所占的比重；

$\overline{X}_i$、$\overline{X}_j$ 表示 i 地区和 j 地区各个部门在其产业结构中比重的平均值。

当 $R_{ij} = -1$ 时，说明地区 i 和地区 j 产业结构截然相反；当 $R_{ij} = 1$ 时，说明地区 i 和地区 j 的产业结构完全相同；$R_{ij}$ 越接近于 1，说明这两个地区产业结构的趋同化程度越高。

(2) 联合国工业发展组织推荐使用的相似系数

相似比较是以另一个产业结构系统为参照系来评价和判别一个产业结构系统的高级化。关键是构造一个关系式：

$$S_{ij} = \sum_{k=1}^{n} X_{ik} X_{jk} \Big/ (\sum_{k=1}^{n} X_{ik}^2 \sum_{k=1}^{n} X_{jk}^2)^{1/2}$$

$S_{ij}$ 是 i 和 j 产业系统的相似系数，被判别的产业结构系统为 i，作为参考系的产业结构系统为 j，$X_{ij}$ 为产业 k 在整个产业结构系统中的比例。$X_{ik}$ 和 $X_{jk}$ 分别表示了产业 k 在产业结构系统 i 和产业结构系统 j 中的比例。$S_{ij}$ 越大，两系统的产业结构越是类似。

3. 反映地区商品流通的经济指标

我们可以将里昂惕夫的投入产出理论和投入产出表应用于地区产业结构分析，建立地区投入产出模型和地区间投入产出模型。

(1) 地区投入产出模型

利用地区型投入产出表，可以分析地区的产业结构、经济效益等情况，还可以用来分析地区经济中商品的输入输出情况。利用地区型投入产出表，可以计算出某地区产业部门的各种产业关联系数指标，来反映地区产业结构水平。

(2) 地区间投入产出模型

地区间投入产出模型是反映不同地区之间各经济部门投入和产出的数学模型。地区间投入产出模型包括了多个地区，并把地区间输入输出量按一致的部门或产品分类。利用多个地区间的投入产出表，可以计算出区际产品的流量与流向，可以利用直接消耗系数分析地区间的经济数量联系及其紧密程度，还可以对比分析不同地区间的经济效益水平，较为准确和较为全面地反映各地区的产业结构及其关联状况。

## 第三节 产业结构及其调整

产业结构及其调整主要是通过产业结构政策来实施的。产业结构政策就是政府制定的通过影响与推动产业结构调整和优化来促进经济增长的产业政策。从具体内容看，产业结构政策通常包括：幼小产业保护政策、主导产业选择政策、战略产业扶植政策和衰退产业调整政策。其中战略产业扶植政策和衰退产业调整政策是最基本的产业结构政策内容，我们将展开论述。

### 一、战略产业的扶植

战略产业是指能够在未来成为主导产业或支柱产业的新兴产业。它首先是一种新兴产业，但并非所有新兴产业都能够成为战略产业。要成为战略产业必须具备三大基本特征：一是能够迅速有效地吸收创新成果；二是具有巨大的市场潜力，能够获得持续的高速增长；三是同其他产业的关联系数较大，能够带动相关产业的发展。

战略产业扶植政策是产业结构政策中的主导方面和关键部分。它的特点是着眼于未来的产业优势，直接服务于产业结构高度化。日益重视战略产业的选择和扶持是新世纪各国产业政策的共同趋势。

日本的战略产业扶植政策始终是同占有核心地位的产业结构调整政策相联系的。其政策手段包括两大类：直接的行政干预（如配额制度、技术引进管制、政府直接投资）和间接诱导（如税收减免、融资支持、信息与技术援助）。

美国政府不曾明确将某一产业指定为扶持对象的"战略产业"，但是在美国的新经济中，以信息产业为代表的高新技术产业正在成为重要的战略产业。美国扶植未来主导产业的基本手段有：建立高科技工业园区，加快新技术的研究开支和成果应用；促进国防工业转产，规划军民两用技术的发展；财政、税收政策和法规，支持新技术的开发和产业化；要求各联邦机构，国家实验室、大学研究机构同产业界结成密切的伙伴关系，共同推进新技术的研究开发与推广应用；加速"国家信息基础设施"建设；增加对尖端军事技术，信息技术，生物技术和新材料技术，环保技术等领域中关键技术的开发投资。

不是所有战略产业扶植政策都能够取得预期的效果。在制定和实施该政策时，务必重视防止出现以下失误：一是战略产业的选择失误。必须认真研究和借鉴发达国家的经验教训，密切关注高技术领域的前沿动态，根据最新信息从核心技术、核心产品层面，及时对战略产业的定位进行反馈式修正，尽量避免全局性的选择失误。二是效益低下、资源浪费。要尽量减少违背经济理性和效率原则的行政干预；尽可能发挥企业的活力与研发自主性；发挥市场机制在政府资源投入中的调节功能；发挥专业机构对公共资金使用的指导、监督和评估作用。

"十二五"期间，在相关政策的支撑下，我国战略性新兴产业发展获得了快速发展，但是仍然存在创新能力不足、政策工具不充分等问题。当前，我国战略性新兴产业发展的环境和发展条件都发生了较大的变化，因此，在"十三五"时期，有必要结合当前国内外形势的变化，进一步健全和完善促进战略性新兴产业发展的政策，为产业发展提供更加有力的支撑。一是建立国内外企业研发合作的渠道与平台，分级制定优惠及支持政策。鼓励跨国公司在我国建立研发机构和技术中心，促进外资企业研发活动的本地化；鼓励我国企业与国际研发机构进行合作研发，根据合作包含的技术水平或我国企业可在合作中获得的持续性价值的高低，将各种形式的合作划分为不同的等级，并分级制定优惠及支持政策。二是要利用全球化和"一带一路"的发展契机开拓国内外市场。市场必须在战略性新兴产业发展中起决定性作用，发挥市场主体的作用。制定积极的贸易扩展政策，鼓励战略性新兴产业参与经济全球化加强与世界其他国家和地区之间的产业合作，尤其是加强与新兴市场的贸易关系，提高我国战略性新兴产业影响力。在国内需求开拓方面，加强战略性新兴产业市场宣传力度，丰富市场宣传渠道，提高战略性新兴产业的市场认可度，对于与消费者终端密切相关的高技术产品给予政策性补贴。当前，战略性新兴产业链上下游脱节、自主创新资源分散、整合能力不强，远未形成整体合力。并且实践中过于重视一两个龙头企业的作用，但是从战略性新兴产业的角度，产业链的发展应高于对一两个大企业的培育，高于一两个研究机构的作用。一个产业的出现，需要许多企业进入产业链中进行学习和发展，完全靠政府的力量是不可能实现的，应该是政府和市场力量牵手，才可能打造出成形的产业链。三是构建战略性新兴产业生态系统，提升科技服务质量。以提供知识和技术服务为主要特征的科技服务业在战略性新兴产业的培育和发展中具有重要的支撑作用。科技服务体系的发展程度已经成为制约战略性新兴产业竞争力提升的重要方面。当前，我国科技服务业仍处于发展初期，科技创新服务与日益增长的社会需求相比，无论是在服务质量上还是在机构数量上都存在相当大的差距，存在服务机构专业化程度不高、高端服务业态较少等现状，亟待提升服务质量。四是提升战略性新兴产业市场主体的创新能力。完善相关创新扶持政策，提升科技型中小企业创新能力。科技型中小企业是战略性新兴产业发展的重要力量。扶持中小企业发展是发达国家长期以来的新兴产业发展战略。战略性新兴产业大多是由处于初创阶段和成长初期的中小企业，由于在研发、商业模式、市场需求等方面存在大量的不确定性，因此，发达国家特别重视对中小企业在创新领域的扶持政策，逐步建立起了比较完备的政策体系，并取得了显著成效。五是培育战略性新兴产业知识产权布局与技术标准运营能力。现有战略性新兴产业内的专利联盟大多是以防御为目的，受到跨国公司专利联盟打击的产物，且行业内的技术标准组织的管理模式和运营模式都还处于摸索的过程,相对不成熟。由于缺乏合理的专利池运营利益分配机制,本土企业又很少持有相关行业的基础专利、核心专利,不具备运营知识产权的先天条件,这些都不利于在战略性新兴产业的知识产权布局和运营。因此,尤其应当加强专利和标准运营组织的管理和运营相关政策的调整。

## 二、衰退产业的调整

衰退产业是指经历了幼小期、成长期、成熟期之后,进入了产业生命周期的最后一个阶段——衰退期的产业。其一般特征是:产品需求量和销售量大幅下降,技术进步率下降且创新无望,而新兴产业提供的替代品同时出现需求与销售额上升的趋势。在日本,煤炭、钢铁、纺织、炼铝等都曾经沦为衰退产业,其中纺织和钢铁经过有效的技术改造,实现了产品的高附加价值化。衰退产业调整政策的立足点是帮助衰退产业实行有秩序的收缩、撤让,并引导资本存量向高增长率产业部门有效转移。

衰退产业调整政策的主要措施包括:第一,设备折旧。通过制定和实施衰退产业设备的报废量、报废时间表,采取促进折旧的特别税制,对因设备折旧而产生的损失提供补偿等政策措施,来加速其设备折旧。第二,市场保护、援助。政府可以通过限制竞争品的进口剧增对衰退产业实施一定的保护,为其生产调整、生产资本与劳动力的转移创造时机,政府还可以通过价格补偿和参与采购,促销活动,对衰退产业实施援助。第三,促进转产,政府可以通过立法指定某个衰退产业部门减少或停止生产某些产品,协助选择转产方向。第四,技术与经营支持,对衰退产业转产目标领域提供及时的技术和经营的指导。第五,转岗培训。

培育战略产业的政策方略:

第一,整体动员的自主创新战略。

工业发展和科技创新能力的提高是在连续不断的实践中学习和积累的结果。后进国家为保持产业和技术持续学习实践的机会,适度的市场保护是必要的。如果片面追求短期经济效益,就永远得不到学习效应的实惠。所谓"技术要素在全球范围内自由流动"其实不过是新自由主义者的幻觉而已。中国作为大国,不可能靠外国的力量保证国家安全。作为大国,不可能也不应该像一些小国那样高度依赖国际分工,其巨大的市场和经济规模,能够支持内部分工较完备的经济体系的发展。我国的经济实力正在迅速成长,既有必要发展配套比较齐全的产业结构，也有条件集中国力，有选择地发展一些必不可少的高技术产业。后进国家财力有限，科研实力弱，仅靠民间企业和科研机构层次的决策，门槛过高，无力承受风险。政府不仅在财力方面，同时也有必要在技术路线的层面参与战略规划。一些具有战略意义的产业，由于技术密集程度高，投资规模大，建设周期长，风险大，必须有政府的支持，否则就会长期落后，受制于人。现实的经济发展战略是比较优势和追赶战略之间的平衡，是各个子目标和现有资源的平衡。市场经济绝不意味着放弃国家意志和国家力量。国家应该有明确的发展目标、重大战略部署、强有力的组织以及相应的政策措施，对战略产业发展给予持续一贯的支持，也是国家意志的主要体现。从国际经验看，一项战略技术的发展通常需要几代人、几届政府持续不断的努力，需要国家、企业界的持续投入。缺乏稳定、持续的支持，通常是导致战略技术及产业发展失败的重要原因。当今高技术产业领域的全球化竞争，本质上是国家间的竞争，是国家战略问题，而不单纯是企业界或科学界的问题。

第二，防范外资鲸吞战略企业。

所谓经济全球化的本质，就是少数发达国家在"市场化、自由化"名义下，以跨国公司为主体，凭借其经济科技优势进行全球经济扩张，并带动世界性的产业结构调整。在对发展中国家带来"就业、税收"和所谓先进技术的同时，使发展中国家在市场、产业、金融、科技等各方面全面处于被动和依附地位。当前，外资乘中国国有企业改革的机会，积极并购各主要行业的骨干企业，以图控制这些行业的主导权，在获取高额利润的同时，对我们的制造业垄断市场、控制产业，威胁我国产业安全，损害我们经济发展的长远利益。现在很多与战略产业相关联的行业，外资已经开始占有优势。对 FDI 的片面鼓励政策，形成对装备和原辅料的大量进口需求，特别是对于下游产业的设备和生产线以优惠政策减免税鼓励引进，造成大量重复，严重冲击上游产业。大量进口装备养肥了跨国公司的同时，削弱了本国的装备工业。看到这点，就不难解释为什么在经济高速增长的同时，以重工业为主的东北老工业基地经济反而在衰落。

尽管中央提出"提高对外开放水平"，但我们现在对开放问题还缺乏明确和一致的战略思路。对跨国公司在华的竞争、吞并、垄断，以及对我国工业核心体系的威胁，既缺乏清醒认识，更缺乏战略上的预案。必须划清自主型开放和依附型开放的界限，划清平等互利原则和无原则取悦外商的界限。我国的引进工作，应该从原来弱势地位时期的被动引进，向立足自主、有条件、有选择引进的转型。还应尽快采取必要措施，出台相应政策法规，立即刹住向跨国公司贱卖国企、无原则追捧外资的歪风，改变目前国有排头兵企业被外资并购的失控状态。保持核心竞争力和技术学习主体的关键，是不能整体被外商收购控股。为贯彻落实《中国制造2025》，引导社会各类资源集聚，推动优势和战略产业快速发展，国家制造强国建设战略咨询委员会于2015年9月29日在北京召开发布会，正式发布《重点领域技术路线图（2015版）》。路线图包括十大重点领域，23个重点方向，每个重点方向又分了若干重点产品。其中，新一代信息技术产业包括4个方向，分别是集成电路及专用设备、信息通信设备、操作系统与工业软件、智能制造核心信息设备；高档数控机床和机器人包括2个方向，分别是高档数控机床与基础制造装备、机器人；航空航天装备包括4个方向，分别是：飞机、航空发动机、航空机载设备与系统、航天装备；海洋工程装备及高技术船舶包括1个方向，即海洋工程装备及高技术船舶；先进轨道交通装备包括1个方向，即先进轨道交通装备；节能与新能源汽车包括3个方向，分别是节能汽车、新能源汽车、智能网联汽车；电力装备包括2个方向，分别是发电装备、输变电装备；农业装备包括1个方向，即农业装备；新材料包括3个方向，分别是先进基础材料、关键战略材料、前沿新材料；生物医药及高性能医疗器械包括2个方向，分别是生物医药、高性能医疗器械。路线图的每个重点发展方向统一按照需求、目标、发展重点、应用示范重点、战略支撑与保障五个维度进行分析和描绘，分别形成了从2015年到2025年，展望2030年的详细技术路线图。咨询委员会主任、全国人大常委会原副委员长路甬祥院士指出，制造业覆盖面很广，为了确保我国十年后能够迈入制造强国行列，必须坚持整体推进、重点突破的发展原则。《中国制造2025》围绕经济社会发展和国家安全重大需求，选择了十大优势和战略产业实现重点突破，力争到2025年处于国际领先地位或国际先进水平。路线图的发布，可以引导广大企业和科研机构在充分进行市场调研、审慎考虑自身条件的基础上，确定其发展方向和重点；可以引导金融机构利用自己掌握的金融手段，支持从事研发、生产和使用路线图中所列产品和技术的企业，引导市场资源向国家的战略重点有效聚集。同时，路线图可为各级政府部门运用自己掌握的各种资源支持重点领域的发展提供咨询和参考，是政府部门设计公共政策的有力工具。

### 三、全球产业结构调整及其基本特点

（一）全球三次产业构成发生变化

20世纪90年代以来，在投资自由化和生产国际化进程中，全球产业结构

的不断调整使全球三次产业结构特征顺次变化，即全球三次产业变动的总趋势由原来第一、第二、第三产业的排序向第三、第二、第一产业的"高服务化"阶段逐步转变，而且最近十多年这一趋势表现得更为明显，尤其是第三产业所占的比重越来越大。这一趋势不仅表现在发达国家，也表现在发展中国家包括中等收入国家和低收入国家。随着全球产业结构的调整和变化，三次产业中农业比重普遍下降；全球的工业化重心也发生转移，发达国家工业所占比重下降，发展中国家工业所占比重上升；服务业比重普遍持续上升。全球第二产业比重发生有升有降的变动，表明西方发达国家已进入后工业化时期，发展中国家的工业化进程加快，新兴工业化国家的地位逐步提升。

（二）全球产业结构呈现"软化"趋势

所谓产业结构"软化"，是由工业经济时代传统的以物质生产为关联的硬件产业结构向以技术、知识生产为关联的软件产业结构转变的过程。产业结构"软化"不仅是指产业结构演进过程中第三产业的比重不断上升，出现所谓"经济服务化"的趋势，也是指整个产业结构的演进更加依赖于信息、服务、新技术和知识等"软要素"。全球产业结构＋"软化"趋势主要表现在三个方面：一是由于技术密集型和知识密集型产业的蓬勃发展，劳动密集型产业所占比重逐渐下降，形成产业结构高度化和高新技术产业化趋势；二是知识型服务业逐渐成为拉动经济增长的主导产业。知识型服务业主要包括金融、信息、咨询服务等，其在经济社会发展中的作用会越来越突出；三是高新技术，尤其是信息技术在传统产业中的广泛应用，为趋于衰退的传统产业提供了新的发展机遇和空间。

（三）信息技术、高新技术成为产业结构调整的驱动力

后危机时期，随着经济的逐渐复苏，无论是发达国家还是新兴经济体，都着力提升传统产业的竞争力，特别是将经济发展的重点放在调整产业结构、提升产业层次、培育新兴产业和支柱产业上。而信息技术作为信息资源开发与利用的基础，长期以来发挥了促进经济增长、转变发展方式和助推产业升级的独特作用，也成为新时期全球产业结构调整的重要驱动力。一方面，信息技术是新兴产业发展的重要支撑；另一方面，信息技术加快了各类技术相互融合和渗透的步伐，提高了工业产品信息化、生产工具数字化和智能化水平，改变了产业和产品结构，极大地促进了生产力的提高和生产方式的转变。

在以信息技术革命为中心的新技术革命的推动下，全球产业结构的高科技化趋势日益明显。在这一趋势下，发达国家加速发展高新技术产业，大力增加对科学技术尤其是高新技术的投入，促进高新技术的商品化和产业化，并使之

成为经济增长中最活跃的因素和最主要的推动力量。无论是美国推出的所谓"再工业化",还是日本推出的所谓"技术立国"战略和法国推出的所谓"重振工业"计划以及俄罗斯提出的"经济现代化"计划,其核心都是要通过加快发展高新技术产业来推动经济的高效快速发展。

(四)先进制造业推动第二产业内部结构加快升级

由传统制造业向先进制造业转变,成为一个时期以来全球制造业发展的显著特点。一般而言,先进制造业是拥有先进制造技术的行业。虽然先进制造业在不同时期会表现出不同的特点,但都会代表一个时期主流制造业的发展方向。例如,在信息化时代,先进制造业是指不断吸收和应用电子信息技术和现代管理技术等领域的高新技术成果和先进制造技术,从而实现信息化、自动化、智能化、柔性化和绿色化生产的制造业。

在发达国家,先进制造业对推动第二产业内部结构升级发挥了至关重要的作用。经过改造升级后的发达国家传统工业,其技术水平和生产效率明显提高,工业中的高新技术产业特别是先进制造业发展非常迅速(在美国、德国和日本等发达国家),制造业中高技术产业的比重都在60%以上,生产效率的不断提高主要还是由先进制造业拉动的。制造业特别是先进制造业劳动生产率的较高增幅,带动了第二产业劳动生产率的整体提高。

(五)现代服务业快速发展

世界经济已经步入服务经济时代。在这一时代进程中,无论是传统服务业还是新兴的现代服务业都得到快速发展。有资料显示,目前服务业占世界经济总量的比重约为70%,主要发达经济体的服务业比重接近80%;服务领域跨国投资占全球跨国投资的比重已接近2/3,服务贸易占世界贸易的比重约为1/5。大多数发达经济体也包括一些发展中经济体都积极推进现代服务业的发展,使服务业特别是现代服务业成为增长最快和对经济增长贡献较大的部门。欧盟2006年的一项研究表明,服务业已占到发达国家工业活动的50%-70%。在美国和瑞士等国家,服务业的产值甚至达到了制造业的3.5倍以上,其中,增长最快的是包括计算机软件服务业以及通信服务业在内的高技术服务业。2007年,美国信息服务业年销售额为531.63亿美元,同期包括法律服务、会计纳税服务、建筑工程服务以及专业设计服务等在内的科技服务业的销售额为10310亿美元,医疗保健服务为11232亿美元,这三项合计占到当年美国GDP的1/3左右.发达国家以金融、保险、房地产和商务服务为主的现代服务业增长最快,服务业对GDP和就业贡献的增长主要来源于这四类服务业。

**四、我国产业结构现状及其调整**

（一）三次产业的增加值结构

我国三次产业在国内生产总值中所占的比重为18.1：49.1：32.8，第一产业的比重下降，第二产业的比重上升0.2个百分点，第三产业的比重上升1.7个百分点。从高收入国家（2：32：66）、中等收入国家（11：35：52）和低收入国家（25：38：35）（1995年数据，取自《1997年世界发展报告》）的三次产业比例看，我国的三次产业结构的水平介于中等收入国家和低收入国家的水平之间，与中等收入国家相比，我国的第一产业和第二产业的比重偏高，而第三产业的发展相对滞后，其所占比重低于低收入国家的平均水平。

从动态的角度分析，第一产业降幅加大；第二产业自1990年以来比重一直有所增加，但增速趋缓；第三产业增长波动大。从三次产业增加值结构变化的数据看，虽然经济增长速度有所回落，但结构变化却十分显著，可以说，在经济政策和市场双重导向作用下，产业结构变化出现了加速的迹象。

（二）三次产业的劳动力结构

我国三次产业的劳动力占从业人员总数的比重为50.5：23.5：26.0。新增从业人员总数中，第三产业新增最多，第一产业就业人数减少。从发达国家（5：31：64）、中等收入国家（32：27：41）和低收入国家（69：15：16）（1990年数据，取自《1997年世界发展报告》）的劳动力结构的平均水平看，我国劳动力结构水平同样处于低收入国家和中等收入国家之间。与中等收入国家相比，我国第一产业的劳动力所占比重过高，第三产业的劳动力比重过低。将1996年的三次产业增加值结构（20.0：48.9：31.1）与劳动力结构（50.5：23.5：26.0）相对比，就会看到我国目前第一产业的劳动力比重与增加值比重有较大反差，它反映出第一产业中存在着大量的剩余劳动力，而最具吸纳劳动力能力的第三产业发展不足，就业比重低。

从变动的趋势看，劳动力比重在第一产业持续下降，在第二和第三产业持续上升，且在第三产业的升幅明显高于第二产业，在第三产业中就业的人数已明显超过了在第二产业中就业的人数。这种变化的趋势与三次产业增加值变动的趋势相吻合，表明产业结构的逐步优化。

（三）产业内部结构

1. 第一产业的内部结构

第一产业增长速度下降。在第一产业中，居于主导地位的农业所占比重明显下降，牧业和渔业增长较快，林业在第一产业中的比重最小。值得注意的是，在实现可持续发展战略的指导思想下和我国森林匮乏、环保问题突出的现实情况下，林业的发展有着特殊的重要性，但林业的投入显得不足。主要农产品结构中，粮食产量创造了历史最好水平；棉花产量减产；油料受供求关系影响，调减面积，产量继续有所下降；畜牧、水产和水果近10年一直保持10%以上的年均增速，是增长最快的农产品，肉类总产量增长8%，水产品总产量增长8.3%，水果产量增长10.4%。从总体上看，农产品结构在市场的引导下，进一步适应了因生活水平提高而产生的需求的变化，但目前农产品品种的更新还不能完全适应市场的需要，部分农产品因品种不良而过剩。从投资结构看，强化农业基础地位的政策取向在农业的投入上得以体现。政府对第一产业的投资有所倾斜。

2. 第二产业的内部结构

2015年第二产业完成增加值36770亿元，比上年增长10.8%，其中工业完成增加值31752亿元，比上年增长11.1%，建筑业完成增加值5018亿元，比上年增长7.9%。由此可见，第二产业的增长速度继续有所下降，工业和建筑业的增长速度都有明显下降。增长速度下降最直接的原因有两点：一是这两年实行的适度从紧的货币政策抑制了投资的增长。二是产业和产品结构不能适应需求结构的变化、商品房价格明显高于购买力而造成的需求不足的状况也都直接影响了第二产业的增长速度。

工业和建筑业增加值之比变动不大。在工业内部，按轻重工业分，轻工业和重工业近年来基本保持平衡发展。轻工业中以农产品为原料的工业和以非农产品为原料的工业的比例基本保持稳定，约为65：35；重工业中的采掘工业、原材料工业和加工工业的增加值比例也基本保持稳定，为19.2：38.4：42.4。第二产业和工业的发展已由以往的非均衡状态完成了向均衡状态的过渡，第二产业将保持均衡增长。

按行业划分，由于国家在投资上对基础设施和基础产业的倾斜，能源工业投资比重最大。其中电力增长最快，石油、煤炭的年均增速次之。尽管投资有较大幅度增长，但能源工业的产出并未有相应的增长。能源生产增长与工业生产增长的弹性系数低，出现这一情况的主要原因是能源产品受到了市场需求的影响。虽然从总体上说，新中国成立的能源生产还不能完全满足经济发展的需要，但在近两年经济增长速度放慢，市场需求不足的情况下，能源产品出现了暂时性的饱和，能源生产低速增长。能源工业的情况表明，在非短缺的情况下，投资已不是增长的决定因素。受市场需求的影响，原材料、机电设备、轻纺工业等一些行业或产品也都增长缓慢或是负增长。而产品结构有所调整，技术含量高、市场需求旺盛的产品增长较快。由此而造成一些主要工业产品有升有降。

在竞争性产品领域，尤其是消费品领域，商品的旺销与疲滞并存。消费趋向于名牌产品，质量、品种不佳的产品销路不畅。产品的竞争力成为决定某种商品市场需求的关键因素。相当一部分企业生产还不适应市场需求，产品积压问题突出是当前工业经济运行中的主要问题。在经济增长速度减缓的背景下，结构性矛盾更为突出，产业和产品的结构调整任务显得更为迫切。

另外，从所有制结构的角度分析，不同所有制工业企业的增长速度有较大差距，国有工业增长最慢。国有工业的比重大幅下降，城乡个体工业和其他经济类型的比重之和达 30.7%。

3. 第三产业的内部结构

第三产业各个行业增长速度差距不大，在 GDP 中所占比重均有所增加。值得注意的是，运输邮电仓储业增速最快，主要原因是近年国家在运输邮电领域投资上的倾斜，市场需求旺盛和在该领域逐步放开市场，引入竞争机制，进一步促进了这一行业的发展。从总体上说，作为基础产业的运输邮电业的供给能力有了明显增长，"瓶颈"制约有所缓解。但目前的缓解只是暂时性的，我国的运输邮电行业仍处于较低的水平，随着结构调整的推进，企业经济效益的提高和人民生活水平的改善，对运输邮电的需求仍将有较大幅度增长，因此，未来一段时间，运输邮电业仍是我们发展的重点行业。批发零售餐饮业是第三产业中占 GDP 比重最高的行业，增长速度高于三产中的其他行业。批发零售餐饮业是劳动密集型行业，是吸收劳动力人数最多的行业。近年我国在金融保险领域开始逐步打破以往垄断经营的局面，引入市场竞争，市场主体正处于逐步形成的过程当中，金融保险业的发展还处于起步阶段，预计今后几年该行业的发展速度将会有较大幅度的提高。房地产业下降幅度较大。原因是房地产业的发展受宏观经济环境的影响较大，因受经济增长速度减缓以及大量商品房积压的影响，增长速度明显下降。作为新的经济增长点，房地产业将在未来一段时间取得长足的发展。包括信息、科研、旅游、文化、体育等在内的其他服务业也是增长较快的行业。随着社会经济的日益信息化，以信息基础设施和信息服务为主要组成部分的信息产业将会有十分迅速的发展，信息产业将在第三产业中占有越来越重要的地位。旅游、文化、体育等产业随着人民生活水平的提高，将是极具潜力的新兴产业。

### （四）我国产业结构变动的特点

随着经济的发展，我国的产业结构不断演进，基本规律与世界其他国家相一致，没有大的偏差。但中国国情的独特性以及我们目前所处的独特的经济发展阶段，决定了我国产业结构变动的特点。

1. 产业结构趋向高度化，工业化阶段的特征显著

我国三次产业结构变化的数据说明了这个特点。在我国的三次产业结构中，第一产业比重持续下降；第二产业持续上升，所占比重畸高，但增长幅度逐渐趋缓；第三产业比重总体上升，但有反复。这一变化过程基本符合产业结构趋向高度化的演进规律，与整个国民经济水平的不断提高相适应。将我国的产业结构水平与其他国家作国际比较，可以看出不论与低收入国家相比，还是与中等收入国家相比，都显示出我国第二产业比重偏高的特点。这一特点是由我国目前所处的工业化的阶段决定的。

中国的产业结构的变动基本上可分为四个阶段：第一个阶段是从1952年到1980年，这一时期是中国工业化的初期，也是重工业化时期，产业的发展严重向重工业倾斜，重工业的发展是整个国民经济增长的主要力量。第二阶段是从1980年到1990年的"六五"和"七五"时期，也是中国从工业化初期向中期过渡的时期，这一阶段产业结构从倾斜走向均衡，轻工业和第三产业在这一阶段有了较快的发展，这个时期第二产业的比重有所下降，是由非均衡转向均衡的时期。第三季度是从1990-2008年，轻重工业的比例已趋于稳定，工业的内部结构有了明显的改善，基础产业有了较快的发展，工业的增长速度一直领先于其他产业，工业的增长仍是整个国民经济增长的主要动力。第四阶段是2009年以来，装备制造业不断发展，自主创新能力不断提高。总体上说，建国以来第二产业在三次产业的结构中比重上升最快，所占比重也最大，在产业结构的优化过程中，工业化阶段的特征显著。但从近几年产业结构变化的情况看，第二产业在国民经济中所占比重的增长速度正趋于停滞，第三产业的增长速度加快。若参照其他国家的经验，一般在第二产业的比重达到30%-50%的时候，这一比重开始转而下降。可以预期，随着我国工业化从中期向后期的逐步过渡，第二产业的比重将由缓慢增长转为逐步下降，国民经济增长的主要动力将来自于第三产业。

2. 三次产业增加值结构与劳动力结构背离，城市化滞后

将我国三次产业的增加值结构与劳动力结构作比较，就会发现一次产业的增加值所占比重为18.1%，而劳动力所占的比重则高达50.5%，第二产业的增加值比中等收入国家的比重高出11个百分点，但劳动力比重却低3.5个百

分点，第三产业的增加值比重和劳动力比重都偏低。造成这一现象的主要原因是，我国城市化进程滞后于工业化的进程。多数发达国家的经验表明，城市化与工业化是一个同步的过程，随着第二产业和第三产业的发展，就业人口也逐步向第二产业和第三产业转移。但在我国，工业化的过程伴随着严格的户籍管理制度，农村人口大量滞留在农村。这种情况严重影响了城市的发展，因而造成了第三产业的落后，因为城市数量越多，规模越大，第三产业才越发达。因此，产业结构的调整必然要求城市化政策的调整，要求城市的大发展。尤其在第三产业需要发展的现阶段，加快城市化的进程是我们的必然选择。

3. 需求结构成为引导产业结构变动的一个重要因素

市场化进程的深入从根本上改变了计划经济时期或是短缺经济时期产业结构由投资结构决定的状况。市场需求已经成为一个不容我们忽视的影响产业结构变动的重要因素。第一产业中牧业和渔业、第三产业中运输邮电业的快速增长是因为供给跟不上需求，而能源工业尽管投资巨大，但生产低速增长，是因为市场出现了暂时性的饱和。如何调整供给结构以满足需求结构，以及如何引导需求以促进国民经济的发展是我们进行产业结构调整的全部内容。

4. 对外贸易结构成为引导产业结构变动的一个重要因素

对外开放将国际市场纳入了供给结构和需求结构，使对外贸易也成为引导产业结构变动的一个重要因素。我国工业制成品在进口总额和出口总额中所占比重大，外贸结构的变化对工业的影响尤其重大。2007年金融危机对外贸的影响已经显现出来。如何调整对外贸易结构以缓解这场金融危机的影响是当前产业结构调整中不容忽视的问题。

（五）中国调整产业结构面临的问题和矛盾

当前中国已经处于中上等收入国家，但我国产业结构仍然是一种适应生产型社会的产业结构，第二产业过大，第三产业比重低。按理说，我国第二产业比重在30%，但目前达到46%；第三产业应该是60%以上，但目前只有43%。在这种情况下中国的产业结构面临以下三大难题：

第一，农业现代化落后于工业现代化。当前中国农业最大的问题是难以支撑中国13亿人搞现代化，我们这么大一个国家搞现代化，农业支撑力不强。这里有两条原因，一是农业资源向外流出太快，二是农业现代化缺乏主体。谁来向农业现代化投入？农民没有钱投入，地方政府不愿意投入，因为投资农业见效慢，中央的农业投入又满足不了农业现代化的要求。

第二，工业发展与第三产业脱离。我国工业发展是初步导向型的，工业发展在低端，靠做大规模，中国工业增长拉动的是国外的新型服务业，这导致中国国内服务业发展不足。中国工业领域里垄断行业高度集中，竞争性行业的集中度过低，加工制造行业过度竞争。工业自主创新不强，科技贡献率比较低，高科技行业过度对外依赖。比如现在我国中低端数控机床卖不了、用不完，但高端的数控机床要大量进口。目前出口产品的自主品牌不到20%。中国的产业目前在工业里缺乏两个体系：其一，缺乏在全球范围内配置自己生产资源的技术体系，像奔驰、通用、丰田这样在世界范围内配置资源的企业比较少，我国企业大都是内向型企业。其二，缺乏国际市场营销网络体系，产品生产出来卖不出去，只能给家乐福、沃尔玛，让他们卖去。由于缺乏这两大体系，我国制造业经济效率非常低，低于德国三分之一，但能耗高。

第三，第三产业发展既有总量不足也有结构矛盾。城乡二元制把农民挡在了城外，导致人口不能在城市集聚，服务需求减少。再加上工业把服务业延伸到国外，也造成了生产性服务业发展不足，金融、会计、科技、研发、信息等服务业发展不足。

我国现有的产业结构是一种典型的为生产型社会配套的产业结构，这种结构在中低收入阶段受现有财税体制刺激，以GDP和财政收入为目标，以出口为导向，在城乡二元体制下，利用较低的资源成本和劳动成本，利用外资、国企、民企三股力量。要想调整这种产业结构，不对其体制改革不行，不建立一种激励机制、考核机制不行。而核心问题是如果不构建一个消费型社会，不调整收入分配结构，不调整投资、消费、出口结构，这种产业结构就很难转型。

### 五、"十三五"期间结构调整与产业发展战略

从全球来看，在未来5到10年，随着新一轮产业革命的不断拓展，技术突破和业态创新将逐步融合产业边界，全球投资贸易秩序将加速重构，产业内和产品内分工的重要性也将日益突出，服务贸易在全球产业分工中的重要地位将更加突出，服务业甚至研发活动都将呈现深入的产业内垂直分工的特征。从中国来看，目前中国已成为一个工业和贸易大国，是世界产业分工格局中的重要力量，但仍存在产业发展水平低、处于全球分工格局低端等问题，未来有望从全球价值链的低端向中高端升级，并在全球价值链治理中发挥越来越积极的作用。在这种背景下，"十三五"时期我国三次产业发展的定位、方向和政策都将面临重大的变化。

"十三五"时期应对产业结构升级思路进行重大调整：摒弃以往追求产业间数量比例关系优化的指导思想，产业结构调整的主线是提高生产率。

基于一般意义的三次产业结构演进的规律，我国五年规划一般将三次产业产值和就业比例关系作为产业结构优化升级的指标，比如，"十二五"规划提出服务业增加值占比从2010年的43%提高到47%。但世界各国的经验表明，在不同的经济发展阶段并不存在一个严格意义的三次产业数量比例关系，尤其是在当今工业化和信息化融合、制造业和服务业融合、各个产业边界日趋模糊的大趋势下，统计意义的产业规模数量比例指标作为政策导向的意义已经越来越小，寻求最优产业比例关系、进行"产业结构对标"的产业结构升级思路，其合理性和操作性的基础已越来越薄弱。

实际上，产业结构演进升级的本质是生产率高的部门逐步替代生产率低的部门成为主导产业。虽然近年来我国第二产业比较劳动生产率逐步下降、第三产业比较劳动生产率逐步上升，在一定程度上体现了产业结构合理化的演进趋势，但2013年我国第二产业劳动生产率仍高于第三产业劳动生产率，存在第三产业比例上升而整体劳动生产率下降的潜在产业结构的"逆库兹涅茨化"，这在一定程度上被认为是我国经济增速下降的原因。产业结构升级的本质是生产率的提升，不能够仅依靠三次产业的数量比例来判断三次产业结构的合理化和高级化程度，关键是劳动生产率水平的提升。

因此，"十三五"期间，我国三次产业结构优化升级的主题要从强调增长导向的规模比例关系转为强调发展导向的产业融合协调，中国产业发展战略的重点也要从产业数量比例调整转向产业质量能力提升，发展的核心在于提高产业的生产率；为了更好地适应产业融合的趋势，未来的产业政策应逐步突破传统的"产业结构对标"的思路，消除政府对部门间要素流动的扭曲和干预，减少部门垂直管理带来的产业融合障碍，通过促进产业间的技术融合、商业模式融合和政策协调，促进三次产业和各产业内部的协调发展。在具体制定"十三五"规划时，建议不要把三次产业结构产值和就业比例作为产业发展的"应然"目标提出，产业结构数量比例只是一个"实然"变化，重点考核三次产业发展的质量目标，可以用劳动生产率和技术创新指标等来衡量。

"十三五"时期应对三次产业的功能定位进行重大调整：在促进三次产业融合协调发展的基础上，通过提高发展能力进一步稳定农业的国民经济基础地位，通过培育工业创新驱动和高端要素承载功能实现从经济增长引擎到可持续发展引擎的定位转变，通过消除体制机制障碍实现服务业进一步拉动经济增长的功能定位。

当今世界，三次产业彼此融合与互动发展是大势所趋，从农业看，农业与工业和服务业的融合已成为农业现代化的核心内容；从工业看，制造业服务化和制造业信息化是工业化国家"再工业化"的两大趋势，是制造业重获竞争优势、创新驱动经济发展的源泉；从服务业看，只有融合发展，服务业才有更大的发展空间，才能为制造业升级和农业现代化提供强有力的支撑。具体到产业功能定位和战略举措看，为了进一步稳定农业的国民经济基础地位，应转变过去主要通过财政补贴等扶持性的政策措施降低农业生产经营成本的思路，在继续贯彻惠农政策的同时，重点通过转变农业发展方式，扩大农业经营规模，拓展农业多种功能等措施逐步提高农业的发展能力；作为过去经济增长引擎的工业部门，要通过核心能力的构建进一步突出其在国民经济中的创新驱动和高端要素承载功能，逐步由过去的促进经济增长和扩大就业向通过技术创新提高国民经济可持续增长能力和提升全球竞争力转变，发展模式将从标准化、模块化产品向一体化产品转型升级，从简单产品向复杂产品转型升级，由过去粗放的大规模标准化生产和模仿创新向精益化生产和自主创新转变；服务业要通过打破垄断和市场管制、改革投资审批、加强信用制度建设等措施消除体制机制障碍，促进现代服务业跨越发展，从而培育服务业部门对于经济增长的拉动力。

"十三五"时期应对产业政策方向进行重大调整：推进产业政策从选择性主导转为功能性主导，产业政策的重心从扶持企业、选择产业转为激励创新、培育市场。

长期以来，我国实施的是选择性产业政策，通过投资审批、目录指导、直接补贴企业等手段直接广泛干预微观经济，以挑选赢家、扭曲价格等途径主导资源配置，这虽然发挥了经济赶超的重要作用，但也扭曲了市场机制。进入"十三五"以后，传统产业投资相对饱和，市场具有高度不确定性，企业需要不断创新寻求新技术、新产品、新业态、新商业模式，此时政府部门难以正确选择"应当"扶持的产业、企业和产品。但这并不意味着不需要政府实施产业政策了，而是产业政策方向需要转型，从选择性产业政策转向功能型产业政策。功能型产业政策是"市场友好型"的，它以"完善市场制度、补充市场不足"为特征，政府的作用是增进市场机能、扩展市场作用范围并在公共领域补充市场的不足。这种调整意味着，今后产业政策手段要从直接干预微观经济行为为主转向通过培育市场机制间接引导市场主体行为，虽然也存在补贴、税收优惠等扶持性企业政策，但扶持对象一般是前沿技术和公共基础技术，并强调研发、技术标准和市场培育的协同推进，多采用事前补贴、而不是事后奖励的方式，补贴规模不大、更多是发挥"带动"作用。

"十三五"期间产业政策的重点应该是两个方面，一是深化要素市场改革，完善要素市场机制。相对于一般商品市场，我国要素市场改革还相对比较滞后,"十三五"期间要大力推进要素市场化改革进程,具体涉及农民工市民化改革,打破基础产业垄断、特别是行政性垄断,提高资本市场配置效率,推进科研体制改革,深化教育体制改革等各个方面;二是优化创新生态、完善创新驱动机制、激励创新行为,我们必须解放思想,对创新行为要给予更大的空间和尽可能的包容。

"十三五"时期要对国有经济的产业布局进行重大调整:推进国有经济的产业布局从重化工领域转向高端和新兴制造业、公共服务业等领域,经营业务从整个自然垄断领域集中到具有自然垄断性的网络环节。

从产业布局结构看,在过去的十多年中,由于中国正处于工业化中期阶段,重化工业处于大发展的时期,通过国有经济战略性调整,国有企业大多集中到工业领域,尤其是重化工业领域,在工业领域超过60%的国有资本集中于能源工业(电力、煤炭)和原材料工业(钢铁、有色和建材)。但是"十三五"期间,我国将步入工业化后期,过去十几年中形成的国有经济倚重重化工业布局和规模扩张的发展方式,已无法适应工业化后期的经济新常态的要求。相对于大量国有资本分布在这些重化工领域,与《中国制造2025》相关的高端与新兴制造业领域、与国家"一带一路"战略相关的产业领域、与完善中心城市服务功能相关的基础设施,还有待国有资本的投入。这就要求通过国有经济布局与结构的再调整,积极推进这些重化工领域的部分国有资产逐步退出,转向提供公共服务、发展重要前瞻性战略性产业、保护生态环境、支持科技进步、保障国家安全等领域。

从经营业务结构看,经过多年国有经济战略性调整,在电力、电信、民航、石油天然气、邮政、铁路、市政公共事业等具有自然垄断性的行业中,国有企业占据了绝大多数。应该说,这总体上符合国有经济的功能定位,但是,由于国有企业的经营业务涵盖整个行业的网络环节和非网络环节,从而在一定程度上遏制了有效竞争,影响了社会服务效率。"十三五"期间要推进这些行业的改革和国有经济结构调整,形成主业突出、网络开放、竞争有效的经营格局。将电信基础设施和长距离输油、输气管网从企业剥离出来,组建独立网络运营企业的方式,通过网络设施平等开放推动可竞争性市场结构构建和公平竞争制度建设,使垄断性行业国有经济成为社会主义市场经济体制更具活力的组成部分。

第五章

# 产业关联

上一章论述产业结构理论主要从"质"的角度动态揭示了产业间技术经济联系与联系方式发展变化规律及其影响因素。本章主要从"量"的角度，静态考察国民经济各产业部门间技术经济联系与联系方式，即产业间的投入和产出的量化比例关系，主要介绍产业关联分析的方法、基本工具和主要内容。

## 第一节 产业关联概述

产业关联是指产业间以各种投入品和产出品为连接纽带的技术经济联系，其实质是各产业间的供求关系。这种投入品和产出品可以是有形产品和无形产品，也可以是实物形态和价值形态的。由于实物形态的联系和联系方式难以计量，所以在产业关联分析的实际应用中主要分析的是价值形态的技术经济联系。

### 一、产业关联方式

产业关联方式是指部门之间发生联系的依托或基础，以及产业间相互依托的不同类型。

（一）产业间联系的纽带

产业间联系的纽带是指不同产业之间是以什么为依托连接起来。

1. 产品、劳务联系。产品、劳务联系是指在社会再生产过程中，一些产业部门为另一些产业部门提供产品或者劳务；或者产业部门间相互提供产品或劳务。产品、劳务联系是最基本的联系。因为各部门间协调发展最本质的是表现为产业间相互提供产品、劳务的数量比例要均衡，社会劳动生产率和经济效益的提高，最终是提高产品和劳务的质量的提高和成本节约。

2. 生产技术联系。在生产过程中，一个产业部门不是被动地接受其他相关产业部门的产品或劳务，而是依据本产业部门的生产技术特点、产品结构特性，对所需相关产业的产品或劳务提出各种工艺、技术标准和质量等特定要求，以保证本部门的产品质量和技术性能。这种联系不仅直接影响产业间产品和劳务的供求比例关系，而且还会使在生产过程中与某一产业发生产品和劳务联系的产业发生变换，或者依存度发生变化。

3. 价格联系。这种联系是产业间产品和劳务联系的价值量的货币表现。价格联系使不同产业间不同质的产品劳务联系，可用价格形式统一度量和比较，也使得生产具有替代性能产品的产业引入了竞争机制，为产业间的联系注入了活力。价格联系为产业结构变动分析、产业间比例关系分析等提供了有效的计量手段。

4. 劳动就业联系。某一产业的发展会相应地增加一定的劳动就业机会，而该产业的发展带动相关产业的发展也必然使这些相关产业增加劳动就业机会。这种劳动就业联系在西方经济学中被描述为投资乘数在就业中的作用。

5. 投资联系。产业部门的协调发展性，使得产业间必然存在投资联系。某一产业的直接投资导致大量的相关产业的投资现象，就是产业间投资联系的表现。产业间投资联系集中表现在投资乘数上。

（二）产业间联系方式的类型

国民经济运行中产业间错综复杂的联系，一般可以划分为以下几种类型的联系方式。

1. 按后续产品是否返回先行产业部门分为单向联系与多项联系。单向联系是指 A、B、C、D 等一系列产业部门间，先行产业部门为后续产业部门提供产品，以供其生产时直接消耗，但后续产业部门的产品不再返回先行产业部门的生产过程。例如，棉花—棉纱—色布—服装。多向联系是指 A、B、C、D 等产业部门间，先行产业部门为后续产业部门提供产品，作为后续产业部门的生产性直接消耗，同时后续部门的产品也返回相关先行产业部门的生产过程。如煤炭—钢铁—矿山机械部件—煤炭。

2. 按生产工序的前后顺序分为顺向联系和逆向联系。顺向联系是指某些产业因生产工序的前后，前一产业部门的产品为后一产业部门的生产要素，这样一直延续到最后一个产业的产品，即最终产品为止。如采矿—冶炼—机械加工—组装出成品。逆向联系是指后续产业部门为先行产业部门提供产品，作为先行产业部门的消耗。如机械设备行业的设备和零部件供冶炼或采掘业使用。

137

3. 按产业之间是否存在直接的提供关系分为直接联系与间接联系。直接联系就是两个产业部门之间存在着直接的提供产品、提供技术的联系。间接联系就是两个产业部门通过其他一些产业部门的中介才有联系。如汽车工业和采油设备制造业的联系。

### 二、产业关联效应

赫希曼在他的《经济发展战略》一书中详细分析了产业之间的前向关联、后向关联，以及关联效应、前向关联效应和后向关联效应。

产业的关联效应就是指一个产业的生产、产值、技术等方面的变化通过它的前向关联关系和后相关联关系对其他产业部门生产直接和间接的影响。前向关联效应就是指一个产业在生产、产值、技术等方面的变化引起它前向关联部门在这些方面的变化，或导致新技术的出现、新产业部门的创建等。产业部门前向关联指数等于产业 i 对产业 j 提供的中间投入之和与产业 j 的总产值之比。

$$L_{F(j)} = \sum_{n=1}^{n} X_{ij}/X_j$$

后向关联效应就是指一个产业在生产、产值、技术等方面的变化引起它后向关联部门在这些方面的变化，例如由于该产业自身对投入品的需求增加或要求提高而引起提供这些投入品的供应部门扩大投资、提高产品质量、完善管理、加快技术进步等变化。产业部门后向关联指数等于产业 j 为生产总产值 Xj 而从产业 i 获得的中间投入之和与产业 j 的总产值之比。

$$F_{B(j)} = \sum_{n=1}^{n} X_{ij}/X_j$$

例如，由于该产业自身对投入产品的需求增加或要求提高而引起提供这些投入品的供应部门扩大投资、提高产品质量、完善管理、加快技术进步等变化。

美国经济学家钱纳里（H. Chenery, 世界银行经济顾问、哈佛大学教授）和日本经济家渡边经彦对美国、日本、挪威和意大利亚四国的 29 个产业部门的数据进行了产业关联效应分析，得到了一组重要的数据和结果（见表 5-1）。

表 5-1 29 个产业部门的前向及后向关联系数

| | 产业部门 | 前向关联 | 后向关联 | | 产业部门 | 前向关联 | 后向关联 |
|---|---|---|---|---|---|---|---|
| 第一类中间投入型基础产业 | 农业、林业金属采矿非金属采矿煤炭电力石油及天然气 | 0.72<br>0.93<br>0.52<br>0.82<br>0.59<br>0.97 | 0.31<br>0.21<br>0.17<br>0.23<br>0.27<br>0.15 | 第三类最终需求型制造业 | 食品加工造船服装和日用品皮革及皮革制品其他制造业粮食加工非金属矿物制品运输设备机械木材及木材制品 | 0.15<br>0.14<br>0.12<br>0.37<br>0.20<br>0.42<br>0.30<br>0.20<br>0.28<br>0.38 | 0.61<br>0.58<br>0.69<br>0.66<br>0.43<br>0.89<br>0.47<br>0.60<br>0.51<br>0.61 |
| 第二类中间投入型制造业 | 化学纸及纸制品印刷及出版橡胶制品钢铁石油产品有色金属冶炼纺织煤炭加工 | 0.69<br>0.78<br>0.46<br>0.48<br>0.78<br>0.68<br>0.81<br>0.57<br>0.67 | 0.60<br>0.57<br>0.49<br>0.51<br>0.66<br>0.65<br>0.61<br>0.69<br>0.63 | 第四类最终需求型基础产业 | 服务业商业渔业运输 | 0.34<br>0.17<br>0.36<br>0.26 | 0.19<br>0.16<br>0.24<br>0.31 |

钱纳里和渡边经彦依据表 5-1 数据将全部的产业分为四类：第Ⅰ类的中间投入型基础产业：前向关联效应大，后向关联效应小；第Ⅱ类的中间投入型的制造业：前向关联效应大，后向关联效应大；第Ⅲ类的最终需求型制造业：前向关联效应小，后向关联效应大；第Ⅳ类的最终需求型的基础产业：前向关联效应小，后向关联效应小。

## 第二节 产业关联分析的基本原理和方法

产业关联分析又称投入产出分析，是由美国经济学家瓦西里·里昂惕夫（Wassily Leontief）在 20 世纪 30 年代首创的，现已在世界范围内得到普遍应用。投入产出分析中的所谓投入是产品生产所耗掉的原材料、燃料、动力、固定资产折旧和劳动力；所谓产出是指产品生产出来后所分配的去向、流向，即使用方向和数量，又叫流量，例如用于生产消费、生活消费和积累。从国民经济各产业间的联系来看,一个产业的产出就是另一个或一些产业的投入,一个产业的投入就是另一些产业的产出,投入产出分析就是运用投入产出表从数量上分析产业之间在投入与产出上的相互依存关系,它是一种具有很大实用价值的分析方法,它的分析结果可以作为一国制定经济计划、制定产业政策和进行经济预测的依据。

## 一、投入产出分析的理论基础

投入产出分析是一种定量分析方法,它必然要以一定的经济理论为依据。关于它的理论基础,里昂惕夫本人说是瓦尔拉斯(walras)的一般均衡理论。"投入产出法是用新古典学派的一般(或译全部)均衡理论,对各种错综复杂的经济活动之间在数量上相互依赖关系进行经验研究。"[①]

一般均衡理论认为,国民经济由消费主体——居民户、生产主体——企业所构成。(图5-1)一般均衡理论假定:消费者在一定的预算约束下追求效用最大;生产者追求利润最大。经济主体追求最大化的行为可以使所有市场在一组价格的调节下,实现供给和需求的完全相等,即存在一组价格(也称为均衡价格),使所有市场都实现了均衡,这就是一般均衡。

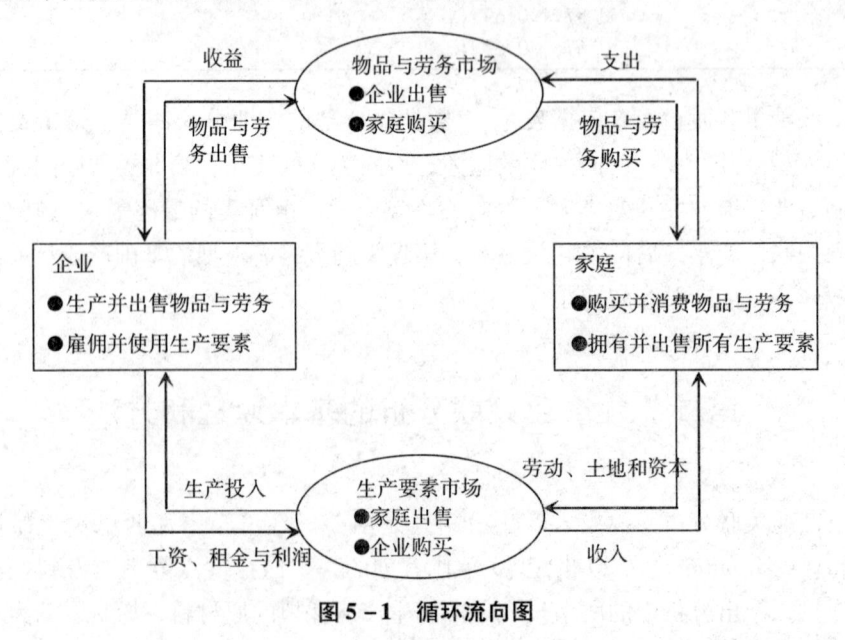

图5-1 循环流向图

---

[①] 里昂惕夫.投入产出经济学[M].崔书香译,商务印书馆1980年版,第142页

瓦尔拉斯是用联立方程组来描述一般均衡状态的，方程组的解就是均衡价格体系。但瓦尔拉斯的模型是一种纯粹理论抽象，它无法对实际的经济活动进行实证性分析。他的投入产出分析可以说是通过一些假定而对瓦尔拉斯一般均衡模型所做的简化。简化主要有以下几个方面：用产业代替瓦尔拉斯模型中的企业和消费者；假定生产的规模收益不变，即假定每个产业产品的产出量与对它的各种投入量成固定比例；假定各产业的生产活动是互不影响的，即每个产业的产出由本产业的生产活动来决定，而不受其他产业生产活动的影响，国民经济的总产出等于每个产业产出之和；假定消耗系数在一定时期相对稳定；假定所有投入都是在一年内完成的，所有产出都是在一年内生产的。

通过简化，里昂惕夫从瓦尔拉的方程组中推导出比较简单的线性方程组，这样，对线性方程组的求解就成了投入产出法应用于实证分析的关键问题。电子计算机的迅速发展，使里昂惕夫的初期研究成果迅速被世界各国所认识，并被发展应用于许多领域。

## 二、投入产出表

投入产出表就是全面反映在一定时期（通常为一年）内，国民经济中各产业的投入来源及其产品去向的一种表。是联合国普及推广的 SNA 体系的一种，是以矩阵形式，记录和反映一个经济系统在一定时期内各部门之间发生的产品及服务流量和交换关系的工具。

投入产出表的形式

1. 实物型投入产出表

实物型投入产出表是以产品的标准单位或自然单位计量的投入产出表。用以显示国民经济各部门主要产品的投入与产出关系，即这些主要产品的生产、使用情况以及它们之间在生产消耗上的相互联系和比例关系。

一般地说，任何一个产业在生产过程中都必须要以其他产业的产品和本产业的产品作为投入物，任何一个产业的产品都可以作为其他产业和本产业的投入物，并且还有部分作为满足社会的最终需求，表 5-1 表示了在一定时期内产业间的这种投入产出关系。

表 5-1　实物型投入产出表

|  | 中间产品 |  |  |  |  | 最终产品 |  | 总产品 |
|---|---|---|---|---|---|---|---|---|
|  | 产业$_1$ | 产业$_2$ | … | 产业$_n$ | 小计 | 积累消费 净出口 | 小计 |  |
| 产业$_1$ | $x_{11}$ | $x_{12}$ | … | $x_{1n}$ | $\sum_{i=n}^{n} X_{1i}$ |  | $Y_1$ | $X_1$ |
| 产业$_2$ | $x_{21}$ | $x_{22}$ | … | $x_{2n}$ | $\sum_{i=n}^{n} X_{2i}$ |  | $Y_2$ | $X_2$ |
| … |  |  |  |  |  |  | … | … |
| 产业$_n$ | $x_{n1}$ | $x_{n2}$ | … | $x_{nn}$ | $\sum_{i=n}^{n} X_{ni}$ |  | $Y_n$ | $X_n$ |

从投入产出表横向来看，表中每一行的数字表示该产业生产的产品作为中间产品卖给了哪些产业，卖了多少，又有多少产品作为最终产品满足了各项最终需求。对于每一个产业，总产品＝中间产品＋最终产品。纵向来看，表中每一列的数字表示该产业进行生产所必需的从包括本产业在内的各个产业购进多少中间产品作为投入，以及最终产品的实物构成。在实物型表中，每一列的各个数字由于计量单位不同，不能直接相加。

表 5-2　实物型投入产出表

|  | 农业 | 制造业 | 居民 | 总产出 |
|---|---|---|---|---|
| 农业 | 25 | 20 | 55 | 100 蒲式耳小麦 |
| 制造业 | 14 | 6 | 30 | 50 码布 |
| 居民 | 80 | 180 | 40 | 300 劳动人/年 |

在表 5-2 中，横行表示对总产出的需求，25、20、55 分别表示 100 蒲式耳小麦中农业消耗了 25，制造业消耗了 20，居民消耗了 55；依次类推，14、6、30 分别表示 50 码布中农业消耗了 14，制造业消耗了 6，居民消耗了 30；80、180、140 分别表示 300 劳务中农业使用了 80，制造业使用了 180，居民使用了 140。纵列表示对总投入的供给，25、14、80 分别表示生产 100 蒲式耳小麦中农业投入了 25，制造业投入了 14，居民投入了 80；20、6、180 分别表示生产 50 码布中农业投入了 20，制造业投入了 60，居民投入了 180，55、30、40 分别表示提供了 300 劳务中农业提供了 55，制造业提供了 30，居民提供了 40。

实物型投入产出表描述的是产业间的生产技术关系，且计量值不受价格波动的影响。因此，它比较适合于用来研究国民经济中主要产品的生产和使用情况，以及研究产品之间的生产技术联系。但它的每列数字不能相加，故不能得到每种产品生产过程中的物质消耗（投入）总量，加之实物性的统计资料收集较为困难等因素，使它在经济分析中的应用受到了一定的限制。

## 2. 价值型投入产出表

价值型投入产出表记录了全部用货币计量的中间产品价值、最终产品价值、毛附加价值以及总产值。表5-3是价值型投入产出表，它是在实物型投入产出表基础上所做的扩充。

|  |  | 中间产品 |  |  |  | 最终产品 | 小计 | 总产品 |
|---|---|---|---|---|---|---|---|---|
|  |  | 产业$_1$ | 产业$_2$ | ... | 产业$_n$ |  |  |  |
| 物质消耗 | 产业$_1$ | $x_{11}$ | $x_{12}$ | ... | $x_{1n}$ | $Y_1$ | $X_1$ | |
|  | 产业$_2$ | $x_{21}$ | $x_{22}$ | ... | $x_{2n}$ | $Y_2$ | $X_2$ | |
|  | ...... | ... | ... | ... | ... | ... | ... | |
|  | 产业$_n$ | $x_{n1}$ | $x_{n2}$ | ... | $x_{nn}$ | $Y_n$ | $X_n$ | |
| 毛附加价值 | 折旧 | $D_1$ | $D_2$ | ... | $D_n$ | | | |
|  | 劳动报酬 | $V_1$ | $V_2$ | ... | $V_n$ | | | |
|  | 社会纯收入 | $M_1$ | $M_2$ | ... | $M_n$ | | | |
| 总 产 值 | | $X_1$ | $X_2$ | ... | $X_n$ | | | |

表5-3中，第一、第二部分同实物型表相对应，只是数字反映的不是实物量而是价值量，增加的左下方第三部分包括折旧和净产值。这一部分从纵向来看，每一列数字反映了每个生产的毛附加价值的构成情况；从横向来看，每一行的数字反映了毛附加价值每一项是由哪些产业提供的。由于增加了第三部分，且统一用货币计量，故每一列的数字可以加总，这样就可以得到以下一些线性方程。

假设表5-2中，小麦价格为2￥，布匹价格5￥，劳务费1￥，则有价值型投入产出表5-4。横行是对总产出的需求，即200￥小麦农业消费了50，制造业消费了40，居民消费了110；等等。纵列是对总投入的供给，即生产200￥小麦农业投入了50，制造业70，居民80；等等。

表5-4 价值型投入产出表

|  | 农业 | 制造业 | 居民 | 总产出 |
|---|---|---|---|---|
| 农业 | 50 | 40 | 110 | 200￥ |
| 制造业 | 70 | 30 | 150 | 250￥ |
| 居民 | 80 | 180 | 40 | 300￥ |
| 总投入 | 200￥ | 250￥ | 300￥ | |

（二）投入产出表结构

投入产出表就是全面反映在一定时期（通常为一年）内，国民经济中各产业的投入来源及其产品去向的一种表。可以用图5-1表示。

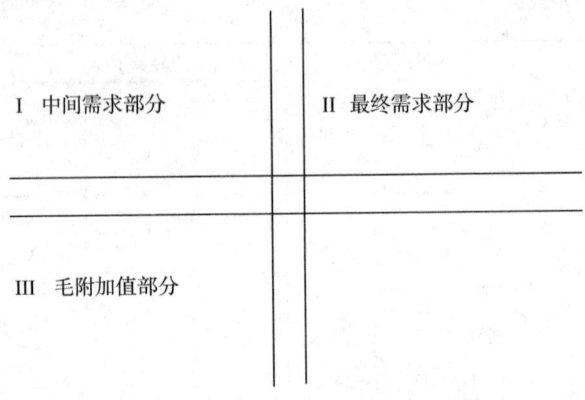

|  |  |
|---|---|
| Ⅰ 中间需求部分 | Ⅱ 最终需求部分 |
| Ⅲ 毛附加值部分 |  |

**图5-1 投入产出表的结构示意图**

1. 中间需求部分

亦称为内生部分，是投入产出表的核心部分。中间需求或中间产品是在本期生产而又在本期生产过程中被消耗的产品。它反映在一定时期内（如一年）一个国家社会再生产过程中各产业之间相互提供中间产品的依存和交易关系。因此，这一部分横向各产业和纵向各产业的排列是互相对应的。横向数据表示某一产业向包括本产业在内的所有产业提供其产出的中间产品的状况，纵向数据表示某一产业向该产业的中间投入情况。

2. 最终需求部分

亦称"外生部分"。最终需求是在本期生产而本期不再加工最终使用的产品。它反映各产业生产的产品或服务成为最终产品那部分的去向。大致包括三部分流向，一是消费部分，具体分为私人消费和社会消费，前者是家庭消费的总和，后者是公共福利、社会保障、政府等行政性支出的各种社会性消费；二是投资部分，包括固定资产更新形成的、库存增加部分，其中新增固定资产分为生产性固定资产和非生产性固定资产；三是出口部分。

3. 毛附加价值部分

也是一种"外生部分"。反映各产业提取折旧基金的价值及其创造的国民收入的价值构成，以及国民收入额在各产业部门之间的分布比例，包括固定资产折旧和新创造的价值，即净产值，后者分为劳动者报酬和社会纯收入。

（三）投入产出表的均衡关系

1. 横行平衡关系

总产品（$X_i$）= 中间产品（$\sum X_{ij}$）+ 最终产品（$Y_i$）

各产业的总值 = 各产业提供的中间产品价值 + 各产业最终产品价值

故根据表 5 - 3，可得线性方程组

$$x_{11} + x_{12} + \cdots + x_{1n} + Y_1 = X_1$$
$$x_{21} + x_{22} + \cdots + x_{2n} + Y_2 = X_2$$
$$\cdots\cdots\cdots\cdots\cdots\cdots\cdots\cdots\cdots$$
$$x_{n1} + x_{n2} + \cdots + x_{nn} + Y_n = X_n$$

简记为：$\sum_{j=1}^{n} x_{ij} + Y_i = X_i$（$i = 1、2\cdots n$） (5 - 1)

2. 纵列平衡关系

总产值（$X_j$）= 中间投入（$\sum X_{ji}$）+ 毛附加价值（$N_j$）

各产业的总产值 = 各产业消耗的中间产品的价值 + 各产业的毛附加价值

故根据表 5 - 3，可得线性方程组

$$x_{11} + x_{12} + \cdots + x_{1n} + D_1 + V_1 + M_1 = X_1$$
$$x_{21} + x_{22} + \cdots + x_{2n} + D_2 + V_2 + M_2 = X_2$$
$$\cdots\cdots\cdots\cdots\cdots\cdots\cdots\cdots\cdots$$
$$x_{n1} + x_{n2} + \cdots + x_{nn} + D_n + V_n + M_n = X_n$$

简记为：$\sum_{j=1}^{n} x_{ij} + D_i + V_i + M_i = X_i$（$i = 1、2\cdots n$） (5 - 2)

3. 横行与纵列的平衡关系：

（1）横行总产出（Xi）= 纵列总投入（Xj）。数学公式为：

$$\sum_{j=1}^{n} x_{ij} + Y_i = \sum_{j=1}^{n} x_{ij} + D_i + V_i + M_i \quad (i = 1、2\cdots n) \quad (5 - 3)$$

即 $\sum_{i=1}^{n} Y_i = \sum_{j=1}^{n} (D_i + V_i + M_i)$（$i = 1、2\cdots n$） (5 - 4)

（2）最终需求 = 毛附加价值

最终产品总量 = 国民收入总量 + 固定资产折旧总量

各产业中间需求合计 = 各产业中间投入合计

### 三、直接消耗系数和完全消耗系数

（一）直接消耗系数

直接消耗系数是指生产单位产品对某一产业产品的直接消耗量。如果用 $a_{ij}$ 表示第 j 产业产品对第 i 产业产品的直接消耗系数，即生产单位 j 产业产品所消耗的 i 产业产品的数量，那么有：$a_{ij} = X_{ij}/X_j$ 或 $a_{ij} X_j = X_{ij}$

由实物型投入产出表可以确定实物直接消耗系数，由价值型投入产出表可以确定价值直接消耗系数。根据表 5-2 和表 5-4 中的数据，可以计算出全部直接消耗系数，见表 5-5 和 5-6。

**表 5-5　实物型直接消耗系数矩阵**

|  | 农业 | 制造业 | 居民 |
|---|---|---|---|
| 农业 | 0.25 | 0.4 | 0.1833 |
| 制造业 | 0.14 | 1.2 | 0.1 |
| 居民 | 0.80 | 3.6 | 0.467 |

**表 5-6　价值型直接消耗系数矩阵**

|  | 农业 | 制造业 | 居民 |
|---|---|---|---|
| 农业 | 0.25 | 0.16 | 0.367 |
| 制造业 | 0.35 | 0.12 | 0.5 |
| 居民 | 0.4 | 0.72 | 0.133 |

价值型投入产出表增加了毛附加价值部分。类似地，可以计算出各产业单位产品的固定资产折旧，即固定资产折旧系数；单位产品的劳动报酬，即劳动报酬系数；单位产品的社会纯收入量，即社会纯收入系数。

$a_{dj}$ 表示 j 产业的固定资产折旧系数，$a_{dj} = D_j/X_j$　（j = 1、2、…n）

$a_{vj}$ 表示 j 产业的劳动报酬系数，$a_{vj} = V_j/X_j$　（j = 1、2、…n）

$a_{mj}$ 表示 j 产业的社会纯收入系数，$a_{mj} = M_j/X_j$　（j = 1、2、…n）

将直接消耗系数引入（5-1）方程组，可得：

$$\sum_{j=1}^{n} a_{ij} X_j + Y_i = X_i \quad (i = 1, 2, \cdots n,) \quad (5-5)$$

可以用矩阵形式表示为：$AX + Y = X$ 　　　　　　　　　　（5-6）

式中  $X = \begin{bmatrix} X_1 \\ X_2 \\ \cdots \\ X_n \end{bmatrix}$    $Y = \begin{bmatrix} Y_1 \\ Y_2 \\ \cdots \\ Y_n \end{bmatrix}$

变换（5-6）式，得 $Y = (I - A) X$ （5-7）

如果（I-A）矩阵的逆矩阵存在，则有 $X = (I - A)^{-1} Y$ （5-8）

式中 I 为 n 阶单位矩阵。

再将直接消耗系数引入（5-2）式，并且令 $N_i = D_i + V_i + M_i$，于是有

$$\sum_{j=1}^{n} a_{ij} X_j + N_i = X_i \quad (j = 1, 2, \cdots n,) \quad (5-9)$$

$$\sum_{j=1}^{n} a_{ij} X_j + N_i = X_1$$

$$\sum_{j=1}^{n} a_{ij} X_j + N_i = X_2$$

$$\cdots\cdots\cdots\cdots\cdots\cdots\cdots\cdots\cdots$$

$$\sum_{j=1}^{n} a_{jn} X_n + N_n = X_n$$

可以简写为

令 $C_i = a \sum_{j=1}^{n} a_{ij}$ 因为 $C_i$ 是 i 产业对所有产业中间产品的直接消耗系数之和，故也称 $C_i$ 为 i 产业的中间投入系数，或称劳动对象投入系数。

上面两个线性方程组也可以写成矩阵形式，$\hat{C}X + N = X$, （5-10）

式中  $\hat{C} = \begin{bmatrix} C_1 & 0 & \cdots & 0 \\ 0 & C_2 & \cdots & 0 \\ \cdots\cdots\cdots\cdots \\ 0 & 0 & \cdots & C_n \end{bmatrix}$  $N = \begin{bmatrix} N_1 \\ N_2 \cdots \\ N_n \end{bmatrix}$

（5-10）变换为：$(1 - \hat{C}) X = N$ （5-11）

式中  $1 - \hat{C} = \begin{bmatrix} 1-C_1 & 0 & \cdots & 0 \\ 0 & 1-C_2 & \cdots & 0 \\ \cdots\cdots\cdots\cdots \\ 0 & 0 & \cdots & 1-C_n \end{bmatrix}$

$\sum_{j=1}^{n} a_{ji} + a_{Di} + aV_i + aM_i = 1$, $\sum_{j=1}^{n} a_{ji} = C_i$

所以 $1 - C_i = a_{Di} + a_{Vi} + a_{Mi}$，$i = 1、2\cdots n$。

也可以说，$1 - C_i$ 为 $i$ 产业的毛附加价值占其总产值的比重，或称为毛附加价值率。（5 – 11）式反映了总产值与毛附加价值的关系，根据（5 – 11）式，从总产值可以推导出毛附加价值。

$(1 - \hat{C})$ 是个对角矩阵，且 $1 - C_i > 0$　　$(i = 1，2\cdots n)$

故其逆矩阵：$(1 - \hat{C})^{-1}$ 一定存在，（11）式两边左乘 $(1 - \hat{C})$ 则有

$$X = (1 - \hat{C})^{-1} N \qquad (5 – 12)$$

由（5 – 12）式，由毛附加价值可以推导出总产值。

（二）完全消耗系数

直接消耗系数反映的是两个产业间的产品直接消耗关系。但一种产品对另一种产品的消耗不仅有直接消耗，而且还有间接消耗。例如，生产汽车除了直接消耗电力外，还同时消耗钢铁、轮胎、木材等产品，而生产这些产品也需要消耗电力，这是汽车对电力的第一次间接消耗。进一步分析，在炼钢、制造轮胎、采伐木材的过程中需要消耗生铁、焦炭、橡胶、工具和设备等产品，而生产这些产品也需要消耗电力，这就是汽车对电力的第二次间接消耗。这个过程还可以继续推导下去。一般来说，一个产品发生多少次间接消耗，根据各产品工艺技术特点的不同而不同。

一种产品对某种产品的直接消耗和全部间接消耗的总和被称为完全消耗，相应地，直接消耗系数和全部间接消耗系数的总和就是完全消耗系数，以 $b_{ij}$ 来表示 $j$ 产业产品对 $i$ 产业产品的完全消耗系数。用公式表示：

$$b_{ij} = a_{ij} + \sum_{j=1}^{n} b_{ik} a_{kj} \qquad (i, j = 1、2\cdots n) \qquad (5 – 13)$$

我们以汽车生产（设为 $j$ 产业）对电力（设为 $i$ 产业）的完全消耗为例来计算 $b_{ij}$，从前面的举例可以看出，汽车生产对电力的消耗有很多次，如果用一次一次计算间接消耗的办法去确定完全消耗系数，需要的工作量太大以致于无法做到。但是，汽车生产对电力的直接消耗系数是容易计算的。如果能找到完全消耗系数与直接消耗系数之间存在的某种相互关系，就能够比较简便地从直接消耗系数来推算出完全消耗系数。根据这一设想，计算汽车生产对电力的完全消耗系数 $b_{ij}$ 可以分为以下几步：第一步，假定所有产业对电力的完全消耗系数 $b_{ik}$（$i = 1、2\cdots n$）已知；第二步，计算出汽车生产对所有产业的直接消耗系数 $a_{kj}$（$k = 1、2\cdots n$），如汽车生产对某个产业没有直接消耗，则汽车生

产对该产业的直接消耗系数为零；第三步，计算出汽车生产通过直接消耗每个产业的产品而形成的对电力的全部间接消耗系数 $b_{ik}a_{kj}$（k=1、2…n），并把它们加总；第四步，计算出汽车生产对电力的完全消耗系数 $b_{ij}$。

一般地说，(5-13)式对所有产业都是适用的。(5-13)可以用矩阵形式表示：

$$B = A + BA$$
$$B - BA = A$$
$$B(I-A) = A \quad (5-14)$$

如果 $(I-A)^{-1}$ 存在，那么(14)式两边右乘 $(I-A)^{-1}$，

$$B = A(I-A)^{-1}$$
$$B = [I-(I-A)](I-A)^{-1}$$
$$B = (I-A)^{-1} - I \quad (5-15)$$

式中 B 为完全消耗系数矩阵。

### 四、逆阵系数表

所谓逆阵，是指里昂惕夫矩阵 $(I-A)$ 的逆阵 $(I-A)^{-1}$。逆阵系数表就是指具体 $(I-A)^{-1}$ 的矩阵。

$$(I-A)^{-1} = \begin{bmatrix} A_{11} & A_{12} & \cdots & A_{1n} \\ A_{21} & A_{22} & \cdots & A_{2n} \\ \cdots & \cdots & \cdots & \cdots \\ A_{n1} & A_{n2} & \cdots & A_{nn} \end{bmatrix}$$

逆阵系数表的系数就是 $(I-A)^{-1}$ 中的每个元素，其经济含义是，当某一产业部门的生产发生了一个单位变化时，导致各产业部门由此引起的直接和间接地使产出水平发生变化的总和。由表5-12求得以下逆阵系数表。

表5-7 $(I-A)^{-1}$ 表

|  | 轻工业 | 重工业 | 其他 | 农业 | 行小计 |
| --- | --- | --- | --- | --- | --- |
| 轻工业 | 1.5018 | 0.1134 | 0.1972 | 0.0464 | 1.8588 |
| 重工业 | 0.5608 | 1.8284 | 0.5143 | 0.4114 | 3.3149 |
| 其他 | 0.3205 | 0.2278 | 1.2074 | 0.0904 | 1.8461 |
| 农业 | 0.2356 | 0.1725 | 0.1877 | 1.1090 | 1.7048 |
| 列小计 | 2.6187 | 2.3421 | 2.1066 | 1.6572 |  |

当轻工业的最终需求增加1单位时,轻工业除本身应增加1单位产出外,受其他产业中间投入的波及影响,还要多生产0.5018个单位,即共增产1.5018单位;重工业因轻工业对中间投入增加要求导致的波及而必须增产0.5608个单位,其他产业也因此增产0.3205个单位,农业也增产0.2356个单位才能够满足轻工业最终需求增加1单位的要求。依此类推。

## 第三节　投入产出分析的主要内容

### 一、结构分析

结构分析就是运用投入产出法来研究产业之间关系结构的特征及比例关系。

（一）投入结构和产出结构

1. 投入结构。用"投入系数"$a_{ij}$,即"直接消耗系数"来衡量。利用投入系数,可以分析该产业的产品实现某一程度的增长时,其他各产业的中间产品应相应增长到某一程度的"量化"数据,为判别现存国民经济各产业部门的结构比例是否合理提供了依据,也为制定国民经济机会提供了主要的经济参数;投入系数的变动反映了产业间技术经济联系的变化,进而可以反映产业结构的变动;还可用直接消耗系数$a_{ij}$指标来考察与度量产业间联系广度:当$a_{ij}=0$时,表明$i$产业部门与$j$产业部门没有直接联系;当$a_{ij}>0$时,且涉及$j$($j=1,2,\cdots,n$)产业部门越多,则表明第$i$产业部门与其他产业部门的联系就越广,反之亦然。

2. 产出结构,即销路结构。通过各产业部门产品的分配系数来度量。分配系数计算公式为:$d_{ij}=X_{ij}/X_i$ $(i=1,2\cdots n)$　　　　　　(5-16)

$d_{ij}$—第$i$部门的产品$X_i$分配使用在第$j$产业部门生产用途上的比重;$X_{ij}$—第$j$部门购入第$i$部门的产品量。分配系数可以看出$i$产业部门的产品流向及其比重,从而反映出某产业部门的发展受其他产业发展的不同影响和制约程度。

3. 投入产出表中的流量比,即通过计算投入产出表各列中各自的流量(即产业间的直接消耗)在总的直接消耗中所占比重的大小来度量产业间联系深度。这一度量指标可用下列公式计算:

$$r_{ij} = X_{ij} \div \sum_{j=1}^{n} x_{ij} \quad (i, j = 1, 2, \cdots, n) \tag{5-17}$$

式中，分母为 j 部门生产过程中对各产业部门产品总的直接消耗量；分子为 j 部门生产时对特定的 i 产业部门产品的直接消耗量；$r_{ij}$ 为两者之比，称 j 产业部门对 i 部门的联系深度。$r_{ij}$ 值越大，则表明第 j 产业部门在生产过程中对第 i 产业部门产品的消耗量越大，进而说明第 j 产业与第 i 产业的联系越深，反之，则越浅。

(二) 中间需求率和中间投入率

中间需求率和中间投入率是反映各产业部门间相互联系、相互依存的两个指标。

1. 中间需求率。某一产业的中间需求率是指各产业对某产业产品的中间需求之和，与整个国民经济对该产业部门产品的总需求之比。其计算公式为：

$$L_i = \sum_{j=1}^{n} x_{ij} / (X_i + Y_i) \quad (i = 1、2\cdots n) \tag{5-18}$$

依据中间需求率，就可比较精确地计算出各产业部门产品用于生产资料和消费资料的比例，从而较准确地把握各产业部门在国民经济中的地位与作用。中间需求率指标反映了各个产业的产品有多少作为原料（中间需求）为其他产业产品的生产所需要。中间需求率越高，这个产业就越带有原材料产业的性质。相应地，最终需求率 = 1 – 中间需求率。一个产业的最终需求率越高，这个产业就越带有提供最终产品的性质。

2. 中间投入率。某产业部门的中间投入率是指该产业部门在一定时期内（通常为一年），生产过程中的中间投入与总投入之比。其计算公式为：

$$L_j = \sum_{j=1}^{n} x_{ij} / (X_j + D_j + N_j) \quad (j = 1、2\cdots n) \tag{5-19}$$

这个指标就是生产单位产值的产品需要从其他产业购进的原材料在其中所占的比重。相应地，附加价值率 = 1 – 中间投入率（把折旧作为中间投入）。所以中间投入率越高，附加价值率就越低；反之，附加价值率越高，中间投入率就越低。某产业的中间投入率越高，该产业的附加价值率就越低，高"中间投入率"产业就是低附加价值率产业部门。

3. 中间需求率和中间投入率在产业关联分析中的作用

第一，可较准确地确定按不同的中间需求率和中间投入率划分不同产业群在国民经济中的不同地位。钱纳里等根据各产业的中间需求率和中间投入率的差异作了如下归类：Ⅰ、Ⅱ、Ⅲ 是物质生产部门，Ⅰ、Ⅱ 是中间产品物质生产部

门，为Ⅲ服务；Ⅰ是第一次产业，Ⅱ、Ⅲ为第二次产业，Ⅳ为第三次产业。（见表5-8）

表5-8 按中间需求率和中间投入率大小划分的不同产业

|  | 中间需求率 $L_i$ 小 | 中间需求率 $L_j$ 大 |
|---|---|---|
| 中间投入率 $L_j$ 大 | Ⅲ 最终需求型产业<br>日用杂货、造船、皮革及皮革制品、食品加工、粮食加工、运输设备、机械、木材、木材加工、非金属矿物制品、其他制造业 | Ⅱ 中间产品型产业<br>钢铁、纸及纸制品、石油产品、有色金属冶炼、化学煤炭加工、橡胶制品、纺织、印刷及出版 |
| 中间投入率 $L_i$ 小 | Ⅳ 最终需求型基础产业<br>渔业、运输、商业、服务业 | Ⅰ 中间产品型基础产业<br>农业、林业、煤炭、金属采矿、石油及天然气、非金属采矿、电力 |

第二，可较清楚地显示各产业间相互联系、相互依存的不同程度。

我们可通过重新排列和整理投入产出表中的产业排列顺序，具体方法是，在横轴上由左至右中间投入率由大到小，在纵轴上由上至下中间需求率由小到大。见图5-2。

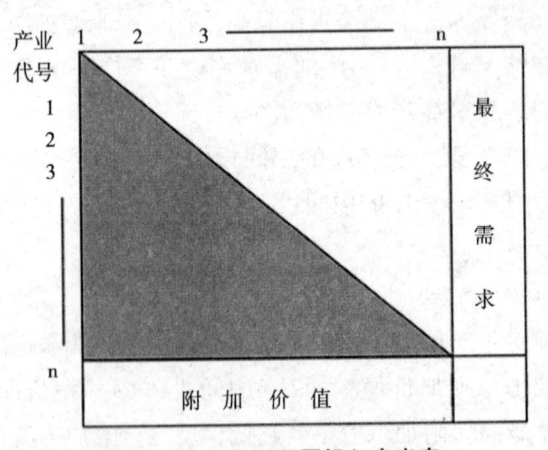

图5-2 三角形配置投入产出表

如果产业之间的联结是单向的，这种调整过排列顺序的投入产出表上的数字只出现在图中的阴影三角形内，对角线以上的三角形内就不会出现数字。这种情况的经济含义是：产业1的 $L_i=0$，$L_j=1$，其全部产品都是最终产品，同时它将从2、3…n的所有产业购进中间产品；产业2只有产业1对其有中间需求，同时它要从除产业1以外的所有产业购进中间产品；以下如此类推；三角形底部的产业 n 的 $L_i=1$，$L_j=0$，其产品全部都是中间产品，同时无需从其他产业购进任何中间产品，一般被称为基础产业。

如果产业之间的联结是多向循环的，那么在上述三角形配置投入产出表中，由多向循环联结造成的产业间流量就会出现在对角线上方的三角形里。国外研究表明，许多国家的产业单向联结的性质大大超过多向循环联结，由多向循环联结所造成的交易量占全部交易量的比重很低，其中意大利为4.3%，挪威为8.8%。日本为11.6%，美国为12.7%。

第三，可揭示各产业部门协调发展的"有序性"。三角形底部的产业 $L_i$ 大，$L_j$ 小，对其他产品投入的依存低，其他产业对它的依存度高，所以应先行发展。这就是国民经济发展中为什么要强调农业、采掘业、能源等产业先行的根本原因。

## 二、波及效果分析

结构分析是对产业关联的方式、结构、比例的静态分析，而波及效果分析则是对这种产业关联的动态分析，即在特定产业联系状态下，某些产业的发展变化如何通过这种联系影响到其他产业。

产业波及，是指国民经济产业体系中，当某一产业部门发生变化，这一变化会沿着不同的产业关联方式，引起与其直接相关的产业部门的变化，并且这些相关产业部门的变化又会导致与其直接相关的其他产业部门的变化，依次传递，影响力逐渐减弱，这一过程就是波及。这种波及对国民经济产业体系的影响，就是产业波及效果。

产业波及源一般有两类：一是最终需求发生了变化，导致包括本产业在内的各产业部门个资产处水平的变化。二是毛附加价值（折旧、工资、利润等）发生了变化，对国民经济各产业部门的产出水平发生的影响。对波及效果的分析主要使用三个基本工具：一是投入产出表，二是投入系数表，三是逆阵系数表。

### （一）产业的感应度系数和影响力系数

任一产业的生产活动通过产业之间的相互关联，必然影响和受影响于其他产业的生产活动。我们把一个产业影响其他产业的程度叫作影响力，把受其他产业影响的程度叫作感应度。

$$某产业的感应度系数 = \frac{该产业逆矩阵横行系数的平均值}{全部产业逆矩阵横行系数平均值的平均}$$

$$某产业的影响力系数 = \frac{该产业逆矩阵纵列系数的平均值}{全部产业逆矩阵纵列系数平均值的平均}$$

如果用 $e_i$ 表示第 i 产业的感应度系数；$e_j$ 表示第 j 产业的影响力系数；n 为产业数目；$C_{ij}$ 为里昂惕夫逆阵 $(I-A)^{-1}$ 中的元素（i, j = 1, 2…n）。

那么，上述等式也可以表示如下：

$$e_j = \frac{\frac{1}{n}\sum_{j=1}^{n}c_{ij}}{\frac{1}{n}\sum_{i=1}^{n}\left(\frac{1}{n}\sum_{j=1}^{n}c_{ij}\right)} = \frac{\sum_{j=1}^{n}c_{ij}}{\frac{1}{n^2}\sum_{i=1}^{n}\sum_{j=1}^{n}c_{ij}} \quad (i, j = 1, 2\cdots\cdots n) \quad (5-20)$$

$$e_j = \frac{\frac{1}{n}\sum_{j=1}^{n}c_{ij}}{\frac{1}{n}\sum_{i=1}^{n}\left(\frac{1}{n}\sum_{j=1}^{n}c_{ij}\right)} = \frac{\sum_{j=1}^{n}c_{ij}}{\frac{1}{n^2}\sum_{i=1}^{n}\sum_{j=1}^{n}c_{ij}} \quad (i, j = 1, 2\cdots\cdots n) \quad (5-21)$$

根据计算结果，如果 $e_i > 1$，则表明该产业的感应度在全部产业中处于平均水平之上；如果 $e_i = 1$，则表明该产业的感应度在全部产业中处于平均水平；如果 $e_i < 1$，则表明该产业的感应度在全部产业中处于平均水平之下。同理，影响力也可以做类似的解释。

各个产业的感应度系数和影响力系数，在工业化的不同阶段以及不同国家在产业结构上的差异而有所区别。一般来说，在工业化过程中，重工业大都表现为感应度系数较高，而轻工业大都表现为影响力系数较高。见表5-9。

表5-9 中国2001年感应度系数和影响力系数大于1的产业

| 产业部门 | 感应度 | 产业部门 | 带动度（影响力） |
| --- | --- | --- | --- |
| 化学工业 | 2.564 | 电子及通信设备制造业 | 1.278 |
| 金属冶炼 | 2.195 | 交通运输设备制造业 | 1.222 |
| 农业 | 2.062 | 纺织业 | 1.200 |
| 纺织业 | 1.790 | 建筑业 | 1.186 |
| 机械工业 | 1.529 | 金属制品 | 1.166 |
| 电子、蒸汽 | 1.072 | 炼焦、煤气 | 1.165 |
| 运输、邮电 | 1.009 | 机械工业 | 1.141 |

（二）产业的生产诱发系数与产业对最终需求的依赖度系数

生产诱发系数用于测算各产业部门的各最终需求项目（如消费、投资、出口等）对生产的诱导作用程度，可以揭示和认识一国各最终需求项目对诱导各个产业部门作用的大小程度。生产的最终依赖度是用来测量各产业部门的生产对最终需求项目的依赖程度大小。

根据方程组 $X = (I-A)^{-1}Y$，可以用矩阵 $(I-A)^{-1}$ 中某一行的数值、分别乘以按项目分类的最终需求列向量（投资列向量、消费列向量、净出口列向量），得到由每种最终需求项目所诱发的各产业的生产额，即最终需求诱发产值额。

$$X_i^S = \sum_{k=1}^{n} C_{ik} Y_k^s \quad (i = 1、2\cdots n; S = 1、2、3) \quad (5-22)$$

式中，$X_i^S$ 表示第 i 产业由 S 项最终需求所诱发的产值额；$C_{ik}$ 表示 $(I-A)^{-1}$ 矩阵中的元素；$Y_i^S$ 表示第 i 产业第 S 项最终需求额；S = 1、2、3 分别代表投资、消费、净出口三个最终需求项目。把第 i 产业的最终需求项目的诱发产值额除以相应的最终需求项目的合计数，便可以得到各产业最终需求项目的生产诱发系数。

$$W_i^S = \frac{\sum_{k=1}^{n} C_{ik} Y_k^s}{\sum_{k=1}^{n} Y_k^s} \quad (5-23)$$

式中，$Z_i^s$ 表示第 i 产业第 S 种最终需求的生产诱发系数；表示 $\sum_{k=1}^{n} Y_k^s$ 各产业第 S 种最终需求的合计数。

把第 i 产业最终需求项目的生产诱发产值额除以相应产业的总产值，就得到该产业对最终需求的依赖度系数。

$$Z_i^s = \frac{\sum_{k=1}^{n} C_{ik} Y_k^s}{X_i} \quad (5-24)$$

式中，$Z_i^S$ 表示第 i 产业生产对第 S 种最终需求项目的依赖度系数；Xi 为第 i 产业的总产值。

$W_i^S$ 和 $Z_i^s$ 指标具有不同的经济含义和作用。$W_i^S$ 的作用在于认识各最终需求项目对诱发各个产业生产的作用的大小。其经济含义就是当某项最终需求的合计数（如各产业消费需求的合计数）增加一单位时，某一产业由该项最终需求的变化能诱发多少单位的生产额。$Z_i^s$ 的作用在于认识各产业的生产对市场需求的依赖程度。其经济含义是指各产业的生产受到了哪种最终需求多大的支持。见表 5-10。

表 5-10　湖北省 2000 年若干产业最终需求的生产诱发额

| 产业部门 | 最终需求的生产诱发额（亿元） | 总产出（亿元） | 生产诱发额与总产出之比 |
| --- | --- | --- | --- |
| 化学工业 | 1226.20 | 876.86 | 1.44 |
| 金属冶炼 | 980.12 | 610.41 | 1.61 |
| 交通运输设备制造业 | 532.57 | 417.00 | 1.28 |
| 金融保险业 | 457.58 | 341.54 | 1.34 |
| 电子及通信设备制造业 | 267.89 | 85.40 | 3.14 |

有了最终需求依赖度系数，我们就可以了解各个产业的生产是主要依赖消费还是投资或是出口，据此，可把各个产业分类为"依赖消费型"产业、"依赖投资型"产业和"依赖出口型"产业等。

（三）综合就业需要量系数和综合资本需要量系数

1. 综合就业系数

利用列昂惕夫逆矩阵还可以计算随着各产业生产的增长而最终需要投入的就业人数和资本额。计算公式如下：

$$(L_1 L_2 \cdots L_n) = (a_{v1}, a_{v2}, \cdots a_{vn}) \begin{bmatrix} C_{11} & C_{12} & \cdots & C_{1n} \\ C_{21} & C_{22} & \cdots & C_{2n} \\ \cdots & \cdots & \cdots & \cdots \\ C_{n1} & C_{n2} & \cdots & C_{nn} \end{bmatrix} \quad (5-25)$$

式中，$L_1$、$L_2$、$\cdots L_n$ 分别为 1、2 $\cdots$ n 产业的综合就业系数；$c_{ij}$ 为 $(I-A)^{-1}$ 中元素；$a_{v1}$，$a_{v2} \cdots a_{vn}$ 分别为 1、2、$\cdots$ n 产业的就业系数：

综合就业系数 = 就业系数 × 逆阵中的相应系数

$a_{vi}$ = i 产业的就业人数 / i 产业的总产值

综合就业系数的经济含义是，某产业进行一单位产值的生产，在本产业和其他产业也就是直接和间接地总共需要有多少人就业。表 5-11 中，劳动力就业系数和综合就业系数一产最高，二产最低；随着经济的发展，各产业的就业系数都呈下降趋势；各产业的综合就业系数的差距同就业系数相比是缩小的。因为一般就业系数高的产业，其中间投入率相对较低而附加价值率高，对其他产业的波及效果小。反之亦然。

表 5-11　日本雇佣系数和综合雇佣系数

| | 雇佣系数（直接劳动需要量） | | | 综合雇佣系数（直接、间接劳动需要量） | | |
|---|---|---|---|---|---|---|
| | 1955 年 | 1960 年 | 1963 年 | 1955 年 | 1960 年 | 1963 年 |
| 第一次产业 | 383.1 | 284.6 | 228.6 | 499.5 | 357.9 | 287.1 |
| 矿业 | 190.8 | 146.5 | 102.2 | 258.1 | 196.0 | 140.8 |
| 制造业 | 104.3 | 69.0 | 57.3 | 267.5 | 178.2 | 144.1 |
| 建筑业 | 124.3 | 87.9 | 72.5 | 267.0 | 197.8 | 159.8 |
| 运输邮电公共事业 | 136.6 | 87.1 | 67.5 | 230.6 | 130.6 | 101.2 |
| 商业、服务业 | 187.4 | 150.8 | 126.8 | 227.7 | 188.7 | 156.9 |
| 40 个部门平均 | 141.8 | 101.2 | 82.3 | 270.9 | 189.8 | 152.7 |

## 2. 综合资本系数

$$(K_1 K_2 \cdots K_n) = (a_{c1}, a_{c2}, \cdots a_{cn}) \begin{bmatrix} C_{11} & C_{12} & \cdots & C_{1n} \\ C_{21} & C_{22} & \cdots & C_{2n} \\ \cdots & \cdots & \cdots & \cdots \\ C_{n1} & C_{n2} & \cdots & C_{nn} \end{bmatrix} \quad (5-26)$$

式中，$K_1$、$K_2$、$\cdots K_n$ 分别为 1、2$\cdots$n 产业的综合资本系数；$c_{ij}$ 同上；$a_{c1}$、$a_{c2}\cdots a_{cn}$ 分别为 1、2$\cdots$n 产业的资本系数。

综合资本系数 = 资本系数 × 逆阵中的相应系数

$a_{ci}$ = i 产业的资本额/i 产业的总产值

综合资本系数的经济含义是，某产业进行一单位产值的生产，在本产业和其他产业也就直接和间接地总共需要多少资本。一般地说，电力、运输、邮电通信、煤气供应等公共性产业和基础型产业的投资的资本系数都较大；在制造业中资本系数较高的产业是水泥、钢铁、化工、造纸等"装置型产业"。与综合就业系数的情况类似，一般在各个产业综合资本系数同资本系数的比较中可以发现，其差距也是缩小的。

## 第四节 投入产出分析的应用

### 一、产业波及效果分析

里昂惕夫逆阵 $(I-A)^{-1}$ 是投入产出分析中一个非常有用的工具,在波及效果分析中,它还被运用于经济预测。下面介绍两种预测分析。

(一) 某产业生产变化的波及效果预测

国民经济各产业间有紧密的联系,一个产业生产发生变化,会引起其他产业的一系列变化。预测某些产业发生变动以后对整个国民经济产生的全面影响,是投入产出法应用的一个重要内容。

假定国民经济中第 k 产业有较大的发展,因为某些重要工程的建设,第 k 产业的产量增加了 $\triangle X_k$。当 △ 已经确定的情况下,第 $X_k$ 产业的产量就不再决定于其他产业的产量,它成为事先确定的变量,我们据此可以预测由 $\triangle X_k$ 所引起的其他产业生产的变化。

根据方程组 $X = (I-A)^{-1}Y$ 可以推导出公式:

$$\begin{bmatrix} \triangle X_1 \\ \triangle X_2 \\ \cdots \\ \triangle X_{k-1} \\ \triangle X_{k+1} \\ \cdots \\ \triangle X_n \end{bmatrix} = \begin{bmatrix} C_{1k} \\ C_{2k} \\ \cdots \\ C_{k-1k} \\ C_{k+1k} \\ \cdots \\ C_{nk} \end{bmatrix} \qquad (5-27)$$

式中,$C_{ik}$ 为 $(I-A)^{-1}$ 矩阵中的元素,$\triangle X_1$、$\triangle X_2$、$\cdots \triangle X_n$ 分别为各产业生产的增加量。利用这个公式计算出来的 $\triangle X_i$,包括了 $\triangle X_k$ 对 i 产业的直接和间接的影响,这对于分析某些重要工程对国民经济的全部影响,是很有意义的。

1. 特定需求的波及效果预测分析

这种特定需求往往是指特大型投资项目所造成的特殊需求,例如高速公路、铁路、港湾、大型钢铁基地、巨型化工联合企业,以及大规模住宅建设等投资项目。其预测分析过程是：首先，将该投资项目所需的最终产品按产业分类进行分解；其次，运用前述方法，将这些需求作为各产业的最终需求 $X_{iL}$ 的增加额，再用波及效果分析模型 $Z = (I - A)^{-1} \cdot X_{iL}$，来分别计算各产业的生产诱发额 $Z_{iL}$。这些生产诱发额便是该投资项目对各产业将要发生的影响，即该投资项目波及效果的预测数据。

2. 特定产业波及效果的预测分析

对特定产业波及效果的预测分析分两种情况。

第一，如果这个国家没有这一产业，这时需要根据这一新兴产业可能达到的生产水平，依据有关信息分解为投入各产业的产品，然后将它作为最终需求放到模型中进行计算，就可算出该产业的建立对原有各产业的波及效果。

第二，如果该国家有这一类产业或国家内某一地区有这类工厂，并且投入结构也是相同的，那么有一个简便的计算方法，即先从原有投入产出表的逆阵系数表 $(I - A)^{-1}$ 上求出一个次逆阵系数。计算方法是用该产业的纵列各系数除以该产业横行和纵行交叉点的系数，其各商数值就是该产业生产1个单位时对各产业产生的波及效果。这种方法可以用来测定任何产业对其他产业的波及效果系数。

（二）某产品价格的变动对其他产品价格的影响

假定第 n 产业部门产品的价格变化是为 $\triangle P_n$，预测 $\triangle P_n$ 整个价格体系的影响有一个简便的计算方法。

$$\begin{bmatrix} \triangle P_1 \\ \triangle P_2 \\ \vdots \\ \triangle P_{n-1} \end{bmatrix} = \begin{bmatrix} 1-a_{11} & -a_{12} & \cdots & -a_{1,n-1} \\ -a_{21} & 1-a_{22} & \cdots & -a_{2,n-1} \\ \vdots & \vdots & & \vdots \\ -a_{n-1,1} & -a_{n-1,2} & \cdots & 1-a_{n-1,n-1} \end{bmatrix}^{-1\mathrm{T}} \cdot \begin{bmatrix} a_{n1} \\ a_{n2} \\ \vdots \\ a_{n,n-1} \end{bmatrix} \cdot \triangle P_n = \begin{bmatrix} b_{n1}/b_{nn} \\ b_{n2}/b_{nn} \\ \vdots \\ b_{n(n-1)}/b_{nn} \end{bmatrix} \cdot \triangle P_n \quad (5-28)$$

式中，$\triangle P_1$，$\triangle P_2 \cdots \triangle P_{n-1}$ 是由于第 n 产业部门产品价格提高 $\triangle P_n$，而使其他 n-1 个产业部门产品价格的相应提高幅度；$b_{n1}$，$b_{n2}$，$b_{nn}$ 为 $(I-A)^{-1}$ 逆阵中第 n 行的各系数值。$\begin{bmatrix} a_{n1} \\ a_{n2} \\ \vdots \\ a_{n,n-1} \end{bmatrix} \cdot \triangle P_n$ 表示由第 n 产业产品价格提高 $\triangle P_n$ 后，对其他产业部门价格的直接影响；再乘上 $[(I-A_{n-1})^{-1}]^{\mathrm{T}}$，则表示对 n-1 个产业部门产品价格直接与间接全部影响。

例1：某国某年的价值型投入产出表，表5-12所示。试求，当农业部门产品价格提高了25%时对其他部门产品价格的影响。

表5-12 投入产出表 单位：亿元

| | 中间产品 | | | | | 最终产品 | | | 总产品 |
|---|---|---|---|---|---|---|---|---|---|
| | 农业 | 轻工业 | 重工业 | 其他 | 小计 | 消费 | 积累 | 小计 | $X_i$ |
| 农业 | 192 | 448 | 358 | 320 | 1318 | 1788 | 94 | 1882 | 3200 |
| 轻工业 | 32 | 1344 | 154 | 320 | 1850 | 2236 | 394 | 2630 | 4480 |
| 重工业 | 640 | 672 | 2048 | 640 | 4000 | 440 | 680 | 1120 | 5120 |
| 其他 | 96 | 672 | 512 | 320 | 1600 | 960 | 640 | 1600 | 3200 |
| 小计 | 960 | 3132 | 3072 | 1600 | 8768 | 5424 | 1808 | 7232 | 16000 |
| 劳动报酬 V | 1904 | 538 | 922 | 800 | 4164 | | | | |
| 劳动纯收入 M | 336 | 806 | 1126 | 800 | 3068 | | | | |
| 小计 | 2240 | 1344 | 2048 | 1600 | 7232 | | | | |
| 总产值合计 $X_j$ | 3200 | 4480 | 5120 | 3200 | 16000 | | | | |

解：首先求出各产业部门的投入系数和完全消耗系数，结果如下表：

表5-13 直接消耗系数表（用矩阵 A 表示）

| | 农业 | 轻工业 | 重工业 | 其他 |
|---|---|---|---|---|
| 农业 | 0.06 | 0.1 | 0.07 | 0.1 |
| 轻工业 | 0.01 | 0.3 | 0.03 | 0.1 |
| 重工业 | 0.2 | 0.15 | 0.4 | 0.2 |
| 其他 | 0.03 | 0.15 | 0.1 | 0.1 |

表5-14 完全消耗系数表

| | 农业 | 轻工业 | 重工业 | 其他 |
|---|---|---|---|---|
| 农业 | 0.1090 | 0.2356 | 0.1725 | 0.1877 |
| 轻工业 | 0.0464 | 0.5018 | 0.1134 | 0.1972 |
| 重工业 | 0.4114 | 0.5608 | 0.8284 | 0.5143 |
| 其他 | 0.0904 | 0.3205 | 0.2278 | 0.2074 |

其次，将表7-14转换成新的排列次序 $(I-A)^{-1}$ 表，即将该表农业的第

一部门转至第四部门，把农业系数转至第四行、第四列，并将对角线系数加1，得表5-15。

表5-15　(I-A)⁻¹表

|      | 轻工业 | 重工业 | 其他 | 农业 |
| --- | --- | --- | --- | --- |
| 轻工业 | 1.5018 | 0.1134 | 0.1972 | 0.0464 |
| 重工业 | 0.5608 | 1.8284 | 0.5143 | 0.4114 |
| 其他 | 0.3205 | 0.2278 | 1.2074 | 0.0904 |
| 农业 | 0.2356 | 0.1725 | 0.1877 | 1.1090 |

最后，套用上述公式计算，便可得对其他产业部门产品价格的影响。

$$\begin{bmatrix} \triangle P_1 \\ \triangle P_2 \\ \triangle P_3 \end{bmatrix} = \begin{bmatrix} b_{41}/b_{44} \\ b_{42}/b_{44} \\ b_{43}/b_{44} \end{bmatrix} \cdot \triangle P_4 = \begin{bmatrix} 0.2356/1.109 \\ 0.1725/1.109 \\ 0.1877/1.109 \end{bmatrix} \times 0.25 = \begin{bmatrix} 0.0531 \\ 0.0389 \\ 0.0423 \end{bmatrix}$$

结果表明，当农业部门产品价格提高25%时，轻工业产品价格将上升6.31%，重工业产品价格将上升3.89%，其他部门产品价格将提高4.23%。

例2：以表5-12的投入产出表为例，在假定其他部门不变情况下，如果轻工业部门和重工业部门的工资各提高5%，试计算出其对各部门价格带来的影响。

解：第一，计算各产业部门的劳动报酬系数$a_{Vj}$与社会纯收入系数$a_{Mj}$，结果如表5-16所示。第二，通过$[(I-A_{n-1})^{-1}]^T$，计算各产业完全劳动报酬系数与完全社会纯收入系数，结果如表5-17所示。第三，当工资提高5%时，经计算，该重、轻工业部门的直接劳动报酬系数分别提高到0.189和0.126。第四，用公式$[(I-A_{n-1})^{-1}]^T \cdot \triangle V$，计算重、轻工业提高5%后，个产业部门的完全劳动报酬系数，结果是：农业为0.8187，轻工业为0.5155，重工业为0.5194，其他为0.5356。第五，将各产业部门由于重、轻工业部门提高5%得到的完全劳动报酬系数$B_V$，相应加上工资提高前各产业部门的完全社会纯收入系数$B_M$之和，再减去1，所得之差即为各产业部门的价格上升幅度，即$\triangle P/P = [(B_V - B_M) - 1] \times 100\%$，这样：农业部门价格提高幅度为$[(0.8187 + 0.2370) - 1] \times 100\% = 5.66\%$；轻工业部门价格提高幅度为$[(0.5155 + 0.4985) - 1] \times 100\% = 1.4\%$；重工业部门价格提高幅度为

[（0.5194+0.4977）-1]×100%=1.71%；其他部门价格提高幅度为[（0.5356+0.4702）-1]×100%=0.58%。

表5-16 劳动报酬系数与社会纯收入系数

|  | 农业 | 轻工业 | 重工业 | 其他 |
| --- | --- | --- | --- | --- |
| 劳动报酬系数 | 0.595 | 0.12 | 0.18 | 0.25 |
| 社会纯收入系数 | 0.105 | 0.18 | 0.22 | 0.25 |

表5-17 劳动报酬、社会纯收入的直接系数与完全系数

|  | $[(I-A_{n-1})^{-1}]^T$ | 直接系数 劳动报酬系数 社会纯收入系数 | 完全系数 劳动报酬系数 社会纯收入系数 |
| --- | --- | --- | --- |
| 农业 | 1.109　0.0464 0.4114　0.0904 | 0.595　0.105 | 0.7621　0.2379 |
| 轻工业 | 0.2356　1.5018 0.5608　0.3205 | 0.12　0.18 | 0.5015　0.4985 |
| 重工业 | 0.1725　0.1134 1.8284　0.2278 | 0.18　0.22 | 0.5023　0.4977 |
| 其他 | 0.1877　0.1972 0.5143　1.2074 | 0.25　0.25 | 0.5298　0.4702 |

若某些部门的税收增加，同样可以计算出其对各产业部门产品价格的影响。

（三）波及效果分析在计划编制中的应用

从最终产品出发编制计划的简要过程是：第一，预测计划期内国民消费总需求；第二，依据计划期生产的增长情况确定积累总额；第三，确定计划期的直接消耗系数，对短期计划可参照使用报告期的直接消耗系数，而对于中长期计划，则要使用R·A·S法等进行预测；第四，利用$X=(I-A)^{-1}$计算计划期内各产业部门的总产出，并与各产业部门实际生产的可能进行反复平衡；第五，选择一个比较合理的计划。

## 二、企业投入产出分析

（一）企业投入产出表的基本结构

Ⅰ——本企业生产的产品供本企业使用的部分，它反映企业内部生产的n种

产品之间的技术联系。

Ⅱ—本企业的最终产品，它大部分用于外销。

Ⅲ—外购产品用于本企业各种产品生产消耗的数量。

Ⅳ—各种产品应分摊的固定资产折旧、企业管理费、工资、利润、税金。它反映了企业的固定费用消耗和企业的新创造价值。

表 5–18　价值型投入产出表

| | | | 企业中间产品 | | | 商品产品 | | | 总计 |
|---|---|---|---|---|---|---|---|---|---|
| | | | 1 2 ⋯ n | | | 外销 | 库存增加 | 其他 | |
| 物质消耗 | 自制产品 | 1 2 ⋯ n | Ⅰ | | | Ⅱ | | | |
| | 外购产品 | 1 2 ⋯ m | Ⅲ | | | | | | |
| 固定费用和新创造价值 | 折旧 企业管理费 劳动报酬 利润 税金 | | Ⅳ | | | | | | |
| | 小计 | | | | | | | | |
| | 总计 | | | | | | | | |

（二）企业投入产出表的平衡关系

1. 横行看，第一和第二部分表示企业自制产品按用途的分配使用情况，有如下等式：

$$\sum_{j=1}^{n} X_{ij} + Y_i = X_i \quad (i = 1, 2, \cdots n) \tag{5-29}$$

如引入直接消耗系数，则上式可写成矩阵形式：

$$AX + Y = X \quad 或 \quad X = (I - A)Y \tag{5-30}$$

第Ⅳ部分是外购产品在本企业生产中的消耗情况，有如下等式：

$$\sum_{j=1}^{n} g_{ij} = G_i \quad (i = 1, 2, \cdots n) \tag{5-31}$$

2. 纵列看，第Ⅰ、Ⅲ、Ⅳ部分反映了企业各种产品的消耗构成，以及为社会创造的价值。有如下等式：

$$\sum_{i=1}^{n} X_{ij} + \sum_{j=1}^{n} g_{ij} + D_j + Z_j + V_j + M_j + H_j = X_j \tag{5-32}$$

在这几个等式中，符号 X、Y、G 分别代表企业自制产品、最终产品和外购产品；A 为企业直接消耗系数矩阵；D、Z、V、M、H 分别代表折旧、企业管理费、劳动报酬、利润和税金。

（三）企业投入产出法在经营管理中的应用

1. 生产结构的分析

企业投入产出表，既能够全面反映出产品在企业内各个部门间的流向和销量，又能够基本上反映出企业内各部门的生产能力和协调关系，这对于研究企业内部门与部门间的比例关系、原材料燃料的自产与外购比例、各种产品的自用与外销比例等，提供了可靠的数据。因此，投入产出法对企业发展计划的编制、部门结构和比例的调整、生产布局和投资方向的确定，都有很大的作用。

2. 分析主体生产与辅助生产、附属生产的联系和比例

如果企业投入产出表中除了主体生产环节外，还把辅助和附属生产也包括在内，则该表就可以用来详细分析主体生产与辅助和附属生产之间的联系和比例。例如，在编制钢铁联合企业投入产出表时，除了矿石、生铁、钢、钢材等主体产品生产之外，还可以把焦化、耐火、动力、运输等辅助和附属生产也包括在内。

3. 编制企业生产计划

企业通过市场调查，分析市场供求情况，事先确定计划期间本企业各种产品的外销数量即商品量计划。事先确定了 Y，根据方程 $X = (I - A)^{-1}Y$ 就能计算出，各种产品计划期的总产出量应该是多少，各种材料物资的供应量应该是多少，计算出的这些数据就是企业编制生产计划的基本依据。

4. 在企业生产计划调整上的应用

市场供求关系是在不断变化的，企业计划工作就是要根据不断变化的市场情况，不断调整生产计划。企业产品外销量的变化要求企业各产品的总产出量也要作相应的调整。具体数据可以根据下列公式计算。

$$\begin{bmatrix} DX_1 \\ DX_2 \\ \cdots \\ DX_n \end{bmatrix} = \begin{bmatrix} C_{11} & C_{12} & \cdots & C_{1n} \\ C_{21} & C_{22} & \cdots & C_{2n} \\ \cdots & \cdots & \cdots & \cdots \\ C_{n1} & C_{n2} & \cdots & C_{nn} \end{bmatrix} \begin{bmatrix} DY_1 \\ DY_2 \\ \cdots \\ DY_n \end{bmatrix} \quad (5-33)$$

式中，$\triangle Y_i$ 表示 i 种产品外销量的变化量（如果不变则 $\triangle Y_i$ 等于零）$\triangle X_i$ 表示 i 种产品总产出量的变化量；$C_{ij}$ 为 $(I-A)^{-1}$ 矩阵中的元素。

## 三、地区投入产出分析

（一）地区投入产出分析的必要性

地区投入产出分析，是指对全国某一个地区编制投入产出表进行地区性的投入产出分析。按不同标准划分的地区的投入产出分析，说明的问题各不相同。由于我国现行统计资料主要是以行政区划进行汇总的，所以一般的地区投入产出表，大都是按行政区划的地区编制的。编制地区投入产出表的必要性主要体现在以下几方面。

1. 我国各地区自然资源，地理特点和社会需要等都不相同，生产力发展水平相差较大，每个地区都有各自的优势，进行地区投入产出分析，就能更好地针对各地区的实际，发挥各地区的优势，促进地区间经济的协调发展。

2. 我国是一个幅员辽阔的大国，中央和地方的经济关系是一个十分重要的问题。我国各省、市、自治区的经济发展都有各自的特色，如何在分工的基础上，更好地促进地区间的资源流动和商品交换，建立全国统一的市场，也是一个十分重要的问题，进行地区投入产出分析有助于正确处理中央和地方的经济关系、地区与地区的经济关系。

3. 在全国投入产出表中，每个数字都是全国的合计，完全没有考虑地区的内部结构，它只能分析全国的总体情况，不能直接地用于分析各地区的具体实际。从这一点来说，编制地区投入产出表是对全国投入产出表的补充，是为了完善全国投入产出分析。

4. 进行地区投入产出分析也是制定地区经济发展规划，把地区中长期发展规划建立在科学基础上的要求。

（二）地区投入产出分析

1. 地区投入产出表基本结构

简单的地区实物投入产出表与全国的同类表基本相同，它把输入的产品（包括调入和进口产品）与本地生产的产品视为完全一样的产品统一加以处理。在中间产品和最终产品中都不区分是否本地生产，只在"资源部分"增加了调入，在"最终产品部分"增加了调出。其他指标与全国同类表完全一样。这种表对调入调出产品的处理比较简单，只适合于调入调出产品比重较小的地区采用。

如果是完整的地区实物投入产出表，即地区实物平衡表，它与全国同类表相比，有很大的不同。见表 5-19，Ⅰ反映本地生产的中间产品用于本地生产消费的情况；Ⅱ反映本地生产的产品用于满足本地最终需求（消费和积累）的情况；Ⅲ反映本地生产的产品调往外地和出口的情况；Ⅳ反映本地调入产品的产地（包括进口）；Ⅴ反映调入产品在本地各产业之间的分配、使用情况；Ⅵ反映调入产品满足本地最终需求的情况。

表 5-19 完整的地区实物投入产出表

| 投入 \ 产出 | | | 中间产品 | | 最终产品 | | | | | | 总计 |
|---|---|---|---|---|---|---|---|---|---|---|---|
| | | | 12…n | 合计 | 本地使用 | | | 调出 | | | |
| | | | | | 消费 | 积累 | 合计 | 12…n | 出口 | 合计 | |
| 调入 | 本地生产 | 1 2 … n | Ⅰ | | Ⅱ | | | Ⅲ | | | |
| 12…n 进口 | | | | | | | | | | | |
| Ⅵ | 外地调入 | 1 2 … n | Ⅴ | | Ⅵ | | | | | | |

简单的地区价值投入产出表与全国价值投入产出表很相似，只是在"最终产品部分"中增加调入、调出和差额三项。

完整的地区价值投入产出表，即地区价值平衡表。见表 5-20。第Ⅰ到第Ⅳ部分与实物表（表 5-19）的相应部分一样，只是用货币为计量单位。第Ⅶ和第Ⅷ部分与全国同类表的相应内容相同。如果以 $X_{ij}$ 表示 j 产业生产消耗的 i 产业产品，$S_i$ 表示 j 产业中用于消费的产品，$J_i$ 表示 i 产业中用于积累的产品，$H_i$ 表示调入（包括进口）的 i 产业产品，$E_i$ 表示调出（包括出口）的 i 产业产品，$V_i$ 表示 i 产业的劳动报酬，$M_i$ 表示 i 产业的社会纯收入。

表 5-20 完整的地区价值投入产出表

| | | | 中间产品 | 最终产品 | | 总计 |
|---|---|---|---|---|---|---|
| | | | 1 2 … n 合计 | 本地使用 | 调 出 | |
| | | | | 消费 积累 合计 | 1 2 … n 出口 合计 | |
| 调入<br>进口<br>12…n | 本地生产 | 1<br>2<br>…<br>n<br>合计 | Ⅰ | Ⅱ | Ⅲ | |
| Ⅵ | 外地调入 | 1<br>2<br>…<br>合计 | Ⅴ | Ⅵ | | |
| | 新创造价值 | 劳动报酬<br>社会纯收入<br>合计 | Ⅶ | Ⅶ | | |
| 合 计 | | | | | | |

**2. 地区投入产出表的均衡关系**

从简单的地区价值投入产出表中，可以得到下面等式：

（1）对该地区的每个产业有

$$\sum_{j=1}^{n} X_{ij} + S_i + J_i - H_i + E_i = \sum_{j=1}^{n} X_{ji} + V_i + M_i \quad (i=1, 2, \cdots n) \quad (5-34)$$

（2）对整个地区有

$$\sum_{j=1}^{n}\sum_{j=1}^{n} X_{ij} + \sum_{j=1}^{n} S_t + \sum_{j=1}^{n} J_i - \sum_{j=1}^{n} H_i + \sum_{j=1}^{n} E_i = \sum_{j=1}^{n}\sum_{j=1}^{n} X_{ij} + \sum_{j=1}^{n} V_i + \sum_{j=1}^{n} M_i \quad (5-35)$$

从（5-35）式两边减去 $\sum_{j=1}^{n}\sum_{j=1}^{n} X_{ij}$，则有

$$\sum_{j=1}^{n} S_i \sum_{j=1}^{n} J_i - \sum_{j=1}^{n} H_i + \sum_{j=1}^{n} E_i = \sum_{j=1}^{n} V_i + \sum_{j=1}^{n} M_i \quad (5-36)$$

简化的地区投入产出表的优点是结构比较简单，所需要的数据较少，比较容易编制。它的缺点是反映的平衡关系有限，特别是不能反映地区之间详细的经济联系。

从完整的地区价值投入产出表中，可以得到下列等式：

（1）对每一个产业有：

$$\sum_{j=1}^{n} X_{ij} + S_i + J_i + E_i = \sum_{j=1}^{n} X_{ji} + \sum_{j=1}^{n} h_{ji} + V_i + M_i \quad (i=1, 2, \cdots n) \quad (5-37)$$

(2) 对整个地区有：

$$\sum_{j=1}^{n}\sum_{i=1}^{n}X_{ij} + \sum_{i=1}^{n}S_i + \sum_{i=1}^{n}J_i + \sum_{i=1}^{n}E_i = \sum_{j=1}^{n}\sum_{i=1}^{n}X_{ij} + \sum_{j=1}^{n}\sum_{i=1}^{n}h_{ij} + \sum_{j=1}^{n}V_{ij} + \sum_{j=1}^{n}M_i \quad (5-38)$$

从（5-38）式两边减去 $\sum_{j=1}^{n}\sum_{i=1}^{n}X_{ij}$，则有

$$\sum_{j=1}^{n}S_i + \sum_{j=1}^{n}J_i + \sum_{j=1}^{n}E_i = \sum_{j=1}^{n}\sum_{i=1}^{n}h_{ij} + \sum_{j=1}^{n}V_i + \sum_{j=1}^{n}M \quad (5-39)$$

在地区投入产出分析中，除了要计算本地区生产对本地区产品的直接消耗系数和完全消耗系数之外（计算方法同全国投入产出分析一样），还需要计算本地区生产对调入产品的直接消耗系数。

假定计算年度本地区调入并用于本地区生产消耗的几种产品数量分别为：$H_1$，$H_2$，…$H_n$，这些产品的分配使用情况如下：

$$h_{11} + h_{12} + \cdots h_{1n} = H_1$$
$$h_{21} + h_{22} + \cdots h_{2n} = H_2$$
$$\cdots \cdots \cdots \cdots \cdots$$
$$h_{n1} + h_{n2} + \cdots h_{nn} = H_n$$

那么，本地区 j 产业的生产对调入的 i 产品的直接消耗系数 $r_{ij} = h_{ij}/X_j$。(5-40)

3. 地区投入产出分析的主要应用

全国投入产出分析在经济结构分析、经济预测等方面的应用，地区投入产出分析也可以进行，具体运用方法也大体相同。但是，完整的地区投入产出表较详细地反映了产品的调入与调出，这是它的特色。这里重点介绍它在这方面的应用。

(1) 测算需要调入的各种产品量

把表 5-20 的第Ⅰ、Ⅱ、Ⅲ部联系起来，可以得到方程组。

$$\sum_{j=1}^{n}X_{ij} + S_i + J_i + E_i = X_i \quad (i = 1, 2, \cdots n) \quad (5-41)$$

引入直接消耗系数山 $a_{ij}$ 和 $r_{ij}$ 及相应矩阵形式 A 和 R，那么（5-41）式可以写成：

$$AX + S + J + E = X \quad (5-42)$$

经变换：

$$X = (I - A)^{-1}(S + J + E) \quad (5-43)$$

又因为：H = RX

所以：H = R (I – A)⁻¹ (S + J + E)　　　　　　　(5 – 44)

H就是本地区需要调入的用于生产消耗的产品向量，即调入的中间产品向量，如果已知满足本地区最终需求的调入产品向量为G，则本地区总调入产品向量为：

$$H + G = R(I - A)^{-1}(S + J + E) + G \qquad (5-45)$$

（2）分析调出调入产品的结构

首先，测算本地所使用的所有产品的自给率，公式如下：

某产品的自给率 = 该产品本地生产量/该产品本地使用量

根据自给率的大小，可以把产品分为两类：一是自给率小于1，说明该产品本地区的生产量不能满足本地区的需要，需要从外地调入；二是自给率大于1，说明该产品本地区的生产量大于本地区的需要，需要调出一部分产品。对于自给不足需要调入的产品，本地区要依赖于外地供应。为了定量地分析依赖于外地供应的程度，可计算调入依存度：

某产品调入依存度 = 该产品调入量/该产品本地使用量

对于自给有余需要调出的产品，本地区要依赖于外地市场的需求。为定量地分析对外地市场的依赖程度，可计算调出依存度：

某产品调出依存度 = 该产品调出量/该产品本地使用量

（三）地区间投入产出分析

地区间投入产出分析就是研究地区间经济联系，以便发挥各个地区优势的一种方法。

1. 地区间投入产出表的基本结构

一般地说，假定全国分为m个地区，每个地区有几个产业。在下述符号中我们用上标表示地区，下标表示产业，如上标pq表示p地区供应q地区，下标ij表示i产业产品用于j产业。

$X_{ij}^{pq}$ 表示P地区生产的i产业产品供应q地区j产业生产消耗的数量；

$Y_i^{pq}$ 表示P地区生产的i产业产品供应q地区用作最终产品的数量，当qYi等于m+1时（$Y_i^{q+1}$）就表示p地区生产的i产业产品用来满足全国性最终需求的数量；

$Y_i^{pq}$ 表示p地区生产的i产业产品用作各个地区及全国的最终产品的数量之和；

$Y_i^{pq}$ 表示q地区从各个地区得到的i产业最终产品的数量之和；

$D_j^q$, $V_j^q$, $M_j^q$, $X_j^q$ 分别表示 q 地区 j 产业的折旧，劳动报酬，社会纯收入及总产品量。

投入产出表的横行有如下等式：

$$\sum_{q=1}^{m}\sum_{j=1}^{n}X_{1j}^{1q} + Y^10_1 = X_j^q \quad \sum_{q=1}^{m}\sum_{j=1}^{n}X_{nj}^{1q} + Y^10_n = X_n^q$$

$$\sum_{q=1}^{m}\sum_{j=1}^{n}X_{1j}^{mq} + Y^m0_1 = X_j^m \quad \sum_{q=1}^{m}\sum_{j=1}^{n}X_{nj}^{mq} + Y_n^{m0} = X_n^m \tag{5-46}$$

这个方程组说明了分地区的各产业产品的价值形成过程，它可以简写为：

$$\sum_{q=1}^{m}\sum_{j=1}^{n}X_{ij}^{p1} + Y_1^{m0} = X_i^p \quad \begin{pmatrix} p=1,2,\cdots m \\ i=1,2,\cdots m \end{pmatrix} \tag{5-47}$$

投入产出表的纵列有如下等式：

$$\sum_{p=1}^{m}\sum_{i=1}^{n}X_{i1}^{p1} + D_1^1 + V_1^1 + M_1^1 = X_1^1 \quad \cdots\cdots$$

$$\sum_{p=1}^{m}\sum_{i=1}^{n}X_{in}^{p1} + D_n^1 + V_n^1 + M_n^1 = X_n^1 \quad \cdots\cdots$$

$$\sum_{p=1}^{m}\sum_{i=1}^{n}X_{i1}^{pm} + D_1^m + V_1^m + V_1^{Mm} = X_1^m \quad \cdots\cdots$$

$$\sum_{p=1}^{m}\sum_{i=1}^{n}X_{in}^{pm} + D_n^m + V_n^m + V_n^m + M_n^m = X_n^m \quad \cdots\cdots \tag{5-48}$$

这个方程组说明了分地区的各产业产品的价值形成过程，它可以简写为：

$$\sum_{p=1}^{m}\sum_{i=1}^{n}X_{ij}^{pq} + D_i^q + M_j^q = X_j^q \quad \begin{pmatrix} q=1,2,\cdots,n \\ j=1,2,\cdots,n \end{pmatrix} \tag{5-49}$$

假设全国分为三个地区，每个地区分为三个产业。地区 1 的产业 1 产值为 100 亿元，地区 2 的产业 1 产值为 200 亿元，地区 3 的产业 1 产值为 50 亿元。同时最终产品被划分为四个部分，即用于地区 1、地区 2、地区 3 的最终产品，和用于满足全国性最终需求（如增加国家储备、国防支出、进出口等）的产品。

表的横行说明各个地区每个产业产品按经济用途的使用情况。例如地区 2 的产业 1 产值为 200 亿元，它作为中间产品使用的为 100 亿元，作为最终产品使用的也为 100 亿元，中间产品又按地区和产业详细划分，如在地区 3 产业 1 生产过程中消耗 5 亿元等；最终产品也按使用地区划分，如用求满足地区 1 的最终需求为 10 亿元等，最后地区 2 的产业 1 横行等式为：

$$(5+5+50+25+5+10) + (10+45+5+40) = 200$$

表的纵列说明了各地区每个产业产品的价值构成。例如地区 2 的产业 1 产品价值中生产资料的转移价值为 95 亿元,新创造价值为 105 亿元。它还把消耗的生产资料按地区来源详细划分,如地区 2 的产业 1 产品价值中包含所消耗的地区 1 的产业 2 产品 15 亿元等,以及新创造价值中劳动报酬为 55 亿元,社会纯收入为 50 亿元,最后地区 2 的产业 1 纵列等式为:

$$(15+50+20+10)+(55+50)=200$$

2. 地区间投入产出表在经济分析中的应用

首先,可以计算社会产品的地区构成。利用总产值计算的地区构成和用国民收入计算的地区构成不同,如地区 3 产值占总产值 35%,而国民收入占总国民收入的 33.33%。这是由于地区 3 的产值中转移价值的比重较其他两个地区高造成的。

其次,可以计算各个地区的产业构成,可以看出各地区产业结构的特点。如地区 2 产业构成的特点是产业 1 占的比重很大,而产业 3 比重较小;地区 3 的特点是产业 3 的比重很大,而产业 1 的比重较小。

第三,计算各地区各产业单位产值的平均生产成本。地区 2 的产业 1 产品的生产成本比其他两个地区低,而它的产业 3 产品的生产成本又比其他两个地区高。所以地区 2 适宜于发展产业 1 产品,而不宜发展产业 3 产品。地区 3 的情况正好相反。因此,这两个地区应当加强协作,以发挥各自的优势。

第四,可以研究各种产品在地区间的流动状况,例如地区 2 的产业 1 产值为 200 亿元,其中 120 亿元满足本地区需要,其余 80 亿元供应外地区,其中供应地区 1 及地区 3 的数量各为 20 亿元,满足全国性最终需求为 40 亿元。

第五,还可以计算各地区各种产品的自给率。自给率 = 本地区生产量/本地区使用量。例如地区 2 的三种产业产品的自给率 ($S_1^2$、$S_2^2$、$S_3^2$) 分别如下:

$$S_1^2 = \frac{200}{50+25+45} = 1.67 > 1,该产品需要调出。$$

$$S_2^2 = \frac{100}{20+40+15+30} = 0.95 < 1,该产品需要调入。$$

$$S_3^2 = \frac{50}{10+15+15+10+15+15} = 0.625 < 1,该产品需要调入。$$

第六章

# 产业布局

产业布局是产业结构理论的重要组成部分，自19世纪形成以来，它不断地丰富和发展。本章主要介绍产业布局的基本理论、产业布局的影响因素、产业布局实践和产业布局政策。

## 第一节 产业布局基本理论

产业布局是指一个国家或地区产业各部门、各环节在地域上的动态组合分布，是国民经济各部门发展运动规律的具体表现，是产业的地区性分布与配置。既是政策制定者决策的结果，又是区域性资源禀赋、以往经济发展道路和制度选择的结果。它是区域经济的基础，是区域经济研究的深化。产业布局的实质是通过区域主导产业的确立，围绕主导产业的产前服务、协作配套和产后深加工、资源综合利用等发展相关产业，形成高效率的区域经济有机体。

19世纪末至20世纪中叶，地区间的经济联系空前扩大，同时，经济危机频繁爆发，如何合理布局产业已成为迫切需要回答的问题。这样就形成了产业布局的不同理论流派。

### 一、区位理论

区位理论或区位经济学、空间经济学，它的产生与社会分工和经济发展紧密相关。区位理论经历了古典、近代、现代三个阶段的演变。

（一）古典区位论

它以德国经济学家杜能（Johann Heinrich Von Thunen）1826年创立的农业区位论、韦伯（Alfred Weber）1909年创立的工业区位论为代表。

1. 杜能的农业区位论

1826年，德国经济学家杜能撰写了著名的《孤立国同农业和国民经济的关系》，提出了著名的孤立国同农业圈层理论。其中心思想是以级差地租为依据，认为农业土地经营方式与农业部门地域分布随距离市场远近而变化，而这种变化取决于运费的多少。

他假定：孤立国中的唯一城市位于中央，是工业品的唯一供应中心，农产品的唯一贩卖中心；孤立国位于中纬度大平原上，平原上任何地方具有同样适宜的气候和肥沃的土壤，适宜于农作物生长。平原外围是荒原，与外部世界隔绝。孤立国完全自给自足；平原上没有任何可通航的河流或运河，马车是唯一的交通运输工具；农作物的经营以谋取最大利润为目的，故农民是根据市场供求关系来调整自己的产品类型的；农业经营者能力相同，技术条件一致；市场的农产品价格、农业劳动者工资、资本利息在孤立国中是均等的，交通费用与市场远近成比例。

他认为，在农业布局上，并不是哪个地方适合种什么就种什么，不完全由自然条件决定，农业经营方式也不是任何地方越集约越好。在确定农业活动最佳配置点时，要把运输因素考虑进去，即起决定作用的是级差地租，首先是特定农场（或地域）距离城市（农产品消费市场）的远近，亦即集中化程度与中心城市的距离成反比，容易腐烂、集约化程度高的农产品生产要安排在中心城市附近，如生产鲜菜、牛奶等；需粗放经营的可安排在离城市较远的地方，如放牧等。为此，他把孤立国划分成围绕城市中心呈同心环带状的6层农业圈，每一圈层都有特定的农作制度，这就是著名的"杜能圈"。由城市向外，6个农业圈层分别是：自由式农业圈、林业圈、轮作式农业圈、谷草式农业圈、三圃式农业圈和畜牧业圈。如图6-1。

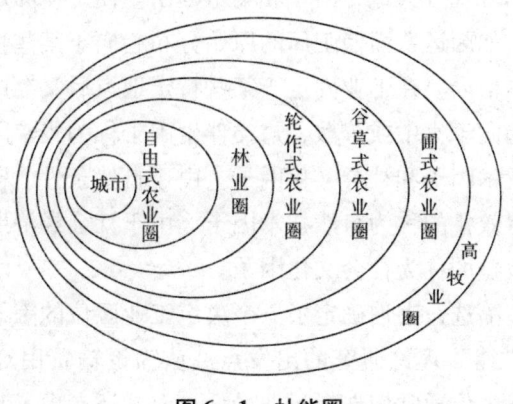

**图6-1 杜能圈**

尔后，杜能为使他的区位理论建立在自然条件地域差异的基础上，他论证了河流、小城市对农业区位的影响。他认为，如果有一条通航河流流经平原中的城市，将使土地合理利用的图形发生变更。如果在孤立国范围内有一较小城市，大小城市虽然会在农产品市场展开竞争，其结果是小城市也形成类似的规模较小的同心圈层。杜能圈在今天的现实生活中我们依然能够看见。如20世纪80年代初的北京市郊：近郊区—蔬菜、鲜奶、蛋品；远郊区内侧—粮食和生猪；外侧—粮食、鲜果、林木；外围山区—林业和放牧、干果。

尽管杜能的理论忽视了农业生产的自然条件，也没有研究其他产业的布局，但他的农业区位理论给西方许多工业区位理论的研究者以深刻的启发，杜能也因第一个研究区位问题，被誉为产业布局学的鼻祖。

2. 韦伯的工业区位理论

德国经济学家韦伯是工业布局理论的创始者。他在1909年《工业区位论》中系统地论述了他的工业区位理论。其中心思想是：区位因子决定生产区位，将生产吸引到生产费用最小的地点。

他假定：分析对象是一个孤立的国家或特定的地区，对工业区位只探讨其经济因素；该国家或地区的气候、地质、地形、民族、工人技艺均相同；工业原料、燃料产地为已知点，生产条件和埋藏条件不变，消费点为已知，需求量不变，劳动力供应点为已知，供应情况不变，工资固定；生产和交易均就同一品种进行讨论；运输费用是重量和距离的函数，运输方式为火车。

韦伯把影响工业区位的经济因素称为区位因子。根据不同标准，他把区位因子做了分类：按区位因子的作用范围分为一般区位因子和特殊区位因子。一般区位因子是对所有工业的区位都产生影响的因子，如劳力费用、运输费用、地租等。特殊因子是对特定工业区位产生影响的因子，如水质、空气湿度等。按区位因子的作用方式分为地方因子和集聚因子。使工业固定于一定地点的因子称为地方因子，如因运费而使工厂的原始分布趋向于某些特定的地方，它决定工业区位的基本格局。在工业固定于某些特定地点后又会产生一些伴生的区位因子，使工业趋向于集中或分散，这类伴生因子称为集聚因子。按区位因子的属性分为自然技术因子和社会文化因子。由于自然条件、资源和技术水平的特殊性使企业取得效益的称为自然技术因子。由于社会经济形态和一定文化水平而使企业取得效益的称为社会文化因子。

经反复分析、筛选，韦伯确定了3个决定工业区位的因子，即运费、劳动力、集聚，作为"纯"理论研究的出发点。认为运输费用对工业布局起决定作用，工业的最优区位通常应选择运费最低点上。还考虑了其他两个影响工业布局的因素（劳动费、运费）。对劳动费在生产成本中占很大比重的工业而言，运费最低点不一定是生产成本最低点。当存在一个劳动费最低点时，它同样会对工业区位产生影响；聚集力是指企业规模扩大和工厂在一地集中所带来的规模经济效益和企业外部经济效益的增长。

由杜能、韦伯为代表的古典区位论的特点是立足于单一的企业或中心，着眼于成本、运费最省。它们均不考虑市场消费因素和产品销售问题。因此古典区位论被称为西方区位理论的成本学派。

（二）近代区位论

随着自由资本主义时代向垄断资本主义时代的过渡，第二、三产业逐渐取代了第一产业成为国民经济的主导产业门，以及交通运输网的发达和劳动生产率的提高，市场问题成为产业能否赢利，甚至是能否存在的关键。这时，出现了在考虑成本和运费的同时，注意市场区划分和市场网合理结构的区位论。西方区位论从古典区位论的成本学派逐步发展为近代区位的市场学派。区位论也由立足于单一的企业或工厂转变为立足于城市或地区，由着眼于成本、运费最省发展为追求市场的扩大。其代表是费特（E. A. Fetter）的贸易区边界理论、克里斯泰勒（Walter Christaller）的中心地理论和廖什（A. Losch）的市场区位理论。

1. 贸易区边界理论

1924年美国经济学家费特发表了《市场区域的经济规律》，提出运费、生产费与市场扩大和竞争的规律——贸易区边界区位理论，开创了区位市场学派的先河。

费特认为，任何工业企业或贸易中心，其竞争力都取决于销售量、消费者数量与市场区域的大小。但最根本的是，运输费用和生产费用决定企业竞争力的强弱。因此，他根据成本和运费的不同，提出了两生产地贸易分界线的抽象理论。

费特假定有A、B两个生产地，利用韦伯提出的等费线方法，可以得出两产地贸易范围。如两地各自所需的生产费用和运费以及其他条件均相同，则贸易之间的界线将是一条与2个贸易中心的连线垂直的直线$Z_0Z_0$；如果2个中心运费相同而生产费用不同，2个市场区的边界线将是一条曲线，该曲线接近生产费用较高的中心，并环此中心弯曲$Z_1Z_1$；如果2个中心接近生产费用相同而运费不同，则贸易区的边界也是一条曲线，该曲线接近运费较高的中心，并环此中心弯曲$Z_2Z_2$，如图6-2。

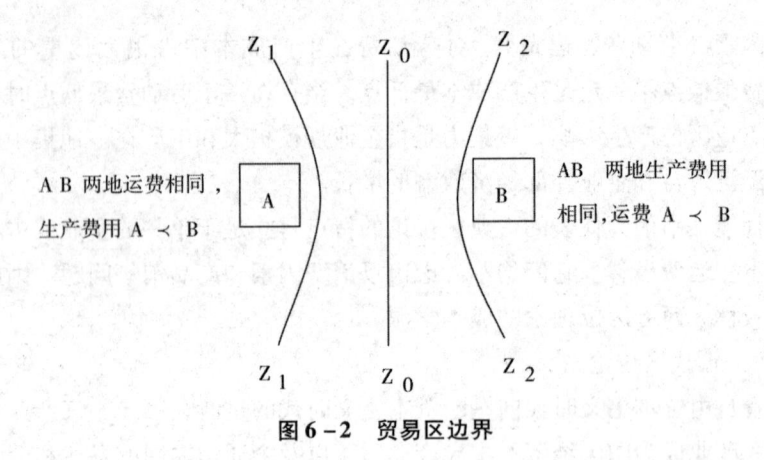

```
        Z₁        Z₀       Z₂


  AB 两地运费相同,  ┌─┐       ┌─┐   AB 两地生产费用
                 │A│       │B│
  生产费用 A < B  └─┘       └─┘   相同,运费 A < B




        Z₁        Z₀       Z₂
```

图 6-2　贸易区边界

### 2. 中心地理论（中心地学说）

德国地理学家克里斯泰勒 1933 年出版了《德国南部的中心地》，提出：高效的组织物质生产和流通的空间结构，必然是以城市这一大市场为中心，并由相应的多数市场构成相应的网络体系。

他假定存在这样一个抽象的地域：是一个均质平原；其经济活动的移动可以常年在任何一个方向进行；居民及其购买力是连续的均匀分布，对货物的需求、消费方式一致；生产者和消费者都属于经济行为合理的人，即生产者为了谋取最大利润，寻求掌握尽可能大的市场区，消费者的行动具有空间上的合理性，即根据最短距离原则进行。

他首创了以城市为中心进行市场面与网络分析的理论。认为，有效的组织物质生产和流通的空间结构，必须以城市这一大市场为中心，并由相应的多级市场构成相应的网络体系。在一个平原地区，人们在生产技能和经济收入上均无差别，购物以最近为原则，则这个平原上的中心地最初应该是均匀地分布，每个中心地的圆形服务面之间就出现了空档，处于空档地区的居民得不到最佳服务。因而，在这个空白处的中心会产生次一级的中心地。这样在每 3 个上一级中心地之间便会有一个次一级中心地，依次类推。由于同级中心地之间均以同等强度向外扩张，每个中心地将与其周围 6 个中心地市场之间有重叠。根据消费者行为的最短距离原则，重叠区内的消费者将选择最近的中心地，使相邻两个中心的重叠区被两个中心地平分。这样，各中心地圆形市场区则可变成具有最稳定空间结构的六边形。每一级中心地六边形市场区的 6 个顶角处分布着次一级的中心地。依次类推，形成一个多级中心地及其市场区域相互有规律地镶嵌组合的复杂的空间结构。克氏称其为均衡状态下中心地分布模式。

一般而言，中心地规模越小，级别越低，服务半径越小，数目就越多，只能提供较低档次的商品和服务，如仅限于提供少数需求频率高的日常消费品等；反之，中心地规模越大，级别越高，服务半径越大，数目也越少，越有能力提供较高档次的商品和服务，同时也能够提供较低档次的商品和服务，商品和服务种类越齐全，并包含有多个较其低级的中心地。根据克氏的假定，同一等级中心地的市场是全等的，因此，两个相邻的同一等级的中心地之间的距离也是相等的。越是级别低的中心，相邻两个中心之间的距离就会越近。

3. 市场区位论

1940年德国经济学家廖什出版了《区位经济学》一书，创立了市场区位理论。他利用克里斯泰勒的中心地理论的框架，把商业服务业的市场区位理论发展为产业的市场区位论，进而探讨了市场区体系和经济景观，成为区位论市场学派的又一奠基人。

廖什首先做了与克氏相似的假定，认为，由于产品价格随距离增大而增大，造成需求量的递减，因而单个企业的市场区最初是以产地为圆心，最大销售距离为半径的圆形。通过自由竞争，圆形市场被挤压，最后形成了六边形市场区。而对于多个企业并存的区域，在均匀的人口分布情况下，每种工业产品的六边形市场区大小相同，整个市场区分成各种各样的六边形市场网。有多少种工业品就有多少种市场网，它们复杂地交织在一起，构成整个区域以六边形地域细胞为单位的市场网络。随着各企业争夺整个地域作为市场，市场网在竞争中不断调整会出现两方面的地域分异：一是在各市场区的集结点，随着总需求量的滚动扩大，逐步成长为一个大城市，而且所有市场网又都交织在大城市周围。城市越向外扩展，市场区的重叠程度越差。二是大城市形成后，交通线将发挥重要作用。距离交通线近的扇面条件有利，距离交通线远的扇面不利，工商业配置大为减少，这样就形成了近郊经济密度的稠密区和稀疏区。于是，在一个广阔的地域范围内经济景观就形成了。

（三）现代区位论

二次大战后，特别是到了20世纪60年代后，世界范围内的工业化、城市化的进程浪潮汹涌，一个崭新的立足于国民经济发展、以空间经济研究为特征的、着眼于区域经济活动的最优组织的现代区位论应运而生。

始于20世纪70年代的现代区位论研究与古典阶段、近代阶段的区域研究相比，有明显的特征：第一，在研究内容上，改变了过去孤立地研究区位生产、价格和贸易的局面，将整个区位的生产、交换、价格、贸易融为一体进行研究，而且从以往的区域类型、区域划分的理论研究，转向以分析解决人类所面临的各种现实问题为主，从注重区位的经济产出到以人的生存发展为目标，强调协调人与自然的关系。第二，在研究对象上，从市场机制研究转向政府干预和计划调节机制的研究，从单个经济单位的区位研究走向区域总体的研究，将现代区位与区域开发问题的研究结合起来，如涉及对区域地理环境、经济条件、自然条件、人口、教育、技术水平、消费水平、资本形成、经济政策和规划等各个方面的宏观的综合的分析研究。第三，在研究方法上，由静态空间区位选择转入区域各发展阶段空间经济分布和结构变化以及过程的动态研究，从纯理论假定的理论推导走向对实际的区域分析和应用模型的研究。

区位论的发展历程告诉我们：随着社会的进步，科技的发展，区位论的理论和应用已经大大向纵深发展。古典的和近代的区位论，仍是现代区位论的方法论基础的组成部分，它们与现代区位论是一脉相承的。

1. 成本—市场学派

成本—市场学派理论核心是关注成本与市场的相互依存关系。该学派认为，产业区位的确定应该以最大利润为目标，以自然环境、运输成本、工资、地区居民购买力、工业品销售范围和渠道等因素为条件，综合生产、价格和贸易理论，对区位进行多种成本因素的综合分析，形成竞争配置模型。其代表人物主要有胡佛（E. M. Hoover）、艾莎德（W. Isard）、俄林、弗农等。

早在1931年和1948年胡佛分别写了《区位理论与皮革制鞋工业》和《经济活动的区位》，提出了终点区位优于中间区位的理论和转运点区位论。认为，运输成本由两部分构成：一是线路运营费用，是距离的函数；二是站场费用，不一定是距离的函数。在此基础上，他对韦伯的理论做了修改：第一，若企业用一种原料生产一种产品，在一个市场出售，在原料与市场之间有直达运输，则企业布局在交通线的起讫点最佳。因为在中间设厂将增加站场费用。第二，如果原料地和市场之间无法直达运输线，原料又是地方失重原料，则港口或其他转运点是最小运输成本区位。这就是转运点区位论，这一理论为人们在港口布局工业提供了理论依据。

艾莎德早在20世纪50年代中期，就开始采用数学分析的方法，将韦伯区位理论公式进一步推导，并以市场区代替消费地作为变量研究市场对区位的影响，这就使成本学派同市场学派结合起来了。他们综合韦伯以来工业区位理论的各种成果，系统地提出了选择工业厂址的七大指向，即原料指向、市场指向、动力指向、劳工供给指向、技术指向、资金供给指向和环境指向。

俄林的一般区位理论认为：运输方便的区域经济能够吸引到大量的资本和劳动力，并能成为重要市场，因此可专门生产面向市场、规模经济优势明显和难以运输的产品。而运输不方便的地方则应专门生产易于运输、小规模生产可以获利的产品。

弗农的"产品生命周期"理论认为：第一，处于创新期的产业属于技术密集型产业，一般趋向于科研信息与市场信息集中，人才较多，配套设施齐全，销售渠道畅通的发达城市。第二，处于成熟期的产业会出现波浪扩展效应，开始向周边地区扩散，因为生产定型化使技术普及化，同时大城市的成本费用一般比较高。第三，衰退期的产业沦为劳动密集型，技术完全定型化，产品需求已趋于饱和，生产发展潜力不大，于是从发达地区向落后地区转移。

2. 行为理论

这是一种考虑与分析人的主观因素（对环境的知觉和相应的行为），从而对产业区位进行决策的学派。该学派认为，随着现代企业管理的发展和交通运输工具的现代化，人的地位和作用日益成为区位分析的重要因素，而运输成本则降为次要的地位。在现实生活中，既不存在行为完全合理的经济人，也难以做出最优的区位决策，人的区位行为必然受到实际获取信息和处理信息能力的限制。其代表人物是普莱德（A. Pred）。

## 二、区域联合理论

区域联合理论主要包括区域相互依赖理论和地域分工与贸易理论。随着世界经济集团化和一体化趋势的加强，区域联合理论越来越成为研究产业布局理论时所必须关注的主要理论。地域分工与贸易理论是随着资本主义生产方式的发展，为适应自由贸易的需要而产生的经济学说。从亚当·斯密开始，经大卫·李嘉图到赫克歇尔、俄林等经历了几个演变阶段。

1. 斯密的地域分工学说

认为每个国家或地区都有其绝对有利的、适宜于某种特定产品的生产条件，如果每个国家或地区都按其绝对有利的生产条件进行专业化生产，然后彼此进行交换，这将使各国的资源劳动力资本得到有效利用，从而增加社会财富。

2. 李嘉图相对比较优势理论

认为决定国家贸易的一般基础是比较利益，如果各国都把劳动用于最有利于生产和出口相对优势的商品，进口劣势商品，这将使各国资源都得到有效利用。

3. 生产要素禀赋比率理论

认为各区域生产要素禀赋比率不同，不同商品需要不同的生产要素搭配的比例，一个区域在使用相对丰富的生产要素的商品生产方面有相对优势；每个区域生产和输出本地使用丰富而廉价的生产要素的商品，输入本地短缺而价昂的生产要素的商品，可以用来说明不同地区的贸易和地域的产业布局。

### 三、均衡和非均衡理论

二战后，随着殖民地国家走上独立自主道路，落后地区产业布局理论开始受到重视。西方一些学者以后起国家为出发点提出了增长极理论、点轴理论、地理性二元经济理论等，大大丰富了产业布局理论的内容。

1. 增长极理论

该理论由法国经济学家佩鲁提出。其核心内容是：在一国经济增长过程中，由于某些主导部门或者有创新力的企业在特定区域或者城市聚集，从而形成一种资本和技术高度集中，增长迅速并且有显著经济效益的经济发展机制。由于其对邻近地区经济发展同时有着强大的辐射作用，因此被称为"增长极"。增长极是由某些主导部门或者有创新力的企业在特定区域或者城市聚集，从而形成一种资本和技术高度集中，增长迅速并且有显著经济效益的经济发展机制。根据增长极理论，后起国家在进行产业布局时，首先可通过政府计划和重点吸引投资的形式，有选择地在特定地区和城市形成增长极，然后凭借市场机制的引导，使增长极的经济辐射作用得以充分发挥，并从其邻近地区开始逐步带动增长极以外地区经济的共同发展。

2. 点轴理论——增长极理论的延伸

点轴理论是增长极理论的延伸，从区域经济发展的空间过程看，产业、特别是工业先集中于少数点，即增长极。随着经济的发展，工业的增多，点与点之间由于经济联系的加强，必然会建设形成各种的交通线路使之相联系，这一线路即为轴。轴线一经形成，对人口和产业就具有极大的吸引力，吸引企业和人口向轴线两侧聚集，并产生新的增长点。从而由点到轴，由轴带面，最终促进整个区域经济的发展。

3. 地理性二元经济理论

缪尔达尔提出循环累积因果说。瑞典经济学家缪尔达尔在《经济理论和不发达地区》一书中提出，在发达地区和不发达地区之间进行的要素流动中，劳动资本都流向发达地区，发达地区表现为上升的正反馈运动，不发达地区表现为下降的负反馈运动。在这种循环过程中，存在着扩散和回流效应。后者大于前者，所以区域差异在市场作用下会扩大。扩散效应是发达区域到不发达区域的投资活动，包括供给不发达区域发展的原材料、购回其原料和产品；回流效应是由不发达区域流入发达区域的劳动力和资本，将引起不发达区域经济的衰退。

赫希曼提出的极化和涓流效应学说，认为在市场力量作用下，极化效应居于主导地位，如果没有周密的经济政策干预，区域间差异会不断扩大。

威廉姆斯提出了倒"U"型曲线学说，认为随着国家经济发展，区域间增长差异呈现倒"U"型变化，即在国家经济发展初期，区域差异逐渐扩大；后随着经济总体增长，区域差异保持不变；当经济进入成熟增长阶段后，区域差异则因经济总体增长而逐渐下降。

### 四、马克思主义产业布局理论

马克思主义经济学家在研究社会一般分工基础上，吸取了比较成本学说的"合理内核"，形成了自己的劳动地域分工理论：第一，地域分工是在广阔的区域内，按商品分工实行生产的专门化。这一分工，把一定的生产部门固定在一定地区。第二，地域分工是生产力发展到一定阶段的产物。第三，地域分工可以节约社会劳动，促进生产力的发展。第四，地域分工的作用取决于社会生产方式及其变革。具有比较利益的产业，也不是一成不变的。中国和前苏联以马克思主义的劳动地域分工理论为指导，开创了公有制条件下产业布局理论。

1. 前苏联的地域生产综合体理论

前苏联地理学家巴朗斯基早在20世纪30年代提出了"地域生产综合体"的概念，其认为地域生产综合体以开发特定区域丰富的自然资源为基础，其内部各部门企业是建立在对各种资源的合理综合利用，以及对于服务于生产、生活的各种基础设施的统一安排基础上的。地域生产综合体的理论在当时苏联被广泛接受，在产业布局中得到了广泛应用。从50年代中期以来，在西伯利亚，通过对水利、煤炭、油气、铁矿、木材等资源的开发，建立了10多个大型的工业地域生产综合体，收到了明显的效果。

2. 马克思主义的劳动地域分工理论

马克思主义的劳动地域分工理论是指导我国产业布局的基本理论。

（1）新中国成立后，毛泽东在《论十大关系》中提出了"平衡工业发展布局"的思想。30多年中，国家将一半的基本建设资金投入内地，加速了内地和部分少数民族地区的经济发展，初步改变了旧中国遗留下来的产业畸形布局的不平衡状态。

（2）我国在产业布局上也存在严重的教训：第一，轻沿海，重内地，人为地抑制了东部地区的发展。第二，片面强调建立"地方工业体系"，不注意发挥地区优势。第三，缺乏统一规划，过于分散，形不成生产能力。

（3）十一届三中全会后，我国对产业布局做了调整：从强调"平衡布局"转而注重整体发展速度和宏观经济效益，充分发挥和利用各地区优势，尤其是沿海地区的经济技术区位优势。按东、中、西三大地带序列分阶段、有重点、求效益地展开布局，总体上实施了"非均衡布局战略"。

## 第二节 产业布局的影响因素

### 一、自然因素

自然因素包括自然条件和自然资源两个方面。它是产业布局形成的物质基础和先决条件。

1. 土地资源、工业资源决定了农业生产、工业生产的布局。在地球上，处于什么样的地理位置，就决定了该地区农业的发展方向。土地资源、气候资源、水资源与生物资源共同综合作用，决定大农业生产的地域分布；重工业中的采掘业、材料工业、重型机械，以及以农产品为原料的轻工业和食品工业，它们多分布在工业自然资源或农业自然资源较丰富的地区。工厂厂址的地形、面积、工业用水等也离不开自然条件，有些地区还深受这些条件的限制；自然因素对第三产业的影响，突出表现在对旅游业的作用上。深山老林、高山峡谷、荒漠草原等，呈现了原始自然美，是不可多得的旅游资源。

2. 自然资源要素差异扩大了经济区域间各种要素流的梯度差，产生了地区专业化。由于自然条件、自然资源对劳动生产率、产品质量等方面具有直接、间接的影响，在市场经济与竞争的条件下，产业活动势必首先向最优的自然条件与自然资源分布区集中，形成一定规模各具特色的专业化生产部门，进而完成产业劳动地域分工的大格局；世界上许多地方的产业并非都分布在能源基地、矿产和其他原料地，那些交通方便、距离经济发展中心较近的地区资源，因其经济价值较大，总是首先得到开发，于是形成了如综合运输枢纽、海港、铁路沿线等不同规模的加工中心，并汇集众多的第三产业部门；矿区、林区为主的经济区难以形成大城市，平原地区表现出农业地域特点。据此，我国的经济区域分为：资源型，如东北、黄河中下游；加工混合型，如吉林；加工型，如上海。

3. 自然条件复杂多样性是发展多元化区域产业结构的前提。稳固的地质基础是制造业、建筑业发展的前提；平原区利于大规模现代化耕作、灌溉，有开阔的场地供制造业、建筑业使用和发展各种运输线路，是最优的产业布局场地；山区、丘陵多地势起伏，影响对内、对外的经济联系，不宜发展保鲜的果品和耗源、燃料多的制造业；盆地地区，空气流通差，不宜发展冶金、化工等工业；气候除对农业影响最大外，对水利枢纽、航海航空、露天采矿、飞机制造以及旅游业等影响也很大；水不仅影响农业布局，还可以直接用作工业原料，内河航运、海洋航运则直接使用水的浮力；动、植物的分布也决定了某些产业的布局。

## 二、人口因素

人既是生产者，又是消费者。这两方面的属性对产业布局都有深刻的影响。

1. 人口数量。人口数量对市场规模和资源开发程度有较大影响。充足劳动力资源可以充分开发利用自然资源，发展生产，在产业安排上，通常以劳动密集型产业为主；而在人口较少地区，大多布局可以有效利用当地自然条件、自然资源的优势产业，以利于提高劳动生产率，弥补开发地区的高投资；人口增长决定积累与消费比例。人口增长与人均GDP成反比，人口增长率下降1个百分点，则人均GDP增长3.6~5.9个百分点。人口多，则就业压力大，资源环境会超载。

2. 人口质量。身体素质。预期寿命每增加10%，人均GDP增长1.1%，人均GDP增长1%，人均寿命增加2.2%；文化科技素质。高质量的人口和劳动力是发展高层次产业，即技术密集型产业的基础。如硅谷、中关村电子一条街；思想素质。地区拥有大量劳动力是吸引某些厂商（劳动密集型）选址于该地区的重要因素，然而要素质量上的差异，如劳动者的技能、工作态度和道德水平都很可能会抵消这优势。研究发现，由于发展中国家地区间（特别是主要城市与其他地区间）要素质量上存在差异，使厂商在选址时，往往首先从中心城市逐渐移到邻近地区。

3. 人口结构。产业布局应与各地人口的消费特点、消费数量相适应。人口结构导致市场需求特征的多样性，要求产业布局有针对性地选择项目种类和规模，最大限度地满足各种层次人口的物质文化生活需要；人口老龄化不利于技术创新；三产人口比重上升；城乡结构与民族结构影响工业化与城市化及消费方式。

4. 人口密度与移动。人口流动利于资源配置，如美国移民国家，加速不发达地区的开发；世界产业分布与人口分布一致。

### 三、经济因素

1. 区域历史基础。产业布局具有历史继承性，已经形成的经济基础，通过规模经济和规模不经济实现产业在区位的聚集，进而产生不同的集聚效果。如沿海、东北产业带可以利用公共公用设施，减少前后关联产业的运输费用；便于相互交流科技成果和信息；影响经济增长活力与竞争力，如投资率、外资比重、非公经济比重；影响经济发展水平，没有基础的区域容易形成贫困恶性循环。

2. 区域基础设施。包括为生产服务的生产性基础设施，也包括为人类生活服务的非生产性基础设施，如交通运输设施、信息设施、能源设施、给排水设施、环境保护设施、生活服务设施等。产业区位最初总是指向交通方便、运输速度快、中转环节少、运费低的地点，交通运输条件深刻地影响着农矿资源开发的次序、规模和速度，如克拉玛依油田开发就远落后于东部油田；灵通信息有利于准确掌握市场，正确分析产业布局的条件。

3. 市场条件。市场与企业的相对位置。产业区位总是指向于能使商品以最短线路、最少时间、最低花费进入市场的合理区位；市场规模，即商品或服务的容量。如今，随着原材料处理，运输方式的改进，以及制造业的构成由重工业转向高附加值工业，原材料的运输方式及成本不再是产业布局中非常重要的因素，相反，接近消费市场日益重要（更快地了解顾客偏好、服务要求、竞争者信息等）。市场结构，即商品或服务的种类。市场的需求量和需求结构影响产业布局的部门规模和结构，是形成主导产业、辅助产业以及有地方特色产业地域综合体的指南；市场竞争提供刺激、传递信息、提供技术支持、提高经济成长效率，促进生产的专业化协作和产业的合理聚集，使产业布局指向更有利于商品流通的合理区位。

### 四、社会因素

1. 社会发育程度。区域传统文化与风俗习惯影响产业布局；重农轻商、竞争意识淡薄、安于现状、依赖意识严重、重男轻女思想等也会制约产业发展。

2. 制度性条件。包括经济组织形式、政策法规。正确的政策可以推动经济的发展和产业的合理布局；反之，则会对经济的发展带来消极后果。法律对产业布局有相当的影响，在市场经济体制下的产业布局，主要受市场需求控制，比较注重效益，但往往具有较大的盲目性，造成产业布局的波动性和趋同化。

3. 国际、国内环境。任何一个国家的经济发展都必须有一个良好的国内、国际政治环境，一个政局不稳、动荡不安的国家，其经济很难获得发展，当然也就谈不上合理的产业布局。新中国成立初期，由于当时的国际环境，我国不得不把沿海的一些工业迁往内地，并重点进行东北工业基地的建设。改革开放以来，由于国际环境的变化，我国又将投资重点放在东部沿海一带，促进了我国东部经济的优先发展。价格与税收条件。公平合理的价格政策对产业布局有积极的影响；反之，则干扰很大。合理的地区差价有利于企业按价值规律选择最佳区位。产品的各种比价关系对产业内部结构的调整和生产的地区分布有重要作用。合理的税制结构可以控制重复建设、以小挤大和地区封锁，从而促进产业布局合理化与地区经济的协调发展。对于某些产业在不同地区的发展，也可以用改变税率的方法来控制和调整。

### 五、科学技术因素

科学技术是构成生产力的重要组成部分，是影响经济发展与产业布局的重要条件之一。

1. 自然资源利用的深度和广度对产业布局的影响。技术进步不断地拓展人们利用自然资源的深度和广度，使自然资源获得新的经济意义。如开采6000米油气，1万米海底，变铀、稀土等废石为宝。技术进步能提高资源的综合利用能力，使单一产品市场变为多产品的综合生产区，从而使生产部门的布局不断扩大。

2. 技术通过影响地区产业结构对产业布局的影响。随着新技术的出现，往往伴随着一系列新的产业部门的诞生。这些产业部门都有不同的产业布局的指向性，这就必然对产业布局状况产生影响；随着技术的进步，生产力的提高，三次产业结构也不断变化，使得人类生产、生活的地域和方式也出现了很大变化，这将导致城市化趋势，从而对产业布局产生影响。技术的开发与应用的时间越来越短，如蒸汽机100年，电动机57年，汽车27年，飞机14年，晶体管5年，激光几个月，超导材料同步。

3. 技术通过改变交通运输方式，影响产业布局态势。如"临海型""临空型"的产业布局越来越多。

## 第三节　产业布局的一般规律和基本原则

产业布局是一个客观经济过程，体现为具体企业、产业的空间布局变化，但它不是杂乱无章的。研究表明，产业在地域空间的分布与组合存在着客观规律。各国的产业布局必须按规律和原理进行。

### 一、产业布局的一般规律

1. 生产力发展水平决定产业布局

生产力发展水平决定产业布局的形式、特点和变化。有什么样的生产力发展水平，就有什么样的产业分布条件、内容、形式和特点。这是产业布局的基石。综观人类社会不同生产力发展阶段与产业布局的关系，可以发现，生产力发展是产业布局发生量的扩张和质的飞跃的原动力。

表6-1　生产力发展水平与产业布局的关系

| 生产力发展阶段 | 能源动力 | 交通工具 | 产业布局主要特点 |
| --- | --- | --- | --- |
| 农业社会 | 人力　兽力　水力 | 人力车　兽力车　风帆车 | 农业自然条件对产业布局起决定性作用，产业布局有明显分散性 |
| 第一次科技革命（18世纪末19世纪初） | 蒸汽动力 | 蒸汽机械　蒸汽火车　蒸汽轮船 | 产业布局由分散走向集中，工业向动力基地（煤产地）和水路运输枢纽集中 |

续　表

| 生产力发展阶段 | 能源动力 | 交通工具 | 产业布局主要特点 |
| --- | --- | --- | --- |
| 第二次科技革命（19世纪末20世纪初） | 电力内燃机电力机械　内燃机械 | 内燃机车　电力车　汽车　飞机　内燃机　帆船 | 产业布局进一步集中，交通位置条件等在产业布局中的作用得到加强 |
| 第三次科技革命（二战后） | 原子能　电子计算机　机器人 | 航天飞机　宇宙飞船　高速车辆 | 懂科技、高技术的劳动力，快速、便捷的交通枢纽成为产业布局的重要条件，产业布局出现"临海型"等新的形式。未来产业布局从过度集中走向适当分散。 |

2. 劳动地域分工规律

劳动地域分工是各地区经济分工协作、社会经济按比例发展的空间表现形式，是地区产业布局条件差异性的客观反映。通过劳动地域分工，各地区可以充分发挥各自优势，生产经济效益高的产品。地域分工的深化和社会劳动生产力的提高相互促进，推动了产业布局形式由低级向高级不断演进和发展。

3. 产业布局"分散—集中—分散"螺旋式上升的规律

集中与分散是产业布局演变过程中相互交替的两个过程，是矛盾的两个对立面。集中体现的是经济活动在地域分布上的不平衡性，分散意味着空间分布的均衡性。工业、农业、交通运输业等产业部门在地域分布上的"分散—集中—分散"，循环上升，这是一条产业布局的客观规律。农业社会产业布局具有明显的分散性，产业革命才使产业布局转向集中。如在大中城市建立专业或综合工业区。今天，在集中的主流下，出现了分散的趋势，如特大城市和大城市周围的卫星城镇群，经济发展中心由发达地区向不发达地区推进。

4. 地区专门化和多样化结合的规律

地域分工达到一定规模时就出现了地区专门化部门。早在英国工业化初期，英格兰、澳大利亚、新西兰为满足纺织工业的需求，发展成为以养羊业为主的农业专门化地区。地区专门化水平越高，对多样化的需求越高。如为专门化部门进行生产配套的部门，对专门化部门废物和副产品进行综合利用的部门，为生产提供服务的科研、银行、商业、信息咨询等部门，为生活提供服务的文教、卫生、旅游等部门会得到大力发展，反过来又促进产业布局多样化的形成。

5. 非均衡规律

人类经济活动的空间表现向来就是不平衡的。单个部门首先是选择最有利的区位进行布点，如农业选择大河流域，或者自然资源优越的地方；工业选择矿产地和农业发达区，交通便利的城市及沿海地区。而且任何地区都不可能适合所有产业发展，产业布局不平衡是一个绝对规律，人类只能使这种不平衡接近相对平衡。

6. 产业布局与自然—社会—生态系统对立统一规律

产业布局追求最大经济效益，而自然地域系统则要求保持生态系统的平衡。但只有保持生态系统良好的运行状态，才能使经济地域系统正常运转。

(二) 产业布局的基本原则

1. 全局原则。产业布局首先要贯彻全国一盘棋原则。国家可以根据各地不同条件，确定各地区专业化方向；国家又可以根据各个时期经济建设需要，确定重点建设的地区，统一安排重点项目，各地区必须立足于本地区，放眼全国，杜绝片面追求自身利益而发展不顾全国整体利益的诸侯经济格局。

2. 分工协作原则。地域分工和地区专门化要能够充分体现各地优势，最大限度地节约资源，又要适应各地区经济一体化的进程，形成合理的地域经济综合体。衡量地域分工的深度一般可采用区位商、地区专业化指数、区内商品率、区际商品率等指标。

3. 集中与分散结合原则。产业布局应该适当集中，以提供经济效益；但集中只能在合理的限度内，否则会带来一系列严重的社会问题，如工业过分集中在大城市和工业地带，带来了城市地价飞涨，空间狭窄，水源不足，能源紧缺，交通拥挤，公害严重，燃料、原料、居民生活用品等成本大幅度增加，城市建设费用提高等，经济社会矛盾交织，使聚集带来的好处抵偿不了它所造成的弊端；农业过度集中，引起土地肥力下降。过于分散又导致协作困难、间接投资大、职工生活不便、经济效益差等问题。

4. 经济效益原则。以最小的劳动消耗争取最大的经济效益是人类生产的基本要求，也是产业布局合理与否的最基本的标志。因此，农业布局要在摸清区域农业资源的基础上，揭示农业发展的区域差异，因地制宜选择农林牧副渔；工业布局要尽量接近原材料、燃料地和消费地，同时要根据具体产业的技术经济特点，确定产业布局的趋向。如采掘、冶炼、金属加工业宜组合布局在一起。

5. 可持续发展原则。产业布局不仅要追求最佳经济效益，也要重视对环境的保护，重视社会效益。农业布局应宜农则农，宜林则林；工业布局不宜过分集中，要利于"三废"处理。

## 第四节 产业布局实践

产业布局在动态上则表现为各种资源、各生产要素、甚至各产业和各企业，为选择最佳区位而形成的在空间地域上的流动、转移或重新组合的配置与再配置过程。我国产业布局的历史轨迹，表现为"均衡发展—非均衡发展"逐渐演变的过程，并具有明显的阶段性特征。

### 一、改革开放前的均衡产业布局

"一五"至"四五"计划，我国是以增量的非均衡布局来求得均衡发展的目标。其中均衡布局思想经历了板块均衡到全面均衡再到分散均衡的发展。新中国成立初，由于我国的产业布局带有很深的半封建、半殖民地烙印，"我国全部轻工业和重工业，都有约百分之七十在沿海，只有百分之三十在内地。这是历史上形成的一种不合理的状况"[①]。"为了平衡工业发展的布局，内地工业必须大力发展。""新的工业大部分应当摆在内地，使工业布局逐步平衡，并且利于备战"[②]。苏联的经验，是重工业有自我服务、自我循环的产业特征。而中国人口众多，多处于贫困状态，很难通过轻纺织业完成资本积累。因而，在"一五"计划时期（1953年～1957年），全国便划分为沿海和内地两大经济板块，实行向内地倾斜的板块平衡发展战略。当时的"所谓沿海，是指辽宁、河北、北京、天津、河南东部、山东、安徽、江苏、上海、浙江、福建、广东、广西"。这个时期，在沿海地区重点进行了以改建、扩建鞍钢为中心的东北工业基地建设；在内地重点进行了以武钢为中心的华中工业基地和以包钢为中心的华北工业基地建设；同时在西北、西南也开始了部分工业建设。这五年内动工的694个大型工业项目中，472个摆在内地，222个建在沿海地区。在基本建设投资总额中沿海与内地分别占46.7%和53.3%。到了"二五"计划时期（1958年～1962年），由于"大跃进"的影响，急于求成，出现了"遍地开花""星罗棋布"的全面性均衡布局，新铺的工业点数以万计。而在"三五"和"四五"计划时期，均衡思想则进一步发展为分散均衡布局。以备

---

[①] 毛泽东. 毛泽东著作选读 [M]. 北京：人民出版社，1979年，17页
[②] 毛泽东. 毛泽东著作选读 [M]. 北京：人民出版社，1979年，18页

战为中心，将全国与大军区相对应划分为西南、西北、中原、华南、华北、东北、山东、闽赣、新疆 10 个经济协作区，要求每个协作区建成能"各自为战"的经济体系；小煤矿、小钢铁厂、小有色金属矿、小化肥厂、小水泥厂、小机械厂遍布各省、市、自治区。在大、小三线的工厂布点上，要求"靠山、分散、隐蔽、进洞"。这样，分散均衡布局便成为均衡产业布局目标的最充分体现。"五五"计划时期（1976 年~1980 年）是产业布局战略从均衡向非均衡过渡的阶段。党的十一届三中全会后，理论界对过去那种以牺牲效率为代价的绝对平衡观进行了反思，重新探讨了社会主义产业布局的原则体系，把效率原则放在优先的地位。因而这时的产业布局重点逐渐东移。

新中国成立初期，面对畸形的布局存量，毛泽东同志曾经提出了"沿海的工业基地必须充分利用，但是，为了平衡工业发展的布局，内地工业必须大力发展"。这种战略指导思想并没有错，毛泽东同志也批评了某些忽视沿海发展的不正确做法。他指出："最近几年，对于沿海工业有些估计不足，对它的发展不那么十分注重了。这要改变一下。""好好利用和发展沿海的工业老底子，可以使我们更有力量来发展和支持内地工业。如果采取消极态度，就会妨碍内地工业的迅速发展。所以这也是一个对于发展内地工业是真想还是假想的问题。如果是真想，不是假想，就必须更多地利用和发展沿海工业，特别是轻工业。"[①] 然而这种正确的指导思想在实施过程中却演变成忽视，甚至脱离沿海的内地单枪匹马作战的布局行为。同样，"六五"和"七五"计划期间，让一部分地区先富裕起来，从而带动其他地区共同发展的战略指导思想本身也是正确的，但是它的贯彻执行却出现了地区经济差距急剧拉大，地区产业结构严重失调，区际摩擦、封锁日趋加剧的不良后果。

中西部经历了非常快的工业化过程，农业产值由 1952 年度 65.2% 下降到 1979 年的 36.8%；对东部依附关系改变了；初步形成了各地区的产业结构。但也存在以下问题。

1. 比较优势判断

在 1978 年前我国计划经济体制大前提下，我国区域产业布局在本质上不具有依据比较优势布局的特征，资本和劳动力资源不能自由流动，地区间的贸易方式以计划和调拨为主。当时的产业布局主要是以政策导向为主，重工业不仅在东北等老工业基地继续发展，而且在中西部也大规模推进重工业化过程，选择的布局地点也以战备为需要。因此，我国重工业化布局不具有比较优势特

---

① 毛泽东. 毛泽东著作选读 [M]. 北京：人民出版社，1979 年，18 页

征，是缺乏效率和效益的重工业化。同时，这种强调生产力的均衡布局和地方工业自成体系，导致1958年~1960年、1960年~1970年、1978年跃进中产业布局的分散，形成全国性产业结构趋同。有学者称其为"虚重工业化"，违背了比较优势原则。

2. 公平与效率取舍

改革前我国政府对空间公平的追求基于对效率的提高，用整体的效率损失换取区域的均衡发展，表现为近30年时间全国收入水平及消费水平都处于增长缓慢乃至停滞状态，而表面较高的增长速度是在扭曲的产业结构和绩效较低的情况下实现的。结果追求空间公平，损失了整体效率。

## 二、改革开放后的非均衡产业布局

"六五"计划开始，我国的产业布局战略发生了重大变化，全国范围内形成了一种非均衡发展的思潮，政策也鼓励"让一部分地区先富起来"。新的布局战略把全国划分为东部、中部和西部三个经济带，并采取向东部倾斜的非均衡布局策略，让东部率先发展和富裕起来。"六五"计划明确指出，要积极利用沿海地区的现有基础，"充分发挥它们的特长，带动内地经济进一步发展"。"七五"计划又明确按东部—中部—西部的顺序安排发展重点：沿海要"加速发展"，中部是"有重点地发展"，西部则应"做好进一步开发的准备"；十三大报告进一步提出了东、中、西部要"各展所长"的发展思想；十四大报告则更明确地提出："东部地区要大力发展外向型经济，重点发展附加值高、创汇高、技术含量高、能源和原材料消耗低的产业和产品，多利用一些国外资金、资源，求得经济发展的更高速度和更好效益。中部和西部地区资源丰富，沿边地区还有对外开放的地缘优势，发展潜力很大，国家要在统筹规划下给予支持"。以上思想都明显具有优先发展东部的含义，以东部"带动"中西部而不是让它们自己启动。而在实践中也对东部实行了投资倾斜、政策倾斜、人才倾斜等让中西部地区垂涎的优惠措施。如在中央投资的分布上，从"六五"开始东部比例高于中西部，以后东部对中西部的比例每年都约上升10%；而在非中央投资的分布上，东部地区更是高于中西部地区，如1992年底，东部地区的"三资"企业户数和金额分别占全国的78.4%和79.7%，中部地区占17%和16%，而西部地区仅占4.6%和4.3%。另外，全国5个经济特区和13个保税区，全部都在东部。中西部的许多高级专业技术人才也因东部繁荣的吸引纷纷东流，出现了所谓"一江春水向东流"和"孔雀东南飞"的人才流向。

在这种非均衡发展的战略下,出现了东部、中部和西部呈梯度级的三条经济带。

(一)非均衡产业政策对我国的积极影响

1978年以后,我国体制变迁,农业改革,乡镇企业大发展,分权体制的促进,新兴工业区的崛起;市场机制的引入,形成有效的要素重组机制。在对传统计划体制进行改革和实行对外开放的过程中,我国区域经济发展和产业布局的主导思想发生了根本性的变化,从侧重公平转向侧重效率,一改过去的均衡发展,实施区域经济倾斜发展战略,把建设的重点转向东部沿海地区。无论是引进外资、国家投资、优惠政策方面,产业布局政策都倾向于东部。

1. 产业布局经历了从均衡到非均衡转变后,在全国范围内呈现出自东向西梯度分布,由南向北展开的布局。

2. 根据各地域的优势,初步形成了产业布局的地域分工。东部地带的12个省、市、区经济发达,工业结构偏向于加工工业,轻工业比重较高,技术和资金密集度较高。中部9个省区,工业发展水平大幅度提高,原料工业和重加工工业较突出。西部9个省区,区内经济地理位置和自然条件较差,但拥有丰富的矿产资源,工业结构以采掘业为特色。

3. 一批中心城市的辐射力增强,有效带动了周围区域经济的增长,东部地区的大中型城市,对周围地区的辐射和劳动作用增强,形成了工业密集区域,如长江三角洲地区、环渤海地区、珠江三角洲。

(二)非均衡产业布局的负面影响

改革后,体制转型,政策不完善,改善措施不配套。由于"权力下放"与财政的"分灶吃饭",产业布局逐渐形成中央与地方政府二元的主体。由于地方主体同样具有行政性,从而强化了地方利益。地方保护、市场割据、区际摩擦、区间壁垒也由于行政性力量而大大增强。各地方在产业布局上搞"自成体系"和"自我完备",造成布局低层次的地区产业同构。中央对某一地区的投资常因区际封锁的"漏斗"效应使投资的经济和社会效益有进无出,不易扩散和分享。因而中央对某一区域的倾斜便成为制造不公平和使国民经济产生不良循环的诱因。

1. 地区经济差距距扩大,区域经济发展不平衡加剧。1980年~1992年期间,中部同东部人均国民生产总值相对差距由31.2%扩大到了43.1%,西部同东部的人均国民生产总值的相对差距由43.8%扩大到50.5%。

2. 区域经济摩擦,地区封锁日趋强化。自20世纪80年代初期财税实行"分灶吃饭"和分权体制改革以来,区域中的地方政府获得了相当大的权力,区际关系开始按市场规则行事，由于转轨时期新旧体制的摩擦，使区域经济形成经济活跃和经济紊乱并存的局面。

3. 产业布局非区位化，引发区域产业结构趋同。在利润动机的诱导下，各地区纷纷加速发展投资少、见效快的加工工业，忽视基础产业，从而导致各地区产业结构雷同。在加工工业上，一些拥有先进技术和设备，有条件发展深加工和高技术产业的发达地区未能较快改造传统产业，振兴新兴产业，而是在某种程度上固守原有的一般加工水平，产业升级换代缓慢。而一些设备技术差的落后地区限制原材料流出，自搞加工，刻意追求高附加值，又往往依靠外汇进口元器件来支撑耐用消费品加工工业。结果是资源产区和加工地区的产业结构从不同的起点出发，走向趋同。这种不合理的趋同，直接产生以下不利后果：一是区域分工弱化，分工利益减弱；二是布局中重复引进，浪费现象严重；三是产业间的空间组织缺乏专业化协作，企业规模在低效率基础上趋向小型化及空间分布均衡化，造成分工效益和规模效益双重损失。

4. 注重地区经济倾斜，忽视产业倾斜。从比较利益理论和非均衡理论出发，给基础好的地区某些政策倾斜优惠是应该的可行的。但是必须把地区倾斜与产业倾斜结合起来，着力培训地区增长点和产业增长点。我国在产业布局实践中对东部进行了全面倾斜，而在一定程度上忽视了中西部地区的发展，特别是中西部的农业、能源、原料和交通运输等基础产业。

### 三、未来的产业布局

（一）国际分工与国际产业转移

国际分工和国际产业转移是产业布局在全球范围内的特殊表现，对其研究的主要目的是考察世界各国，特别是发展中国家在此背景下的地位和经济发展战略。

1. 国际分工与国际产业转移的关系

国际分工是社会经济发展和国民经济内部的分工超越国家界线广泛发展的结果。国际分工的一个重要特点是国家间的产业级差。

国际产业转移使发达国家与发展中国家之间的国际经济关系建立在一种新的国际分工基础之上，形成一种新的贸易与投资的利益分配的国际格局。

国际分工是国际产业转移的前提和基础，而国际产业转移也会对国际分工格局的演进起到重大作用，并不断地改变着国际分工格局。

2. 产业革命以来国际分工格局和产业转移的演变

从产业革命到产业转移这样一个历史演进的过程中，按照发达国家与发展中国家之间联系机制的显著变化来划分国际分工格局，存在着两个历史阶段。

（1）18世纪中叶至19世纪末：工业国与农业国。18世纪中叶开始的产业革命标志着资本主义向新的技术基础——大机器工业过渡。世界分裂成两类国家：一是一些以农业为主或纯粹从事农业的农业国，二是由农业国围绕的少数几个工业国。19世纪末20世纪初，主要资本主义国家通过资本输出，把资本主义生产日益扩大地移植到殖民地、半殖民地国家，从而使资本主义国际分工的主要形式——农业国与工业国的分工更加深化。

（2）20世纪60年代至今后较长一段时期：劳动密集型产业国、资本密集型产业国、技术密集型产业国。由于第二次技术革命和国际生产关系的变化，传统的以自然资源为基础的分工逐步发展到各个产业内部的分工，进而发展到以产品专业化为基础的分工；由市场自发力量决定的分工越来越向由跨国公司和国家组成的分工方向发展。发达国家中出现了以出口矿产品为主的工业制成品和以农产品为主的初级产品生产国和以出口高精尖技术产品为主的工业制成品生产国；发展中国家也出现了产业分化，新兴工业国主要出口资本密集型产品和劳动密集型产品，半工业化国家主要出口劳动密集型产品，非工业化国家主要出口初级产品。这样当前和今后的国际分工格局是劳动密集型产业国、资本密集型产业国、技术密集型产业国的分工。

第一次国际产业转移发生在20世纪六七十年代，主要转移的产业是服装、鞋帽、玩具等初级产品加工的劳动密集型产业。韩国、新加坡、中国台湾、中国香港"亚洲四小龙"是这一次国际产业转移的最大受惠国家和地区，实现了经济起飞，成长为新兴工业化国家和地区。第二次国际产业转移从20世纪90年代后期开始。产业的国际间转移出现了新的特点：国际产业转移的背景是经济全球化，主导力量是跨国公司，制造业的国际转移仍在持续，重心向东半球转移，服务业外包蓬勃发展，出现了职业全球化现象，配套、连锁转移现象十分明显，企业生态环境更加重要，国际产业转移带来新的矛盾和问题：发达国家选择国际产业转移，把产业结构的调整转移到发展中国家。发达国家担心就业流失，发展中国家担心经济安全。

3. 国际分工和国际产业转移背景下发展中国家的经济发展战略

对发展中国家来说，国际产业转移是柄双刃利剑。发展中国家在国际分工和国际产业转移背景下应选择的经济发展战略是：第一，兼收并蓄，走超常规发展之路。第二，以内为主，内外联动。

中国是个发展中的国家,东、中、西部发展极不平衡,我们必须采取既积极又审慎的态度参与国际分工和国际产业转移。具体来说,可以采取以下策略:第一,加快经济体制改革,大力发展教育,进一步扩大市场开放,以再造投资环境优势,扩大吸纳国际产业转移的规模。第二,优化吸纳国际资本的结构,加速产业结构升级。第三,正确处理区域引进和全方位吸纳的关系,施行市场结构多元化战略。第四,转换引资方式,增辟引资渠道,实现吸纳方式的多样化和合理化。第五,正确处理吸纳国际产业转移与保护本国产业的关系,对国内市场实施有效保护。

(二)全国性产业布局

1. 全国性产业布局的总体目标

一个国家产业布局的总体目标是实现产业的合理布局和经济资源在空间上的有效配置。但从根本上讲,产业布局的目标可分为两个,即效率目标和公平目标。此外,生态平衡目标和国家安全目标也是非常重要的目标。

效率目标追求整个国民经济较高的增长速度和良好的宏观效益,公平目标要求不断缩小区域间的经济水平和收入水平的差距。一般说来,效率和公平是相对消长的。但从长远看,两者的目标又是统一的。我国现阶段产业布局的总体目标应是适度倾斜、总体协调、效率优先、兼顾公平。

2. 产业密集带的形成与全国性产业布局

(1)产业密集带形成的原因。近代产业在空间布局上的演变过程是由两种作用力交互作用而形成的,即产业空间聚集过程和产业空间扩散过程。这些大大小小的产业聚集体在空间上互相接近且日益密切时,我们便有可能将其视为一个更大的产业聚集体,即产业密集带。

(2)产业密集带的空间演进。产业密集带的空间演化大致经历如下阶段:第一阶段,由于国家经济发展,内部产生强烈的投资冲动,在某些区位较好的地区,一些有发展前途的产业部门得以建立起来,于是这些地区便成为新的增长极。第二阶段,在增长极内,由于部门具有很强的联动效应,便在一个经济中心内,形成围绕主导部门、相关企业相互配合的生产系统。第三阶段,由中心城市向外延伸的交通网络呈辐射状向外扩散,围绕中心城市的卫星城、抗磁中心和城市集团纷纷涌现。第四阶段,产业密集带建设趋于成熟,经济实力强大,产业结构转换迅速,对内产业系统性提高,对外影响力加强,产业密集带作为贸易、金融、信息中心的职能和高科技新产品孵化器的职能日益重要。

(3)关于我国产业密集带的发展和全国性产业布局的设想。十一届三中全会以来,经济增长和生产布局的变化,促使我国产业密集带孕育和形成。国家计委和学术界在探讨区域发展战略时,曾提出 T 字型的产业带(长江产业带和沿海产业带)和 π 字型产业带(除上述两带外,另加陇海—兰新产业带)。此外,一些学者还提出了黄河中上游能源重化工带、南昆—红水河能源有色金属带、环渤海经济带等。但是,从严格意义上讲,目前我国的产业带都还缺乏系统性,内部无序状态和内耗都很严重,整体组织性差,协调配合不够,新陈代谢功能低,对外界刺激反应不灵敏,局部地区有病态反应。因此,我国的产业密集带急需规划和政策扶持引导。

3. 全国性产业布局的调整

在由计划经济向市场经济过渡的过程中,全国性产业布局出现了一些新的急待解决的问题:一是区域间发展不平衡,导致东部沿海地区与内陆的中西部之间差距明显拉大。二是区域产业结构在一种低层次上严重趋同,直接损害规模经济和聚集效益,并引发经济震荡。三是区域间不正当竞争、地区封锁、市场分割,引发资源大战,阻碍生产要素合理流动。解决这些问题的一个根本对策是必须坚持全国性产业布局非均衡协调发展的思路。

全国性产业布局非均衡协调发展的主旨,是在考虑产业在各地区布局非均衡的条件下,在把区域经济不断引向高水平的过程中,谋求在地区与地区之间、部门与部门之间、地区比较优势与国家综合优势之间,建立一种动态的协调关系,以此消除非均衡发展的副作用。全国性产业布局非均衡协调发展要求产业政策与地区政策相结合,既要坚持产业政策区域化,又要坚持区域政策产业化。

(三)地区性产业布局

地区性产业布局是地区产业运行在空间上的实现,它主要研究在地区经济发展的不同阶段,地区内部各产业空间组合的最佳形式和一般规律,以求合理地利用本地资源,求得最大的区域效益。

1. 地区性产业布局的依据。自然环境上有一定的类似性和关联性。资源条件、经济发展水平、发展潜力与问题、面临的任务和发展方向等的相似性是地区性产业布局的客观基础;经济发展与布局现状相似性和互补性是区域产业布局的出发点;经济中心的规模和经济实力不同,决定该地区内产业规模、级别和经济发展水平。

2. 地区性产业布局的基本走势

由于地区经济发展水平的每一次跃进都是通过产业结构的转化而实现的,因此,我们以产业结构水平的转化为基准来规划地区经济发展的成长阶段,并以此为线索来研究地区产业布局的走向。

传统社会的产业布局问题实质上是农业布局问题；处于工业化初期的地区，产业结构由落后的农业逐步向现代化工业为主的工业化结构转变，工业以原料指数较高的劳动密集型初级产品的生产为主，大多趋向布局在劳动力丰富的原材料产区；处于工业化中期的地区，产业结构由轻工业为主体转向重化工工业的迅速增长，工业劳动力开始占主体，第三产业开始迅速发展；工业化后期产业结构运行特征是：在第一、第二产业协调发展的同时，第三产业开始由平稳增长转入持续的高速增长，最终成为国民经济的主导产业；在后工业化社会，制造业内部结构进一步由资本密集型产业为主导走向以技术密集型产业为主导，第三产业进一步分化，智能密集型和知识密集型产业开始从服务业中分离出来，并占主导地位。

3. 地区性产业生长点的选择

从产业运行规律角度来看，地区经济发展的过程实质上是不断创造或引进新的产业、部门或产品，并在更大范围内扩散和发展的过程。是否不断有新产业或产品被创造和发展，是地区产业结构升级的关键，也是地区经济发展的关键。由于地区发展的不平衡性，创新活动集中在少数城市或地区，这些有能力创造或引进、吸收和发展新兴产业、部门、技术和产品的城市和地区就叫产业生长点。地区性产业生长点选择要考虑的因素：经济发展水平；人才、技术水平；基础设施水平。

4. 地区性产业布局的主要模式及其在中国的应用

（1）增长极发展模式

我国改革开放后，借鉴增长极的理论指导产业布局。首先，主要在东部地区重点培育一批增长极，比如经济特区的设立、开放城市的确定、各类开发区的建设等，对我国区域经济的发展都起到了非常积极的作用，收到了明显的效果。现在，我国持增长极观点的学者认为，我国中西部地区同样可以推行这种增长极战略，通过多层次的增长极在不同点上带动经济发展。

（2）点轴布局模式

点轴布局模式是增长极布局模式的延伸。点轴开发论认为，资源的分配和产业的布局应按线状基础设施（主要是水陆空交通干线）展开，因而强调已有的经济技术基础在产业布局中的作用。当前我国产业布局中比较公认的两种点轴模式是："T"型模式（以沿海与长江为轴线，以上海为首的包括轴线上的主要城市为点展开我国产业布局）和"弓箭型"模式（以沿海或京沪线为弓，京广线为弦，长江为箭，上海是箭头，以此为脉络展开我国的产业布局）。

（3）网络布局模式

网络布局是点轴发展与布局的延伸，是地区经济比较发达地区的一种布局模式。在经济发达地区，经济密度高，交通通信发达，地区产业布局根据区内城镇体系和交通通信网络系统逐次展开，把网络中的主轴线作为一级轴线，布局和发展区内高层次的产业。我国东部的京津塘地区、长江三角洲、珠江三角洲地区都属于这种开发模式。

（4）区域梯度开发模式

这种理论的基本观点是：由于经济技术的发展是不平衡的，客观上存在一种技术梯度，有梯度就有空间推移。生产力的空间推移要从梯度的实际情况出发，首先让有条件的高梯度地区引进、掌握先进生产技术，然后逐步向处于二、三级梯度的地区推移，实现经济分布的相对均衡。梯度理论认为，我国存在着三大地带，根据其发展水平和创新能力，它们分别被认为高梯度、中梯度和低梯度地区，因此可以成为我国产业结构升级、调整与产业扩散的基本脉络。如"七五"时期提出并实践过的梯度推移战略：认为从经济技术水平看，中国客观上存在着东、中、西部三级梯度差，在地区经济分工的基础上，战略重点逐步由东向西梯度推移，即按照东、中、西部的顺序实施布局，推行投资和建设项目的地区倾斜政策，近期把重点放在经济技术水平高的东部地带，中期将重点转移到中部地带，远期则把重点放到不发达的西部地带。但随着时间的推移，该战略也暴露出重大缺陷，主要是进一步拉大了东、中、西部差距，过分倾斜于加工工业，使整个经济发展缺乏后劲。

## 第五节　产业布局政策

### 一、产业布局政策概述

产业布局政策一般指政府机构根据产业的经济技术特性、国情国力状况和各类地区的综合条件，对若干重要产业的空间分布进行科学引导和合理调整的意图及其相关措施。从本质上讲，产业布局合理化的过程也就是建立合理的地区分工关系的过程，两者分别从纵向和横向角度考察同一事物（产业空间分布）的两个具体方面。

产业布局政策的特点：第一，从产业布局政策的内容上看，主要包括地区发展重点的选择和产业集中发展战略的制定。第二，从产业布局政策的目标来看，产业布局政策往往与特定的国家经济发展程度相关联。第三，从产业布局政策的实施手段上看，产业布局政策主要是规划性的，同时也包括一定意义上的政府直接干预。

在地区发展重点的选择上，产业布局手段主要有：制定国家产业布局战略，规定战略期内国家重点支持发展的地区，同时设计重点发展地区的经济发展模式和基本思路；以国家直接投资方式，支持重点发展地区的交通、能源和通信等基础设施，及至直接投资介入当地有关产业的发展；利用各种经济杠杆形式，对重点地区的发展进行刺激，以加强该地区经济自我积累的能力；通过差别性的地区经济政策，使重点发展地区的投资环境显示出一定的优越性，进而引导更多的资金和劳动力等生产要素投入该地区的发展。

在产业集中发展战略方面，可供采用的产业布局政策手段大致包括：通过政府规划的形式，确立有关具体产业的集中布局区域，以推动产业的地区分工，并在一定意义上发挥由产业集中所导致的集聚经济效益；建立有关产业开发区，将产业结构政策重点发展的产业集中于开发区内，既使其取得规模集聚效益，也方便政府扶持政策的执行。

## 二、发达国家的产业布局政策

（一）美国的产业布局政策

目前还很难看到美国的产业布局政策，这主要是由于美国的政体和经济运行机制有别于其他国家。在两党轮流执政中，很难形成一个系统的、完整的、内容明确的并保持连续性的产业布局政策。产业布局政策实际上是利益集团相互冲突、相互摩擦的产物。

美国的产业布局政策，主要是针对落后的流域地区和衰退的老工业政府制定的支持政策。其实施主要是通过中央财政向发展地区或州政府进行补助或补贴的措施来增强这些地区经济实力，以促进其经济发展和生活水平提高。

（二）德国的产业布局政策

在德国，确定未来的经济结构和调整经济政策，不是联邦政府的任务，而是由企业来完成。产业结构的转化是由市场竞争来推动，而不是由政策进行直接干预。

在组织市场经济运营的管理中，德国政府把注意力的重点放在改善有利于产业发展的投资、技术改造、增加就业岗位、促进国家和企业，特别是中小企业的技术研究与开发、规范市场竞争秩序等经济框架条件方面。这些政策措施，实际上形成了其产业发展和布局政策。

在实施产业布局政策方面，也主要是采取财政补贴促进产业布局合理化发展。既有由上而下的纵向财政转移支付制度，也有富裕州补助较贫穷州的横向财政转移的支付制度，而且这种横向转移支付制度对产业布局均衡发展起到了重要作用。

（三）日本的产业布局政策

二战后，日本的产业布局政策围绕尽快增强国力，适应外向型经济发展的需要，充分发挥沿海地带对外交通便利的区位条件，实现产业空间布局的合理化等目标展开。

二战后到20世纪80年代，为了实现充分发挥沿海地带区位条件和促进国民经济高速发展的目标，通过"太平洋狭长地带区"的计划及必要的财政、金融措施，使其沿太平洋狭长带很快成为世界上最为重要的重化工业带之一，为日本经济的高速增长做出了贡献。

20世纪80年代以后，为解决工业布局过密、过疏的不协调问题，日本先后制订了四个全国性的综合开发计划，而且后一个计划主要是针对前一个计划执行过程中出现的问题以及不同的发展阶段产生的问题而制订的，使得区域政策具有连贯性和针对性，能够顺利地达到预期目标。

### 三、中国的产业布局政策

2003年以后，我国经济出现了良好的发展势头，但一些地方继续搞大幅度低水平重复建设，一些生产能力明显过剩的行业仍在大上项目。如2001年我国汽车市场总需求量排在世界第七，2002年则排在第四。此时，许多地方、部门和企业都把汽车产业作为拉动经济增长的主导产业大力发展。据统计，全国23个省市生产轿车。2005年取消汽车进口许可证和进口配额之后，国内市场国际化使我国汽车生产行业面临着严峻挑战。在这种情况下，低水平扩张造成了资源的严重浪费，也导致银行坏账增加、工人失业增加等后果。因此，在新阶段产业布局政策必须实现双重要求：一方面，要有利于经济发达地区继续发挥优势，保持快速发展的势头，这是今后较长时期国家经济实力增长的主要依托，也是国家支持中西部地区发展的财力物力支撑；另一方面，也要有利于经济落后地区加快发展，包括开始实施的西部大开发战略和振兴东北等老工业基地战略，以及正在酝酿资源枯竭城市的崛起战略。为此，要遵循新科学发展观，加快建设全国统一市场，在全球化的背景下将产业结构政策和地区布局政策统筹规划，将产业集聚和产业转移统筹规划，实现区域协调发展和产业结构优化，促进经济和社会可持续发展。

1. 加快建设全国统一市场。目前我国地方保护和市场分割已经成为产业布局合理化的重要障碍。据资料，我国地方保护和市场分割对国有及其规模以上制造业部门带来的产出损失，大约是实际产出的5%。如果矫正产出结构和要素配置结构带来的扭曲，在不增加投入的情况下，使国有及其规模以上的制造业部门产出增长约5%。因此，强化市场的统一性是建设现代市场经济的首要任务。推进市场开放，加快要素价格市场化，发展电子商务、连锁经营、物流配送等现代流通方式；废止妨碍公平竞争、设置行政壁垒、排斥外地产品和服务的各种分割市场的规定，打破行业垄断和地区封锁；积极发展专业化市场中介服务机构和商会、行会等各种自律性组织；完善市场监督体系，维护和健全市场秩序。

2. 保持东部地区优势，进一步提升东部地区发展水平。综合发挥东部地区的市场优势、金融优势、人才优势、城市圈优势，优先发展高技术产业和技术、知识密集型产业，更好地发挥对中西部的辐射作用。

3. 西部大开发战略的整体推进。继续大力支持西部地区的特色经济发展，推进水电、石油天然气、有色金属、钾盐、磷矿等优势资源合理开发和深度加工，引导西部地区走新型工业化道路，使西部与东部地区差距扩大的速度得到减缓。

4. 振兴东北老工业基地战略。在以重化工业为主导产业的发展过程中，加快推进产业结构升级。

第七章

# 产业发展

促进产业发展是产业经济学研究的主要任务,也是产业经济学研究目的。本章主要介绍产业发展的理论、不同类型的产业发展模式和产业发展战略、全球化条件下产业发展趋势以及高新技术产业的发展。

## 第一节 产业发展理论

**一、产业发展的界定**

产业发展是指产业的产生、成长和进化过程,既包括单个产业的进化过程,又包括产业总体,即整个国民经济的进化过程。而进化过程既包括某一产业中企业数量、产品或者服务产量等数量上的变化,也包括产业结构的调整、变化、更替和产业主导位置等质量上的变化,而且主要以结构变化为核心,以产业结构优化为发展方向。因此,产业发展包括量的增加和质的飞跃,包括绝对的增长和相对的增长。

(一)二元经济发展模式论

刘易斯在其1954年发表的《劳动无限供给下的经济发展》论文中,认为(1)发展中国家普遍存在着以现代工业部门为代表的弱小的资本主义部门和以传统农业部门为代表的强大的非资本主义部门,即发展中国家的经济是二元经济。(2)发展中国家应通过扩张工业部门来吸收农业中的过剩劳动力,从而促进工业的增长与发展,以便消除工农之间以及工农业内部的各种结构失衡问题。(3)实现劳动力转移的关键是利用利润进行投资。

刘易斯将经济发展过程分为两个阶段:第一阶段,开始由于工业资本不多，无力吸收全部剩余劳动力，因此无论对劳动力的需求如何扩大，总能在不变的低工资水平上源源不断地得到劳动力供给。这样，工业总产值中利润部分的增长速度将大大超过工资部分增长的速度，于是出现一个资本加速积累和迅速吸收农业剩余劳动力的增长时期，直至剩余劳动力被吸纳完毕。此后，经济发展进入第二阶段。在第二阶段，由于劳动力也像其他生产要素一样是稀缺的，而不再是无限供给的，因此工资水平也不再是固定不变的了。经济发展的成果、利益等开始在两个部门之间以及资本家和工人之间进行分配。

刘易斯模式存在两大缺陷：一是不重视农业在促进工业增长方面的重要性，这会造成农业的停滞；二是忽视了因农业生产率的提高而出现剩余产品应是农业中的劳动力向工业流动的先决条件，否则工业中吸收的来自农业的劳动力就没有口粮和其他农产品的供应。因此，费景汉和拉尼斯两人后来对其进行了修正，建立了新的二元经济发展模式，即"刘易斯—费—拉尼斯模式"。他们在刘易斯模式的基础上，把二元结构的演变分为三个阶段：第一个阶段与刘易斯模式基本相同，农业部门存在着隐性失业，劳动边际生产力为零或接近于零，劳动力供给弹性无限大；第二、第三阶段，农业部门也逐渐出现了剩余产品，可以满足非农业生产部门的消费，从而有助于劳动力由农业向工业的转移。因此，农业促进工业发展的作用，不仅是消极地输送劳动力，而且还积极地为工业部门的扩大提供必不可少的农产品。

二元经济发展模式既简单明了，又与西方国家经济发展的历史经验大体一致，而且也基本反映了发展中国家经济发展过程中工农、城乡对立运动和人口流动与城市化的一些客观规律。但是，刘易斯等人的二元经济模式由于是建立在古典经济学劳动无限供给假设基础上的，并以发达国家的历史经验为依据，因而存在诸多不足，表现在几方面：劳动的无限供给与实际不符；忽略了工业的技术进步；忽视了工业部门产品的需求究竟缘何而生，由何而来的问题。

（二）经济发展阶段论

1960年，罗斯托发表了《经济增长的阶段》，从世界经济发展史的角度，把人类社会发展划分为五个阶段：传统社会阶段、为起飞创造前提阶段、起飞阶段、向成熟推进阶段、大规模高消费阶段，1971年又补充了第六个阶段即追求生活质量阶段。在这六个阶段中，第三、六阶段是社会发展的两次"突变"，也是最有意义的阶段。

罗斯托认为，起飞是一个社会的历史中具有决定意义的时期，是近代社会生活中的大分水岭。所谓"起飞阶段"，是指一种产业革命，它直接关系到生产方法的剧烈变革。从经济角度讲，起飞意味着工业化的开始或经济发展的开端，是一国经济从停滞落后向增长发达过渡的重要转折点。判断经济是否起飞的主要标志，是技术的"创新"和应用程度；而起飞阶段的重要特征，是一国开始实行工业化发展战略，走上了工业化的道路。

一国经济要实现起飞，必须具备三个互相关联的条件：第一，要有较高的资本积累率。第二，要建立起能带动整个经济增长的主导部门。第三，要进行制度的、社会的、政治的变革。

经济增长几个阶段出现依次更替的原因，主要是"主导部门"的不断更替和"人类欲望"的不断更替，前者是客观原因，后者是主观原因。主导部门的带动作用不仅表现在自身能够高速增长，而且能够把这种增长扩散到其他产业部门去，对其他产业部门产生决定性影响。这种影响主要有三种形式：一是规模经济影响，即主导部门的建立可以形成规模经济。二是产生新产业和扩大出口部门的影响。三是带动影响，即可以带动"现代基础工业部门"的发展。

最后，罗斯托认为，主导部门不是一成不变的，而是根据不同的发展阶段和条件不断演变的。正是主导部门的这种不断更替，推动了经济增长和发展阶段的变迁。促使主导部门不断更替的原因，除了人的欲望不断变化外，主要是技术的不断创新和新技术的不断采用，因此，技术进步是经济增长的重要源泉。

（三）平衡增长与不平衡增长理论

1. 平衡增长理论

平衡增长理论形成于20世纪40年代，其核心是主张发展中国家为了摆脱贫困，应在各个工业部门或国民经济各部门全面地、大规模地投资，使各部门按同一比率或不同比率全面增长，以此来实现工业化，推进国民经济的发展。该理论有以下三种形式（或流派）。

（1）极端的平衡增长理论。代表人物是罗森斯坦·罗丹。认为，发展中国家长期以来工业落后，基础设施不全，劳动生产率低，资本形成不足，加上资本供给、储蓄和市场需求的"不可分性"，小规模的、个别部门的投资无法解决根本性的问题。因而，必须采取"大推进"战略，在各工业部门同时并按同一投资率进行大量投资。由于供给会创造需求，各个部门就能产生相互依赖的市场，从而导致整个工业部门的全面增长。

（2）"温和的"平衡增长理论。代表人物是纳克斯。他认为，发展中国家因为穷，收入低，导致储蓄少，需求小，投资引诱不足，从而又导致生产率低，收入低……如此反复，形成了贫困的恶性循环。只有进行全面的大规模投资，使国民经济各部门同时扩大和全面增长，才能摆脱这一困境。但因各部门的产品的需求价格弹性和收入弹性大小不同所产生的各部门的发展能力和潜力的差异，各部门的投资比率应有所不同。弹性大的部门，表明发展不足，有潜力，应多投资；弹性小的部门，表明发展已过快，应少投资。

(3) 完善的平衡增长理论。这是一种综合了前两种理论特点的理论，其代表人物是斯特里顿。该理论在强调扩大投资和国民经济各部门全面增长的同时，也主张依据各产业的产品需求收入弹性来确定不同的投资率和增长比例，以个别部门的优先增长来克服经济发展中的梗阻问题，最终达到各部门的平衡增长。这种理论是把不平衡增长作为手段，而把平衡增长作为目标的一种动态平衡增长理论。

2. 不平衡增长理论

1958年，赫希曼出版了《经济发展战略》一书，着重从现有资源稀缺和企业家缺乏等方面，提出了"不平衡增长"理论。认为，发展中国家应集中有限的资本与资源，重点发展一部分产业，并以此逐步扩大其他产业的投资，带动其他产业的发展。不平衡增长理论的核心内容包括三大部分。

(1) "引致投资最大化"原理。赫希曼将投资分为"社会分摊资本"和"直接生产性活动"两大类。虽然从经济增长的角度看，两种投资均必不可少，但因发展中国家资源有限，应对其发展的先后做出抉择。由于"直接的生产性活动"能刺激进一步投资，产生最有效的投资效益，即能使"引致投资"最大化，因而应集中投资于直接生产性部门，待这些部门发展且收入增加后，再利用其中一部分收入投资于基础设施部门，以带动其增长。

(2) "联系效应"理论。联系效应是指国民经济中各产业之间存在的相互联系、相互影响和相互依存关系。赫希曼认为，联系效应可用产业的需求价格弹性与收入弹性来测量。凡存在联系效应的产业，无论属哪种效应，均可通过该产业的扩张所产生的引诱投资来促进前向、后向联系产业的发展，其他产业的发展反过来又推动该产业进一步扩张，从而带动整个产业的发展。所以，在选择优先投资项目时，应选有联系效应的产业，进而又应选联系效应大的产业。

(3) 优先发展"进口替代工业"原则。据赫希曼的观察与研究，发展中国家产业之间的联系效应一般都很弱，只有制造业，尤其是加工工业相对说来有较大联系效应。因此，发展中国家应集中投资优先发展工业，尤其是加工工业，而进口替代工业又是其中发展的重点，因为进口替代工业具有较强的前、后向联系效应。发展中国家由于工业投资稀缺，资本不足，通过发展进口替代工业并发展到一定程度后，逐步由生产工业消费品为主转向生产资本品为主，进而完全取代工业投入的进口，建立起民族工业体系，最终实现工业化。

平衡增长理论与不平衡增长理论适用于不同的环境与不同的时期。一般说来，在资源稀缺和经济发展的初始阶段，不平衡增长理论更符合发展中国家的实际情况。在这一时期，先用不平衡增长理论做指导，取得经济增长和工业化的初步成果，积累资本，开拓市场。待到经济增长达到一定水平时，基础工业与加工工业、农业和工业等矛盾就会加剧，甚至成为制约经济进一步发展的因素，这时就要用平衡增长理论做指导，调整投资战略，完善经济结构，协调经济矛盾，使国民经济能够长期、稳定、协调地增长，社会经济全面发展。

### 二、产业发展的动因

产业发展过程是一个受多种因素影响的复杂过程。在这个过程中，如果产业的竞争力强，就有助于产业的形成，并迅速吸纳社会资源，技术快速进步，占领广阔市场，扩大市场容量，实现产业成长，进而走向产业成熟，甚至理想地延长产业的成熟期，在国际市场竞争中处于突出的优势地位。相反，如果产业的竞争力弱，产业就必然会走向衰退。因此，产业发展的影响因素应该包括动力机制、供求机制、内在机制、外在机制、决策机制和创新机制。

1. 利益驱动是产业发展的原动力

产业形成与发展的基本条件是市场需求，但如果仅仅有市场需求，没有利益驱动（包括厂商和政府的利益），资本是难以聚集的，生产要素也就不能向该产业流动，产业也就不能形成，即使已经形成也得不到发展。当现有产业的边际收益迅速递减，出现 $MR < MC$ 时，产业扩张就会停止。当新领域投资预期回报诱人时，就会强力吸引社会资源。一般来说，在市场需求、产业政策、资源供给等相关条件存在的情况下，投资回报率越高、利润率越高，产业引力就越大，产业就会迅速地形成与发展。反之，产业的形成与发展就缓慢，甚至衰退。

2. 产业融合：产业发展及经济增长的新动力

产业融合是信息化进程中的新产业革命。由于产业融合突破了产业分立的限制，使电信、媒体和信息技术部门得以寻求交叉产品、交叉平台以及收益共享的交叉部门，从而为企业提供了扩大规模、扩展事业范围、开发新产品和新服务等方面的巨大商机，导致资源在更大范围内得以合理配置。戴维·（2002）莫谢拉认为，当电脑、电信、消费电子产品以及出版传媒等产业发生聚合时，信息技术产业将再一次经历新卖主、新商业模式以及全球市场领导新格局纷纷涌现的局面。

第一，产业融合催生了许多新产品与新服务。

在电信、广播电视和出版三大产业融合中，数字化信息的灵活性不仅使传统服务变得更丰富多彩，如数字电视和数字收音机，以及更高质量的移动通信设备在原有基础上能够提供更加完美的服务，而且还可以产生许多全新的服务和运作程序。这些全新的服务是多种多样的，如电子报刊、在线超市、家庭银行，以及用于内部通信和商业运作的多媒体网站等。这一新的平台为企业不断开发新产品与新服务提供了条件。目前，广播公司正开发新的业务，如数据广播、互联网广播以及电信传输和服务；电信运营商正从事提供影音服务的新业务，如有线电视和随意光碟等；互联网提供者正开始发布影音材料；接入服务商也能够开展语音电话服务业务，等等。

尽管受目前条件的限制，电视和视频互联网之间仍存有间隙，但通过一些运作程序正在弥合其间隙，促进这两个领域的融合。图像丰富的互联网频道这种创造性形式，是对以前互相分离的影视产品、计算机成像和信息管理的系统集成。同样，还有网络游戏也使跨国境的玩游戏成为可能。在一个连续的、可伸缩性的数字环境中，创造性的混合多媒体应用正在出现，从而带来新的服务内容。例如数字电视与互联网的互动机制，提供了即时订购的服务内容；CD-ROM目录与互联网连接，则提供了内容与价格更新的服务内容等。

总之，在产业融合过程中，服务都被增添了新特点。在信息服务价值链的传输终端，使用者或参与者正进入一个全新的活动领域。另外，服务本身也由于融合了原先其相互分离的属性而产生了变化。例如，由于文本和图片的平行传输，就能使电视节目增加信息含量等。

第二，产业融合促进了新参与者进入和开辟新市场。

在产业融合过程中，原电信、广播电视和出版部门的参与者乘势扩张，但同时也导致其他强有力的新参与者进入。对于像数据库运营商和金融信息服务这样的信息提供者来说，互联网构成了他们传统知识技能实质性扩展和重复利用丰富信息存量的理想平台，从而促使他们成为新参与者进入这一产业融合过程之中。同样地，在欧洲许多IT公司也正朝着普遍应用的软件开发和多媒体内容发布的方向发展，将大量的投资引向光缆（信息基础设施）和电视业，并充当起数字化电视试验的集成者角色，其目的就是想进入新的领域，成为这一新服务市场的参与者。与此同时，在这一产业融合中，有明显的迹象表明，市场参与者愿意利用新平台，特别是互联网所提供的可能性开辟新市场，并在无论从地理位置还是产品的传统意义上都不是他们核心市场的地方扩展业务。网络广播就是开辟新市场的一个典型例子。电信经营者向互联网语音电话服务领域的进入，则是有争议的另一个开辟新市场的例子。当然，这种开辟新市场有两种不同的含义：一是开辟对所有参与者来讲都是新的市场，即全新的市场；二是参与者进入一个新的领域意义上的开辟新市场。但不管怎样，这都将带来新的产业发展。

第三，产业融合增强了竞争性和新市场结构的塑造。

在产业融合过程中，原先有着固定化业务边界与市场边界的产业部门相互交叉与渗透，从而使部门之间原先非竞争关系转变为竞争关系。而且，在此过程中还有大量来自其他产业的新参与者进入，使竞争程度进一步加剧。无疑，这将导致大规模的企业倒闭与重组。

在产业融合中发生的一系列企业重大合并、收购和联合活动，塑造了新的市场结构。新市场结构反映了价值链的一个实质性变化，从简单的信息传输转变为内容的生产和包装或者提供在线服务和交易。自由化和竞争，加之数字化以及广播和电信网络承载能力的巨大增长，致使信息服务的传输和发送已越来越普及，并将其转变为低边际、高容量的商业活动。因此，目前在这一产业链低端运作的厂商正寻求通过横向联合或者将机构扩展到新地区市场来增加其核心业务的容量，从而使内容生产、包装和服务之间难以详细区别开来。在产业部门之间交叉地带的新产业的出现，强化了这种情形。10年前，先行进入在线计算机网络服务的公司，今天已经成长为数十亿美元的大集团。CompuServe和美洲在线就是两个典型的例子。最近，这两大巨头与Worldcom的联合进一步反映了当前市场结构的变异性。

第四，产业融合促进了资源合理配置。

产业融合也为企业提供了互相利用技术融合的机会，整合了原来利用不充分的资源，降低业务扩张的物质门槛，从而获得了"双赢"的局面。其中一个典型案例，就是电信企业AT&T与电脑网络企业IBM之间的世纪购并。IBM在20世纪80年代用大量的投入来搞信息基础设施，随着上网越来越便宜，其价值越来越低，继续投资难以从用户方面得到理想的回报。尽管上网规模扩大使其绝对收入不一定会下降，但这部分收益在其公司总收益中的比例趋于下降。因此，IBM面临着一个如何应对这一负担的问题。与此同时，AT&T则试图拓展其业务，重新进入原来的传统市话业务。双方互相利用技术融合的机会整合原来利用不充分的资源。AT&T通过收购具有最好性能价格比的IBM数据网络，实现了其电信业务的低成本扩张，而IBM通过转让其基础设施网络，摆脱了这一价值越来越低的物质资本的负担，并承接了AT&T一些应用软件和数据处理的外包业务，以充分发挥其数据业务技术和服务的核心能力。作为交易的一部分，AT&T获得了IBM一份价值50亿美元的5年期合同，AT&T也将一些应用软件和数据处理的工作外包给了IBM，其合同总额40亿美元，时间长达10年。这一事例雄辩地说明，并购及业务整合所带来的财富效应，其基础在于产业融合提供了一种新的节省成本的机会与方式。

第五，产业融合促进了就业增加和人力资本发展。

在产业融合过程中，由于市场的扩张与随之产生的对内容和服务需求的增加，对相关部门的就业产生直接而积极的影响。除了市场的成长能够转变为工作岗位的增加、提供新的就业机会、增大就业规模外，还对创造性人才产生了特别强烈的需求。不管是寻求新市场定位的大公司还是在特殊领域生存的小企业，都需要大量这种创造性人才。例如在产业融合过程中，小企业通常进行重新定位，即把标准化数字平台（如像互联网那样）的应用与软件技术结合起来，致力于发展针对专业用户和居民消费者的服务。这就要求充分利用通过整合电信、传媒和IT所产生的技术融合，以生产和提供创新性服务，显然，它就十分需要这方面的创造性人才。因此，为适应新市场，人们必须拥有适当的复合技能。而这需要专门的训练，同时也使员工再培训变得更加重要。

第六，产业融合派生出信息产业发展的巨大增值机会。

随着模拟媒体、纸张媒体和其他媒体都转型为数字领域的一部分，信息产业将以空前速度增长。如果说，个人电脑时代的大部分增长来自新的信息技术投资，那么在产业融合条件下，将会有两大驱动力：一是当设备与服务扩散时，增量发展会继续；二是电脑产业与其他产业融合提供的更加有力的推动。在此过程中，网络与软件更为普遍的使用，将使其经济价值得到充分体现。我们知道，软件一旦开发出来，增加拷贝的边际成本只是一片软磁盘、一台光盘只读存储器的费用，或者在电子销售中几乎不花费任何费用。这导致实际上无限的供应商经济规模以及一条平均成本下降的渐进曲线。而网络价值却随着网络扩大时节点增多而呈指数增长，所以是一条不断上升的渐进曲线。因此，网络越大，潜在价值越高，软件销售数量越多，单位价格在理论上越便宜。这两种力量独特的结合，互为加强，导致巨大的增值机会。

3. 经济增长是经济发展的推动力

经济增长的要素可以归结为：生产要素（包括物质和劳动力）的数量上的增加；生产要素效率的提高（包括劳动力效率、劳动工具的革新、科学技术和管理创新等）。如哈罗德—多马经济增长公式，$g = s/k$，其中$g$表示产出

增长率 ΔY/Y，s 表示储蓄率，即储蓄在 GDP 中的比重，资本存量，k 是一个常数，叫作资本—产出比率。这个方程或模型所表达的基本观点是：用于厂房设备等投资所创造的资本，是经济增长的主要决定因素；而人们与公司的储蓄，则使投资成为可能。又如新古典经济增长理论的索洛—斯旺模型的基本方程：ΔY/Y = a（ΔK/K）+ b（ΔL/L），其基本含义是：经济增长率是由资本和劳动的增长率及其边际生产力所决定的。但这个模型忽视了技术进步对经济增长的巨大贡献，针对这一缺陷，索洛和米德对将其发展成为"索洛—米德"模型为：ΔY/Y = a（ΔK/K）+ b（ΔL/L）+（ΔT/T），它的基本含义是：经济增长率取决于资本和劳动的增长率、资本和劳动各自的产出弹性（即相对收入份额），以及随时间变化而变化的技术进步。它与索洛—斯旺模型的区别就在于强调了技术进步对经济增长所起的作用。可见，资本—产出率、劳动力因素以及技术进步因素等，这些都是产业发展的推动力。

产业是介于宏观经济即国民经济总量，如国民生产总值、国内生产总值、国民收入、总投资、总消费等和作为微观经济的企业和家庭等个体经济行为之间的中观经济，其影响因素有宏观方面的，也涉及微观方面，可以认为包括政治、社会、心理、市场、自然环境等多个方面，如政府政策、人口、科学技术、战争、投资变化、能源供应、自然灾害、人们消费和收入预期、市场供需变化等。而且就单个产业的产生、成长和进化等发展过程而言，具有一定生命周期，可以划分为投入期、成长期、成熟期和衰退期。产业中的主导产业通过前向、后向以及旁侧效应会影响其他产业的发展，主导产业的选择有政策因素，但更多地取决于市场因素、取决人们的消费水平和消费倾向、科学技术水平、资本和劳动力情况等。在考虑国际资本流动和政府投资的情况下，资本获得的渠道可以多样化，这里暂时不考虑资本因素，将影响产业发展的动因归结于劳动力情况、市场供给和需求关系的变化、科学技术的创新和应用、人们的心理因素的影响。

劳动生产力水平是与产业的现状相适应的，在工业化社会以前对人类社会生产具有强的制约能力，但是在现代市场经济条件下，随着分工的深入和细化以及"边干边学""持续改进"在生产中的运用，生产力水平与产业发展是紧密联系在一起的，成为产业发展的一部分，而对产业发展的约束主要体现的是科学技术的创新和应用。人口、政策、外部环境、自然环境变化等外部因素主要在于影响市场的供给和需求，而供需的变化又会限制或者推动产业的发展。至于投资预期、劳动就业率、消费和收入预期等可以归结为心理方面的因素，人们心理的变化和预期影响产业的发展现状和前景。因此，产业发展的动因归结为三个因素，即创新、需求和供给关系以及心理因素，这三个因素亦即造成产业发展周期的重要因素。

经济增长是经济发展的基础，是社会进步首要的、必要的物质条件；经济发展是经济增长的结果。经济增长是手段，经济发展是目的。一般来说，没有经济增长就不可能有经济发展；有发展而无增长的情况一般是不可能出现的，在个别情况下即使出现也只能是短期的、局部的，而不可能是持续的、全面的。但经济增长过程并不一定意味着经济发展。一种情况是，经济增长与结构失调相伴随。表现为产出增长的结果并没有使广大的劳动人民受益，而是造成了长期的两极分化日趋严重；产出有快速增长，但产出中相当大一部分无补于国计民生，是国民经济的虚耗；片面追求快速的产出增长，不顾及广大人民的福利，不考虑所付出的社会代价；等等。其结果只是图虚名实祸而已，不能视为发展。另一种情况是经济增长与经济依附相伴随。最为著名的例子是罗伯特·克劳尔在《没有发展的增长》一书中对利比亚经济的分析。利比亚当时的经济增长主要依赖于由外国技术人员组成的外国公司的力量，他们的市场也基本依赖于美国和西欧国家。由于没有结构变革，其他部门没有出现相应的增长，又由于缺少制度变革，因此出现了没有发展的增长。

### 三、产业发展与经济周期

经济周期（Business cycle, trade cycle）亦称作商业周期、经济循环或者商业循环，指在市场经济生产和再生产中周期性出现的经济扩张与经济紧缩交替更迭循环往复的现象或指经济活动沿着经济发展的总体趋势所经历的呈现一定规律的波动变化（见图7-1）。现代经济研究基本上从两个角度来分析，即从逻辑和理论分析的角度，把经济周期定义为经济运行偏离均衡状态的反复出现；或从统计分析的角度，把经济周期定义为积累性扩张和收缩的反复出现。诸如《现代经济学词典》："经济活动水平的一种波动（通常以国民收入来代表），它形成一种规律性模式，即先是经济活动的扩展，随后是收缩，接着是进一步扩张。这类周期随着产量的长期趋势进程而出现。"

经济周期的描述更多是从经济运行所表现出来的一些现象的分析和论述，其波动情况可以分成两个大阶段：扩张阶段和收缩阶段；进一步细分成四个阶段：复苏、扩张、衰退、萧条。对于经济波动变化采用的衡量指标包括国民经济生产总值、就业（失业）率、国内生产总值等。经济周期划分一般采用"谷—谷"周期划分法，即从一个波动的最低点到下一个最低点的间隔作为一个周期,其中包含四个不同的阶段。参看图7-1、7-2。

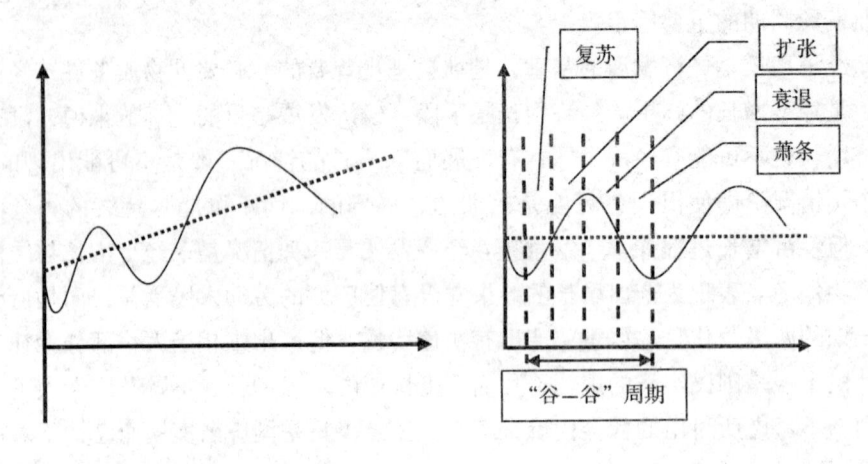

图7-1 经济周期——绝对值的变动　　图7-2 经济周期——相对值的变动

(一) 经济周期中的产业变化

经济周期变化往往伴随着产业结构的调整变化,特别在长周期中,科学技术创新和消费心理的转变以及市场条件的调整,产品和服务供应和需求产生大的变化,以及产业的传递、扩散效应,经济周期波动往往伴随着旧产业的消亡和新产业的发展。经济周期中,各类企业的增加和扩张以及倒闭和收缩在不断变化中,但是在各种产业中的企业诞生、消亡、发展、规模变化等并不一样。在经济繁荣期,以主导产业为主的产业群因为技术和市场的成熟,具有快速扩张的能力,成为有利可图的行业,吸引大量资金和劳动力的投入,从而进一步推动生产规模和生产技术的提高,促使产业进入扩张状态。但是产业本身受到技术创新和需求的限制,具有其各自的生命周期,产业扩张具有一定的限度,随着市场需求的变化和技术创新的产生,原来产业的发展必然受到限制。这时需要进行产业结构调整和转换,但是由于信号的延滞现象,市场调节产生滞后,产业发展往往超过其合理状态后才开始进行调整,形成产业转换衔接的断裂。这时,原有主导产业已达到发展的极限,无法进一步突破,而新的主导产业由于资源、资金、市场等的约束也缺乏发展。因此,在经济萧条期,原有主导产业开始发展缓慢或者衰落,新的主导产业陆续得到资金的支持,但是并无法占据总体经济的主导地位,并且其扩散和传递作用尚未渗透到其他产业中,更多是吸收资金和劳动力的投入,以培养产业逐步扩大,直到成为市场的主导力量,进入一个新的扩张时期。

(二) 产业生命周期与经济周期的关系

产业具有其生命周期，经济周期是总体经济的运行变化规律，而总体经济又是由众多产业部门组合而成的，各种产业的生命周期不尽相同，产业也往往是连续发展的，不会瞬间消亡，而是逐步淘汰。已往对英、美、法、德四个资本主义国家1831年～1990年的工业发展的研究分析表明在工业生产和整个经济发展上确实具有长波现象的存在，主要原因归结为：技术创新的出现和应用；产品和行业生命周期发展上S形的影响；基础设施投资波动等的联合和交互作用。德国经济学家门德研究认为能够创造新的行业或新的市场的技术创新大体是在50年的间隔下成群出现的。重大技术创新常常不仅适用于一个生产部门，而且也能应用于其他的许多生产部门，提高它们的生产率和增加它们的盈利性，新技术的扩散往往带动一批新兴产业的发展，在经济发展中起到主导作用。[①]

一个产品或者一个产业在其发展过程中，其增长速度不会是始终如一的，起初增长速度不高，过一段时间后开始快速增长，然后再减缓，甚至被其他产品或者产业取代，这就是所谓的产品增长或者产业的S形曲线。每种产业的生命周期会有很大的不同，而且产业生命周期通过交叠、延伸（参见图7-3、7-4、7-5）可以变化出更多的生命周期，各种产业在其不同的生命周期的各个阶段具有不同的增长速度，由多种产业组成的总体经济在各个产业的不同组合下也就呈现出不同的发展状态，增长速度受到不同的影响。如果在某一时期，比较多的产品和产业处在增长阶段，整个经济就会有较高的增长速度，这时往往就成为长波中的上升波阶段；若更多的产品或者产业已处于成熟或者衰弱阶段，整个经济的增长速度就会较低，这时整个经济往往处在经济长波的下降阶段了。产品和产业的生命周期影响了整个经济的增长和经济长周期的变化。研究表明各个产业部门在长期的发展过程中，在各个时期的增长速度并不一样，有时高、有时低，而通过多样的产业部门组合而成的总体经济在各个产业部门的叠加和融合后也呈现一定的经济周期波动，经济周期一般具有较明确的时间段，与一部分产业呈现显著的相关性，产业生命周期与经济周期有着类似同步的变化，但是无法与具体某个产业完全一致。

---

① 参见胡代光主编，《西方经济学说的演变及其影响》，北京大学出版社，1998年版

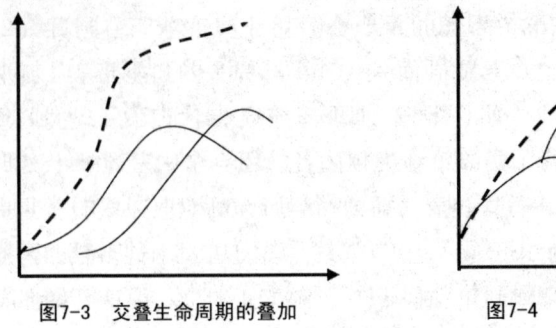

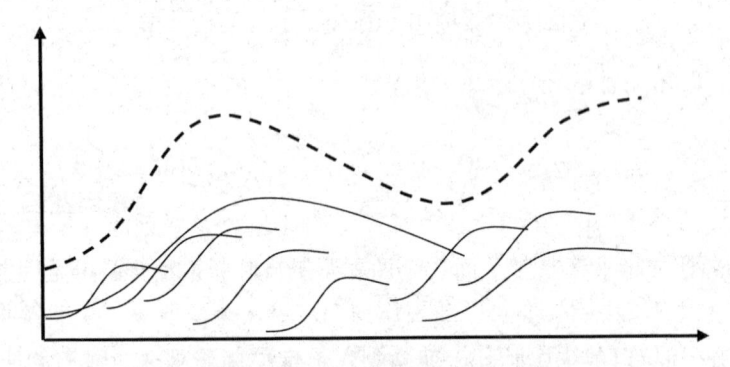

图7-3　交叠生命周期的叠加　　　　　　图7-4　生命周期延伸的包络线

图7-5　单个产业生命周期叠加成总体经济变化

技术创新的生命周期和主导产品的生命周期密切相关。技术创新有一个初创、发展、成熟和停滞的生命周期，且通常假定呈 S–形曲线表现。重大或者基本的技术创新出现的不连续性和成群性是经济长波中上升波和下降波的重要基础。主导产品也有一个试制、成长、成熟饱和和衰退的生命周期。两者的主要联系包括：一是在技术初创和产品试制阶段，总是从少数企业开始的，它们再扩大投资，将新技术应用于生产，试制新产品，虽然利润率降低，但因为它们掌握着技术优势，可以通过增加利润量来弥补利润率下降所受的损失。二是在技术创新和主导产品成长阶段，采用这种新技术的企业迅速增加，新技术迅速普及，并通过出口和对外投资，将技术转移和扩散到国外。此时固定资本投资迅猛增加，主导产品的市场需求日益扩大。三是在技术成熟与停滞和主导产品饱和阶段，技术创新已达到高级阶段，原有的创新企业就失去技术优势，因而无法利用技术创新优势获取超额利润，于是出现了资本积累过剩，投资和生产必然由高潮转向低潮。

（三）不同生命周期的产业

1. 主导产业或新兴产业。从产业发展生命周期的角度，我们可以把主导产业（或新兴产业）看作是正处于成长期阶段的产业。其特点是发展速度很快，增长率很高，并对整个产业结构的变动起到了关键的作用。主导产业或新兴产业之所以能够打破原来相对平衡的产业结构，是因为它创造并满足了新的社会需求。一般来说，主导产业或新兴产业往往代表着市场上产生的新需求，代表着产业结构转换的新方向，以及代表着现代科学技术产业化的新水平。因此，主导产业或新兴产业对整个产业结构系统的运行和发展起着重要的导向作用，因而又可称之为"先导产业"。

2. 支柱产业。从产业发展生命周期的角度，我们也可以把支柱产业看作是正处于成熟期阶段的产业。但是，这并不意味着所有处于成熟期的产业都是支柱产业。处于成熟期的产业能否成为支柱产业还应看它是否具备以下特点，即其产出或收入在整个产业系统中所占的比重比较大，对其他产业发展的影响也比较大，而且维系着整个国民经济的增长。当然，支柱产业的地位也不是一成不变的。随着产业结构的演进，有的主导产业（或新兴产业）逐渐进入了成熟期，成为新的支柱产业，而原来的支柱产业则会渐渐步入衰退期而失去其"支柱"的地位。

3. "夕阳"产业或衰退产业。从产业发展生命周期的角度看，我们可以把处于衰退期的产业称为"夕阳"产业（或衰退产业）。特点是其市场需求逐渐萎缩，发展速度开始变为负数，并在整个产业结构中的地位和作用持续下降。发达国家对"夕阳"产业或衰退产业一般采取两种措施：一是进行产业转移，将其转移到广大发展中国家去，通过开辟新市场使其重新焕发生机；二是对其进行高新技术改造，通过提升其技术含量来创造新的需求，使其"焕发青春"，再次走向发展。

## 第二节 产业发展的趋势

从本源上看，产业乃人类之创造，掌握其变动规律、把握其发展趋势并加以有效利用，人们该有所为。然而，人类整体一般无法操作，其产业活动总是通过国家、群体和个人去实现的，因而就出现个人甚至群体难以驾驭的态势。但无论如何，研究产业发展趋势既是政府发挥合理的产业调控功能之必需，也是企业经营及个人择业顺应之势的要求。

## 一、产业现代化

产业现代化是历史的范畴。当人类处于农业社会时,农业的文明和手工业的发展就是当时产业现代化的体现。四大文明古国的诞生实际上是当时处于现代化前沿国家的象征。今天,人们来到不同国度的历史博物馆,既可看成是接受人类古文明的教育,也可视为现代化历史的教育。以工业为例,其现代化演变历史可概括为四个阶段:第一为分散的手工业阶段。尽管这一时期多数集中于城市,但从生产经营的组织状况看,均以个体形式出现,所依赖的只是行会(行会的主要职能是,限制内外竞争,以求其成员经营稳定,为此制订各种规章,形成严密的检查、奖惩制度)。每个手工业者生产商品的数量受到严格的限制,规模十分狭小、品种单一(主要是纺织、陶瓷和冶铁等)。内部成员结构只是行东(匠师)、帮工和学徒,不存在雇佣关系。中国的工业落后并不出现在早期手工业阶段,相反,恰恰是这种原始工业的辉煌,带来了骄奢、自负,闭关自守,乃至今日还未扭转根本落后的局面。第二为工场手工业阶段。从第一阶段进入第二阶段,劳动方式、生产规模和成员的身份结构都发生了显著变化。就劳动方式而言,区别于第一阶段的简单协作,这一时期,强调明确分工。一种方式是把不同工种或行业的独立手工业者联合在一个工场里,共同制造某种产品;另一种方式是,把从事同类或同一行业的并能独立制造某种产品的手工业者组织在一个工场里,将总产品分解为互相衔接的工序,使个体固定在工序上,共同完成一种产品。无论采用哪种联合的方式,都明显推进了分工的细化、生产规模的扩大和促进技术的应用。资本与雇佣关系的随之诞生也来源于两种途径:一是来自行会内部的分化,行东成为资本家,帮工与学徒成为雇佣工人;二是商人资本侵入手工业,一些商人、包卖主转化为手工场主。第三为机器大工业阶段。工场手工业长期发展,使分工日益发达,劳动工具不断改进和专门化,并培养了一批有熟练技巧的工人,这就为向大机器生产过渡准备了物质技术条件。最早进入机器生产并实施工厂制度的是英国。18世纪60年代英国首先开始了工业革命。到19世纪30年代末、40年代初,英国的基本工业部门中以机器为主体的工厂制度占据了显著的优势,工业革命基本完成,历时近80年;美国和法国在19世纪初叶,德国在19世纪30年代以后,也都先后进入了工业革命时期,美国、法国、德国分别在50年代末、60年代、70年代先后基本完成了工业革命。各国以机器生产为标志的工业革命大体上都从纺织工业开始,进而发展到轻工业,最后发展到重工业。第四为信息化、智能工业阶段。20世纪40年代后，随着信息技术逐渐融入机器工业，设备自动化、产品智能化、工厂轻型化、管理网络化成为现代工业新特征、新趋势。"无人工厂""无人车间"成为现代工业的重要标志。

产业现代化演进的根本原因在于科技的推动，科技的特征实质上往往成为产业现代化的根本标志。产业现代化进程，固然包含诸多经济社会综合因素，但直接的推动力是一次又一次的科技革新和进步，最为突出的是众所周知的三次技术革命。第一次技术革命发生在18世纪70年代，开始于英国纺织工业的机械化，而以1769年诞生的瓦特蒸汽机的广泛使用为标志。纺织机、蒸汽机的发展促进了机械工业的发展，而机械工业的发展又扩大了对冶金业的需求，同时，随着蒸汽机的广泛使用，1807年又发明了轮船，1814年发明了火车，使交通运输业也发生了根本变革。第二次技术革命发生在19世纪70年代，以电、电机和内燃机的发明为主要标志。1866年德国的西门子，以电磁铁制成了实用的发电机，为电气工程的大发展开辟了广阔天地。接着，1875年前后，电动机逐渐用于工业生产，从而大大改变了动力设备和生产过程。此后，又解决了远距离输电问题，使工业生产摆脱了地方条件的限制。1878年发明了白炽电灯，城市开始有了现代化的照明。到1904年前后，二极管和三极管相继诞生，这样，在原来使用有线电报、电话的基础上又产生了无线通信工具。尔后，建立了广播电台，普及了收音机。自此，人类历史就跨进了以电用于动力、照明、通信和生产的"电气时代"。第三次技术革命，亦即新的技术革命，发生于20世纪40年代并正在持续。这次技术革命主要以信息、生物、材料、能源、空间、海洋和环保等7大技术领域变革为标志，其产业影响的广泛和深度目前难以给予足够的估计，上述工业现代化第四阶段的到来正是基于此次科技创新。

产业现代化和新兴产业是具有内在联系的两个不同范畴。任何新兴产业均依托于产业现代化，然而，新兴产业并不包括传统产业的现代形式。产业现代化，既凸现在新技术基础上诞生的新兴产业，也涵盖采用先进技术改造和武装的现存产业。因此，产业现代化的过程，实质上是伴随技术创新、应用的产业变革过程。由于任何产业均涉及产品、设备（工具）、生产方式和劳动方式等系统运行，因而产业现代化也是产业内在诸要素或主要要素显著变动，进而导致整个系统显著变动的过程。以纺织产业为例，最早是手工纺织，其产品是纱和布，劳动工具是手摇纺纱机和脚踩织布机，劳动方式是个体化或简单协作；经营规模小，劳动效率低。这种产业形态持续了数千年，直到18世纪30年代，机械纺织机最终诞生。特别是1733年英国的纺织工人约翰·凯伊发明了

"飞梭"，使织布机效率成倍上升。瓦特蒸汽机发明并应用后，彻底解决了动力问题，于是，人类纺织产业真正进入机器生产阶段：产品高质量、高效率并大规模被生产，工厂作业成为基本的生产和劳动方式。可见，从狭义的视角看，引起产业现代化的变动要素主要有两类，即产品和生产工具（生产方式和劳动方式随之而变化）。传统农业现代化的核心是农业机械化，而农业机械化并不直接改变农业产品。然而，新兴产业往往是以新兴产品为标志的，如计算机、彩电等，即使是新兴农业，也是以农业产品新品种、新变种（转基因）而展现的。从广义上看，或从全社会的角度看，产业现代化集中体现在产品现代化上，因为生产工具也是产品，而且中间产品的变动终究还是传导在最终产品上，包括品种、数量和质量。

总之，归结起来，产业现代化就是新技术在产品上的应用。因此，对于当今社会产业现代化及其发展趋势的判断，必须基于高新技术应用和产品质态上，前者是标志，后者是结果，二者统一于产业体系之中，展示产业现代化的成效。藉此，对于当前客观存在的现代农业、现代制造业和现代服务业可作如下概述。

现代农业：以机械化为基础的自动化、智能化装备和体现生物技术的农产品。观察某一农业区域或园区是否具有现代农业特征，依据装备和产品的不同组合，做出肯定的判断，无非是三种状态：一是装备现代化，体现了机械化、自动化，甚至一定程度的智能化的技术应用。虽然产品形态依然是传统式的，但规模、效率、质量均显现出现代气息。二是产品现代化。如室内、无土蔬菜，转基因作物等。三是装备、产品共同体现现代化。人们习惯地将现代农业表述为：规模化、集约化农业；高附加值的农业；绿色、环保农业；出口创汇农业；旅游观光农业等等，这只是从其派生的功能和外在形态而言的，对现代农业进行理性的揭示和概括还要做更大的努力。

现代制造业：用现代科学技术武装起来的制造业，包括直接采用高新技术的新兴制造产业（简称高新技术制造业，如计算机制造业）和运用现代科技改造的传统制造业（或称先进适用技术制造业）。展示现代制造业特征，即现代技术的运用，既可以通过产品（高性能的计算机、智能化的汽车等）体现，也可以视现代化设备（如数控机床、自动化和智能化钢材冷热轧机械等）为成果。现代制造业产品特征：向轻、薄、短、小方向发展。所谓"轻"，既可表明产品重量绝对下降，也可相对于功能变化而言，即功能不变体重下降，或者是功能增大，体重不变。"薄"意味着不仅最终产品薄，也包括零配件薄型化。"短"：产品长度短，还意指产品开发周期、使用周期、消费周期均具有缩短的趋势。"小"即体积小，很多产品以袖珍著称。此外，产品类型现代化还表明，由单一产品向系列产品发展；由一国产品向世界产品发展。若从可持续发展的视角去观察，现代制造业理应是绿色制造业。由于制造业在生产以及产品的使用与处理过程中，同时产生废弃物，这是造成环境与发展冲突的主要源头。

因此，绿色制造业要求综合考虑环境影响和资源利用效率，借助各种先进技术使产品在设计、制造、使用直到报废及回收处理的整个生命周期中不产生环境污染或使环境污染最小、资源利用率最高、能源消耗最低，从而实现企业经济效益与社会效益协调优化。

现代服务业：与新兴产业相联系的服务业以及渗透现代技术的新业态、新服务方式。其功能在于既拓展了新的服务领域，又提升传统服务业务，创造需求，引导消费，向社会提供高附加值、高层次、知识型生产服务和生活服务，广泛作用于国民经济和社会发展各领域。广义而言，服务业是指第一、二产业生产产品之外的一切服务活动。以制造业企业为例，外在的一切政府、企业和非营利组织所提供的活动，都是服务活动，涉及开发产品方向的选择、生产要素的集聚、市场营销网络构建等。

从着眼于企业功能分类，可界定为三种：一是战略性服务业，包括科技、教育、研究开发（既涉及企业生产经营方向，又关联企业人才供给和培养）；二是基础性、专业性服务，包括金融、交通、通信、商务、中介等服务；三是辅助性、配套性服务，包括为职工提供生活、娱乐服务等。现代服务业更多地存在于战略性、专业性服务领域，如高新技术研发服务、国际人才流动服务、现代信息技术服务、金融产品创新服务、现代物流服务等。适应产业现代化，走进现代产业，才有先进生产力。

## 二、虚拟经营

伴随产业现代化进程，经营方式现代化愈来愈引人注目。中国文化中"四两拨千斤"理念，在虚拟经营中展示得淋漓尽致。这里的"虚拟"是相对于经营者拥有的实际资源而言的，即以有限的资源创造出无限的经营规模。通俗地说，这是一种"外包"的经营方式，即生产外包、销售外包……正如人们熟知的现象：耐克，最大的运动鞋厂商，却没有生产过一双鞋；盖洛，最大的葡萄酒生产公司却没有结过一粒葡萄；波音，顶尖的飞机制造公司，却只生产座舱和翼尖；戴尔，全球最大的计算机供应商，却不生产任何主要部件以及操作系统；全球拥有数万家标名麦当劳营业店，每年完成数百亿美元的销售额，而其中的绝大部分是麦当劳公司并不拥有产权的特许店所完成的。然而，从精髓上去把握，这是一种借助外力，放大自我经营，增强核心竞争力的经营方式，是企业善于进行外部资源整合的优势竞争行为。"做自己最能做的"是虚拟经营的基本内涵，它所放弃的并非是无利的，而是做了不是最有利的。

虚拟经营之所以方兴未艾，首先是其植根于生产经营社会化发展过程。社会化生产经营发展趋势表明：在分工发达的基础上走向融合。分工愈来愈细化、专业化固然是社会化生产经营的内在规律，因而人们有理由认为，社会化生产经营是科学、严密、精细的生产经营过程。但不可否认的事实是，分工愈细，愈是提出相互依存、支撑，甚至融合的需求。于是，出现了集成技术、集成效益的"人类新发明"。"靠集成赚钱"恰恰是虚拟经营的根本性追求。集成的基础是分工。虚拟经营者既注重自己的优势，发挥自身的核心竞争力，又尊重他人的优势。"外包"正是承认分工，又享受分工的经营行为。但同时应该看到，"外包"只是手段，并非目的，目的则是追求集成效益，即资源整合的放大效益。所以一些专家形象生动地说：波音集成了飞机，风神集成了汽车，凯迪集成了环保工程。可见，在"外包"基础上"集成"的虚拟经营方式顺应了生产经营社会化发展的趋势，具有难以估量的生命力。其次，虚拟经营也可视为当代高新技术发展及其经济全球化的产物。虚拟经营方法并非当今才有，列宁论及的托拉斯、康采恩多少都采用了类似的做法，但作为一种较为普遍的经营态势，尤其是在全球范围内辐射并正在作为高层次运作资源的路径则是前所未有的。这其中的重要背景就是信息技术＋经济全球化，前者构筑了经营网络，创造了虚拟管理的条件，使经营大大突破了时空的限制；后者则冲破了国界、制度及文化的制约。最后，虚拟经营与现代企业规模结构的演变轨迹也高度吻合。从现代企业规模结构变动趋势看，正朝着两极方向发展：一是愈来愈大，即自然人企业—法人企业—集团企业—跨国企业；二是愈来愈小，即小而专、小而特、小而灵、小而活。这种现代式大小结合的规模结构为虚拟经营提供极为有利的组织载体。大企业愈来愈成为虚拟经营的核心企业，小企业在虚拟市场中竞争、获益，充满生机和活力。

从虚拟经营特质看，至少具有以下七个特征：

第一，能力分工。传统经营由于更多地依赖对实物资源的支配，其分工更多地体现为专业分工，缺少通用性和弹性。如产品专业化、设备专业化、工艺专业化、人员专业化，因而调整经营方向十分困难，这表明实物、专业性分工对生产经营存在着刚性制约。虚拟经营并非完全离开实物资源配置（其核心经营部分依托有形生产要素），但由于与经营规模相联系的绝大部分生产要素处于体外循环，经营者掌控的是无形资产，是管理能力的输出。这充分体现传统专业分工向现代能力分工的根本性转变。

第二，合作竞争。毫不夸张地说，虚拟经营开辟了现代文明竞争的新境界。传统的竞争往往是抗争性的你死我活，甚至是两败俱伤的争夺。虚拟经营中的竞争可视为资源节约型的有效竞争，即合作竞争，其结果是互赢和多赢。这里的关键是使竞争领域"错位"，避免针锋相对。虚拟经营者选择了自身最具优势的经营领域，展示核心能力，而将本来处于争抢状态的其他领域让位于战略联盟者、合作者。这些联盟者、合作者都成了分工体系中的一员，其竞争实质上是自身盈利能力的竞争，是促进集团企业蓬勃发展的竞争，是贡献于社会，有益于社会的竞争。因此，这种合作竞争由于避免了传统竞争所带来的资源浪费，并且将过去的竞争者变成自我生存、发展，相互依赖的生物链，理应界定为资源节约型的有效竞争，是新型企业展开的现代文明竞争。

第三，联盟规模。虚拟经营的存在就是维系于战略联盟。前面已经谈及，所谓"虚拟"，就是经营者所实现的经营规模远远越过自身拥有生产要素的制约，显得令人难以置信。十几个员工竟然在全球接订单，在全球范围内组织生产经营活动。然而，从背后的战略联盟的角度去观察，规模的存在还是依赖于现实生产要素的贡献，只不过对于虚拟经营者而言，其智慧体现在运用有限的实物资源去调动数倍于自身的生产要素，运用无形资产调动具有极大潜力的有形资产，因而这种规模其实不是虚的，而是实实在在的要素发挥，是战略联盟者共同支撑的规模结构和范式。善于组织战略联盟者，放大经营规模，这是虚拟经营者魅力所在。

第四，让利获益。虚拟经营也是一种新型的利润文化，强调在让利中获益，将获益的程度构筑在让利于他人的基础之上。和以往的竞争利润观相比，其鲜明特点体现在：一是视互利为合作的目的，而不是损人利己；二是对于合作者获利并不"眼红"，而是注重自己的获益程度；三是将让利与自身发展视为同一命运体，甚至强调，发展就意味着让利，让利是发展的实现形式。

第五，网络市场。虚拟经营用企业间合作行为替代了自发的市场交易，因而也可视为有利于降低交易费用的一种经营方式。然而，虚拟经营中的企业合作又区别于企业集团内的关联经营，更不同于一般的电子商务，而是市场中的一种特殊形式，即有序的网络市场。这种网络市场实际上是虚拟经营赖以存在的新型市场形态。网络市场固然不能脱离现实市场，但其联结方式、交易过程、价格形成机制以及调控手段都有其特殊性，根本属性在于受虚拟经营者控制。如果说，今后的市场将是物理市场与网络市场并存，并且相互影响、制约，那么，要发挥政府调控市场的功能，就必须高度关注依托虚拟经营的网络市场。

第六，弹性组织。这是与管理的重点领域变化相联系的。由于在虚拟经营过程中，传统的专业性管理大部分转移于他人，作为核心经营部分的管理更有条件做到扁平、精干。这样，决策层可以将主要管理资源用于战略性、动态性管理模式选择上。因此，其管理组织自然具有动态、可塑的特性，即具有随机调整的空间。这种动态的弹性组织结构有其自身的规律：首先，组织的复合性。非专业性组织是虚拟经营的伴生物。着眼于综合性调控、战略性运筹、无边界配置资源是该组织的应有特点，因而所吸纳的人才也具有复合性，即具有创意的复合人才。所谓专业人才，是受该组织支配并充分利用市场机制运作的要素。其次，机构的变动性。随虚拟经营需要及时调整组织结构，这是弹性复合组织的内在属性，它要求全部组织内成员具有鲜明的变动和竞争意识，并具备知识重组、能力重塑的素质。最后，功能的高效性。以尽可能少的人员队伍，组织尽可能多的要素资源，放大经营规模，这是该组织的特有功能。

第七，虚拟管理。虚拟经营作为现代经营的新形态，其总体管理模式理应体现为新阶段的新特征。笔者以为，从近代企业管理的变迁史看，虚拟管理已经成为区别于科学管理、行为管理的新管理形态。科学管理和行为管理都是在企业自身展开的。虚拟管理阶段意味着管理的战略转移，即将管理的重点从内部转到外部。由于外部资源运行均以企业形态出现，从这个意义上看，虚拟管理实质上是对企业之间的系统管理，并且侧重于质量标准管理、品牌管理等。虚拟管理的结构包括科学选择战略联盟者、优化标准考核体系、形成安全监控管理网络等等。总之，科学管理—行为管理—虚拟管理构筑了理性、开放的管理体系，展示了企业管理走向现代的文明进程。

可见，作为现代产业经营方式，虚拟经营具有广泛的辐射力和渗透力。企业既可以作为虚拟主体，也可以作为虚拟受体，甚至相互交错，并且同一企业兼有双重身份，其经营活动既有向他人虚拟的部分，也有接受他人虚拟的部分。因此，就企业而言，虚拟经营既是外在资源的组合方式，也是争取市场的机会，利用虚拟经营和享用虚拟经营同等重要。从发展趋势看，扩大虚拟产业，关键在于创造作为虚拟主体的条件：其一，掌握品牌和核心资源，具有核心竞争力。其二，具备充分信息化基础。其三，拥有虚拟管理能力。其四，形成让利经营的企业文化。

### 三、融合发展

如果说以分工深化为基础的社会化生产发展促进了虚拟经营，那么，伴随着虚拟经营规模的扩大，产业融合又必将成为现代产业发展的新特征。分工、协作、虚拟使得企业内产业边界愈来愈模糊，不仅通过"外包"引入更具专业的他产业，而且通过发达分工、协作体系的运作，作为不同产业的载体在时空上更加相互依赖、支撑甚至走向一体化。现代产业融合目前至少出现三种类型，即时空融合、企业内融合和一体化融合。

1. 时空融合。产业时空融合的典型状态或实现形式就是产业链和产业集群。产业的上、中、下游以及配套服务的各环节客观上构成了一条产业链，然而，在市场体系和社会化分工合作体系落后的情形下，这只是散落于不同领域、不同空间的无形链。任何产品从设计到进入最终消费总是经历漫长的、盲目的组合过程，大大降低了产业内在的交融度。在产业链由隐形向显形转变并加以整合、凝聚的过程中，体现现代化发展要求的三种组织发挥了重要作用：一是中介服务机构。不仅运用信息传媒、传递，透明产业联系，具有发现功能，而且通过参与运作，简便环节，提高运作效率。从这个角度看，培育中介服务机构，实质上就是培育产业链。一个国家或地区，中介服务机构发达，就意味着形成高效率的产业链，因而成为产业融合、发达的标志。二是企业。企业即使从事同一产业的生产经营活动，通过经营规模的合理放大，并且主动按产业链运行要求（如上游、中游、下游）进行整合，就可在一定范围内，变外在无形的市场产业链为企业内透明、可调控的产业链。这样，不仅起到提高产业链效率的作用，而且对于扩大规模具有降低风险和导航的功能。三是政府。政府发挥产业政策的调控作用，尤其是通过创造良好的投资环境招商引资，这是发展中国家的普遍做法。其千秋功过当然该由后人评价，但按产业链发展需要制定鼓励政策，提供服务，这是使招商引资取得实效，尽可能避免负效应的理性选择。

产业集群是更为典型的时空融合模式。产业集群的主要特征是产业的空间集聚。这不仅表明处于产业链中的企业高度集中，而且昭示不同产业中的企业通过空间的集聚相互交融、渗透，以至孕育出新的产业形态。产业集群的实现与城市发展具有密切的联系，一般而言，产业集聚的过程亦即城市发展的过程，城市从单体向城市群发展的轨迹也就是产业链向产业集群转变的轨迹。因此，世界上任何产业集群成熟、发达的地区或国家也就是城市群典型的区域，并在国家经济中居举足轻重的地位。在美国三大城市群（波士顿—华盛顿城市群、芝加哥—底特律城市群和圣地亚哥—洛杉矶—旧金山城市群）中，波士顿—华盛顿城市群，由 5 个大都市（波士顿、纽约、费城、巴尔的摩、华盛顿）、200 多个中心城市组成（城市群占地 13.8 万平方公里），虽然面积不到全国的 1.5%，但集中了 30% 的制造业产值。英国的伦敦—伯明翰—利物浦—曼彻斯特城市群，集中了英国 4 个主要大城市和 20 多个中小城市，总面积为 4.5 万平方公里，是英国的产业集群带和经济增长的核心区域。在日本，东京、名古屋、大阪三大都市圈，面积为 10 万平方公里，该城市群集中了日本工业企业三分之二、工业产值的四分之三和国民收入三分之二。

2. 企业内融合。如果说虚拟经营通过"外包"使生产经营活动内聚于核心竞争力，那么，多元经营则是依托核心竞争力将不同产业活动融合于企业内。后一条道路虽然充满着极大风险（在多元经营中走向没落的企业比比皆是，韩国大宇就是典型一例），而且要求的条件近乎苛刻（多元支撑于多重核心竞争力），但不乏优秀企业成就斐然。例如，美国通用电气公司，通过 GE Cpaital 这一世界上最大的财务公司发展金融业，使服务业收入占公司总收入三分之二以上；2003 年，金融业务贡献的利润占美国汽车公司总利润的 89%，占福特汽车公司总利润的 185%，成为这两家汽车企业的主要利润来源。我国联想集团的"技工贸"发展模式实际上就是制造业与服务业之间的融合发展。

3. 一体化融合。无论是时空融合，还是企业内融合，就产业活动自身而言，还是相对独立的，反映的是不同产业之间的关系。而一体化融合则意味着产业边界模糊，甚至消失，或者说是在前两种融合基础上派生出新产业形态，即新的混合型产业。如设计、制造建筑模型的公司，其产业活动总体上处于服务性领域，所提供的产品既服务于设计部门工作的延伸，使设计图纸模型化，以便设计机构不断完善总体构思，又为应用部门（业主）服务，使之了解从图纸转化为现实的状态，以便做出基本判断或有益于调整、改进。然而，生产模型的行为又是制造业的活动，其产品功能实际上是使制造业本身走向了服务领域。再如，众多信息产品，很难区分为是制造业产值，还是服务业产值。从硬件角度看，可视为制造业产值，从软件角度看，又体现为服务性成果。看来，随着产业的融合发展，这种混合型产品、产值所占比重会愈来愈大。

产业融合发展至少赋予人们两方面启示：第一，由独立发展走向相互依赖、交融甚至一体化已成为现代产业发展的必然趋势。产业间的关联性和对效益最大化的追求，是产业融合发展的内在动力，而技术创新与应用则是当今产业融合发展的催化剂。追求产业活动效益的组织或自然人，更注重于产业融合效益,即生产型借助服务型放大效益,服务型又内含生产型稳定、提升价值。即使是追求虚拟经营,也敞开非核心竞争力的产业空间,让他组织、他企业融入母体,使主业效益倍增。第二,政府的产业政策必须有利于促进产业融合发展。应该看到,产业融合直接促进了产业创新。在产业融合基础上形成的新产业、新产品,成为经济发展的新增长点,加快了产业结构升级的步伐。政府若要为产业融合发展做出贡献,关键在于培育产业链、促进产业集群、扶持一体化。如在招商引资过程中,以融合发展为导向,甚至作为设立开发区的基本依据,即进入开发区企业必须有利于形成产业链,有利于相近产业的集群。有条件的地区还可以考虑设立新型一体化的产业"特区"。上海市北工业区正在探索形成促进混合型产业发展的"2.5产业区"(组织者将2.5产业"解释为介于第二、第三产业之间的新型产业)。这表明实践已推动政府做超前研究,形成超前的扶持产业发展之策。

如果说"现代"追求技术的开发与应用,"虚拟"追求核心竞争力,"融合"追求产业的渗透力,那么,把握现代产业发展的走势,其精髓就在于:发展高新技术、促进自主创新、扶持产业集成。

## 第三节 产业发展的模式

一个国家要获得较快的经济增长和较好的经济发展,使产业结构高度化,关键是要具有适宜的产业结构转换能力。一般而言,一个国家的产业结构转换能力,一方面取决于经济资源禀赋和现有的经济条件;另一方面取决于适宜的产业政策,包括产业结构政策、产业规模政策、产业关系政策、产业技术政策、产业结构高级化政策等等。此外,也取决于采用何种推动产业结构高度化的模式。

### 一、以产业结构成长的协调机制划分

1. 纯粹市场机制型的产业结构成长模式。产业结构的成长是以竞争为主要动力机制演进的,政府对宏观的管理作用是通过调节一整套参数体系实现的,如价格、税收、利率及货币供应等等。这一模式具有如下特点:第一,产业结构的成长侧重于依赖结构内部的自均衡、自调节过程;第二,外部政策力量的作用是间接性的;第三,这种模式的产业结构政策侧重需求。

2. 市场垄断型的产业结构成长模式。20世纪以后新发展的资本主义经济，如日本、中国台湾、韩国等，由于市场经济的历史基础比较薄弱，产业结构的高度化依靠政府——超级财团直接干预和影响。一方面，国家规划和干预产业结构的形成和发展，政府的决策作用触及到了社会再生产过程中的部门间的均衡问题；另一方面，政府直接干预了建立在高技术基础上大批量生产体制的形成过程。

3. 中央计划型的产业结构成长模式。由于中央计划经济的力量，社会主义能够迅速地调配和转移资源，从而扶持在产业结构变革中起关键作用的重点产业。例如，在生产资料优先增长政策的支配下，产业结构的成长可以迅速地实现重化工业化。

### 二、以技术开发起点的不同划分

1. 产品循环发展模式。这是工业先行国的工业结构演变的态势。从新产品开发—国内市场形成—产品出口—资本和技术出口—产品进口—开发更新的产品……这一顺序不断循环上升，形成产品循环运动，带动工业结构由劳动、资源集约型向资本集约型，进而向技术集约型演进。

2. 雁行形态发展模式。由进口—国内生产—进口、出口的进展过程，就像三只飞翔的大雁，它揭示了像日本这种后发的经济发达国家在实现技术赶超过程中工业结构发展的态势。日本的纺织工业、钢铁工业、机械工业的形成发展就是这一发展模式的最好佐证。

3. 同时开发发展模式。工业结构面临大变革的形势下，高技术已成为经济发达国家的"经济生命线"，为了抢占技术"制高点"，加速工业结构转换升级，后发经济发达国家同先行经济发达国家基本上处于相同水平，产品、技术的开发和产业的建立主要还是根据本国产业的特点展开的。目前日本生产数控机床、工业机器人等微电子机械和精密陶瓷等新型材料的一些技术集约型工业，就是用这种模式发展起来的。

### 三、以产业结构演进的速度划分

1. 平稳渐进模式。这种模式的主要特点，是产业结构由一次产业为主导向三次产业为主导逐渐推进，即农业—采掘业、轻纺工业—重化工业—服务业。采取这一模式并获得成功的主要是老牌发达国家如英、法、德、美、日等，这些国家不论处在哪个阶段，在当时都处于世界领先地位。

2. 倾斜突进模式。这种模式的主要特点是根据自己国家的发展特点，按照某种标准，选定一个或几个主导产业，重点倾斜发展，以此在短期带动整个经济飞跃和产业结构升级。战后发展中国家普遍采用倾斜突进模式，利用所谓"后起优势"，选择正确倾斜战略，经过20年~30年的迅速发展，一跃成为仅次于发达国家的新兴工业化国家，产业结构也上升到较高级状态。

## 第四节 产业发展战略的选择

战略目标和战略措施是构成一个完整的战略的两个基本部分。因此，产业发展战略的选择应着重解决战略目标的选择和战略措施的选择。

### 一、产业发展战略目标的选择

产业发展战略的目标有两层含义，一是发展战略所要解决的中心问题；二是最终所要达到的发展水平。前者是质的方面，后者是量的方面。发展经济学家在很长的时间内，从发展战略所要解决的中心问题方面看，认为可供选择的战略目标有三类：其一是以生产本身的发展为中心的目标。这种目标常常和"赶超"战略相联系，其目的在于解决生产力的发展问题。其二是以收入的提高为中心的目标。这种目标常常和向现代化过渡阶段的战略相联系，其目的在于提高社会收入水平和富裕程度以扩大市场的问题，这就是所谓的"传统战略"。其三是以满足人们的基本需要为中心的目标。这种目标强调从发展中国家的实际情况出发，首先解决人民的温饱问题，这就是近些年来一些发展中国家采用的所谓"变通的"或"新的"发展战略。

自20世纪70年代以来，伴随着发展经济学的成熟，产业发展目标已在经济增长范围内从减少和消灭贫困，消除不平等和充分就业方面重新加以解释，发展经济理论把物质生活需要的满足，人们的自尊感的培养和人类自身的解放——从异化的物质生活条件中获得自由或解放出来，这种从更为根本意义上去理解的自由作为发展的核心内容。与此同时，发展经济理论从相互联系的角度给出了产业发展的三个目标。第一，增加能够得到的基本生活必需品，并扩大对生活必需品的分配。第二，提高生活质量。不仅有收入的增加，而且应提供更多的工作，更好的教育，并对文化和人道主义方面给予更大重视。要能给每个人和国家带来尊严。第三，通过把人们从奴役和依附中解放出来，来扩大个人和国家在经济和社会方面选择的范围。①

发展经济理论的目标选择，拓宽了产业发展战略目标选择的视野，并把发展经济理论所界定的一般性目标具体化在产业发展战略的目标选择中。通过产业的增长和社会福利，为生活质量的提高奠定物质基础，提供日益增多的社会生活必需品。通过与分配有关的产业发展战略目标和自力更生的战略目标来提高人民和国家的自尊。"其他关于自力更生和民族自觉等国家目标在 70 年代已经是为多数发展中国家所关注的问题，它们的着重点已经转移到消除经济上依赖发达国家的残余方面。"② 这里自力更生的产业发展目标，并不意味着建立在自给自足经济上的产业封闭的结构形成，而在于产业发展中民族自尊的培养。

## 二、产业发展战略的途径选择

（一）产业发展是从重工业搞起还是从轻工业搞起的战略途径选择

过去理论界片面地将途径的选择的依据只归结于生产关系和社会经济制度，因此，认为从轻工业发展搞起是资本主义国家工业化的道路，而从重工业的发展搞起才是社会主义工业化的道路。在这种理论的指导下，导致很多社会主义国家的国民经济比例长期失调。实际上，在发展战略的途径选择上生产力是一个重要的依据，特别是取决于经济发展所处的阶段和在不同阶段的轻重工业所生产的产品的经济用途。发达国家产业发展的途径反复证实：当经济发展处于向工业化过渡阶段或工业化的准备阶段时，生产力水平决定社会劳动主要用于解决人们的吃饭、穿衣问题，即温饱问题，因而不可能提供太多的剩余产品，不可能提供发展重工业所必需的大量资源积累。如果强行发展重工业，只会导致物资短缺和人民生活水平的低下，这一途径显然是不可取的；当经济发展处于工业化阶段时，工业发展所要解决的主要问题是劳动手段的彻底改进，是用机器生产取代国民经济各部门的手工劳动。

霍夫曼根据 20 个国家的时间系列数据，分析了制造业中消费资料工业和资本资料工业的比例关系，指出在工业化的进程中霍夫曼比例是不断下降的。可见，工业化阶段的发展战略应当选择注重重工业发展的战略；当经济发展处

---

① 托达罗. 第二世界的经济发展 [M]. 上册，北京：中国人民大学出版社，1988 年版，127 页
② 世界各国工业化概况和趋向 [M]. 中国对外翻译出版公司，1980 年版，第 162 页

于现代化阶段,发展战略的途径主要将不再是在轻工业、重工业或生产资料生产、消费资料生产之间进行选择,主导部门的变化主要表现在生产部门和社会服务部门之间的比例关系变化上。在这一阶段,社会消费水平的提高将从消费耐用消费品转向消费社会服务,第一次产业和第二次产业的劳动力及国民收入的相对比重都呈下降趋势,唯独第三次产业的上述两项指标都保持着向上的势头,出现"经济服务化"现象。我国在产业发展战略的途径选择上,既有成功的经验也有失败的教训,当前的主要问题是,农业基础薄弱,工业素质不高,第三产业发展滞后,一、二、三产业的关系还不协调。今后必须大力加强第一产业,调整提高第二产业,积极发展第三产业。

(二)内涵外延扩大再生产途径的选择

一般说,外延扩大再生产是实现产业发展的一般途径,内涵扩大再生产是实现产业发展的特殊途径。在向工业化过渡的阶段,由于大机器工业生产刚刚起步,内涵扩大再生产的潜力十分有限。产业发展的速度主要取决于积累的速度。在工业化阶段,资金密集型的重工业的迅速发展,必然要求大量的投资,这时产业发展的程度取决于由投资决定的固定资产的形成规模。即使在现代化阶段,产业发展水平仍然取决于资金所代表的社会劳动的追加程度。所以说,外延的扩大再生产是实现产业发展战略目标的一般途径。

然而,对于发展中国家来说,由于基础差,底子薄,资金积累困难,只能选择投资少,见效快的内涵扩大再生产途径。经过40多年的建设,我国已形成了比较完整的国民经济体系,但从总体上看,我国选择的基本上是以外延扩大再生产为主的发展途径。因此,在生产、建设和流通等各个领域,资源消耗高,资金周转慢,损失浪费严重,经济效益低的问题都很突出。这种粗放型的产业发展方式,是当前经济生活中许多矛盾和问题的症结所在。随着经济规模越来越大,再靠消耗大量资源来求增长,是不可取的。今后应注重经济增长方式以粗放型向集约型转变,以外延扩大再生产为主的途径向以内涵扩大再生产为主的特殊途径转变。

(三)平衡发展与不平衡发展战略途径选择

所谓平衡发展战略,是指通过国民经济各部门的相互支持、相互配合、全面发展来实现工业化的一种战略。这种战略的理论基点是贫困恶性循环论。他们认为,发展中国家所面临的贫困的恶性循环是其不发达的主要原因。贫困的恶性循环存在于供给与需求两个方面。在供给方面表现为储蓄与投资之间的恶性循环,即低收入→低储蓄→低投资→资本形成不足→低劳动生产率→低收入。在需求方面表现为收入与需求之间的恶性循环,即低收入→低购买力→有效需求不足→市场狭小→投资引诱不足→低劳动生产率→低收入。上述两方面的恶性循环相互影响，使不发达状况难以扭转，经济增长难以出现。因此，为打破恶性循环，就必须通过投资活动来创造需求，在各个产业部门同时进行投资，使它们互相提供供给，相互给予投资引诱，使各产业同时发展，以摆脱贫困的恶性循环。平衡发展包括两个方面的内容：一是投资应大规模进行；另一个是各部门均衡发展。从供给平衡的角度看，通过全面投资使各部门相互提供投入，避免了供给瓶颈以及辅助生产要素缺乏所引起的资本浪费；从需求平衡角度讲，各部门的均衡发展使所创造的收入刚好吸收各部门的产品。通过平衡发展的战略克服了发展中的各种供求阻碍，有利于实现规模经济，从而保证经济中各部门的获利，推动经济迅速发展。平衡发展论认为，由于发展中国家市场不完善，单靠价格机制，很难在短期内调集大量资金并在各部门按比例配置以求平衡发展，而必须借助国家的行政手段，通过宏观计划才有可能。

但是，平衡发展要求各部门齐头并进，同时发展，这是发展中国家很难做到的，后来受到一些发展经济学家的批驳。著名的发展经济学家赫希曼更指出，发展中国家的最大欠缺在于对机会的理解和做出投资决策的能力。不平衡发展战略主张，发展中国家应将有限的资源有选择地集中配置在某些产业部门和地区，首先使这些部门和地区得到发展，然后通过投资的诱导机制和产业间、地区间的联系效应与驱动效应，带动其他产业部门和地区发展，从而实现整个经济的发展。

不平衡发展的要求也相当高。因为政府为做出有利的决策，必须收集大量数据，必须选择一些部门和领域，比较它们的相对利益，决定适当的制度以刺激投资等等。因而这个任务绝不是十分简单的。一般来说，在一个贸易收入比率比较高的国家中，执行不平衡发展战略较为适合。而在一般情况下，经济则需要平衡协调发展。从长期看，平衡发展应当是一个目标，而不平衡发展可以作为实现平衡发展这一长期目标的手段。

（四）进口替代与出口导向战略途径选择

进口替代战略主张通过建立和发展本国的制造业、实现对进口制成品的替代，以加快工业化进程和减少对国外的经济依附。但是，进口替代战略在实施过程中也显露出明显的局限性：一是技术上的落后；二是收入分配不平等的加剧；三是臃肿的官僚行政体制。此外，这一战略还有可能造成二元结构的延长和劳动力的长期过剩。尽管进口替代战略存在着一些局限，但正如许多人所认为的，进口替代是广大发展中国家在经济发展的初级阶段所必须采取的发展战略。只有在进口替代发展到一定阶段之后，发展中国家才可能进行新的发展途径的选择；或者是在更高层次上继续实行进口替代；或者是转向出口导向战略。

出口导向战略主张优先发展出口产业，通过扩大出口来增加资金积累、扩大市场和实现规模经济，带动整个经济的增长。从60年代起这一战略开始陆续为许多发展中国家所采用，对于推动这些国家经济的发展起到了重要作用。但出口导向战略也存在着一定的局限性，其实施在一些发展中国家也造成了一些问题。主要表现在以下几方面：其一，发展中国家的出口导向发展受到外部环境的制约。由于当今世界贸易保护主义的抬头和世界经济与国际贸易摩擦的加剧，在相当程度上阻碍发展中国家出口的增长，使得出口导向战略的实施障碍重重。其二，在一些发展中国家，出口产业的发展往往依赖于关税保护和价格补贴，从而造成生产效率和经济效益低下，实际换汇成本高昂，使国家财政不堪重负。其三，突出和强调出口产业的发展，常常导致其他产业所需要的资金和资源流向出口产业，造成其他产业投入不足，直接影响到这些产业的发展，甚至导致经济结构的失调和经济的畸形发展。其四，加重对国际市场的依赖。

从以上的分析可见，对于这两种发展战略的选择，需要结合具体的发展条件和发展环境，需要注意其所包含的实质内容和具体结构。这两种发展战略具有一定的内在联系，两者互为因果和相互促进。

### 三、中国未来战略产业的选择

现有产业的发展水平与结构，是一国经济发展水平和资源配置状况的综合反映。由于经济发展的连续性和继承性，一国现有产业状况既是其未来产业发展的现实基础，又是其未来产业发展方向的决定因素。所以，要选择与一国国情相适应的战略产业，首先就应对该国的产业结构和发展水平做出基本判断。目前我国经济发展基本上处于工业化中期阶段，即向高加工度化转变。根据发达国家各国工业化的一般经验，在高加工度化阶段，资本和技术密集型的高加工工业将成为经济发展的支柱或主导产业。20世纪90年代以来，我国经济进入结构升级和经济高速增长的时期。我们在选择战略产业时，既要选择能带动结构高级化的主导产业，又要选择在新的结构下与技术水平和人们的消费需求相适应的能支撑经济长期发展的支柱产业，并对两者加以扶持，为国民经济发展培育新的增长点和支撑点，以实现经济的持续、快速和健康发展。

（一）大力发展汽车工业、建筑业等支柱产业

汽车工业是国际公认的能够带动整个经济迅速发展、最能代表一个国家工业水平的少数产业之一。汽车工业的发展需要有钢铁、机械、有色金属、石化、玻璃、电子等许多产业配合，直接关系到国民经济的工业结构、运输结构、外贸结构、就业结构和消费结构。发达国家和新兴工业国几乎都曾把汽车工业作为支柱产业，而目前我国发展汽车工业的条件也已基本成熟。所以，我们应把汽车工业作为战略产业加以扶持和发展，使之能在不久的将来成长为国民经济的支柱产业，以支撑我国国民经济的长时期快速发展。

建筑业是经济增长的基础性产业，包括土木工程建筑业，线路、管道和设备安装业，建筑工程勘察设计业。其中土木工程建筑业又包括各类房屋建筑和铁路、公路、隧道、桥梁、堤坝、电站、港口、机场等各种基本设施的建筑。建筑业的这一特殊地位和作用决定了它成为支柱产业的必然性。进入20世纪90年代后，我国建筑业发展很快，初步发挥了支柱产业的作用。今后，建筑业除继续扩大规模外，关键是要在提高质量上下功夫，从而继续成为支撑我国国民经济长时期扩张的支柱产业。

（二）积极扶持和推进微电子、信息等主导产业

现代产业技术最突出的特征就是微电子技术的广泛应用。我们与工业化国家在技术上存在很大差距，并且差距仍在扩大。这一差距的实质就是机械技术体系与微电子技术体系之间的差距，主要表现在以下三个方面：微电子产品本身的制造、开发技术；利用微电子技术对各种开发过程和生产过程进行控制的自动化技术；与利用微电子技术改造传统产业相关的各种技术等。要缩小这些差距，就必须积极扶持、大力推进微电子产业的发展。

信息革命是人类历史上最伟大的技术革命之一。信息技术的发展带动了一系列技术和产业的发展，并将从根本上改变整个社会和经济的运行方式以及人们的生活方式。信息产业代表着我国未来产业结构升级的方向。从现在起，我们就应该积极培育、扶持信息产业的发展，使之逐渐成为我国经济的新增长点及带动产业结构进一步升级的主导产业。

（三）环保产业："十三五"国民经济新的支柱产业

环保产业是绿色发展的核心产业部门，不仅为我国环保工作提供根本保障，环保产业也通过渗透于其他行业部门，促进其他行业的绿色转型发展。随着国家将节能环保产业提升到国民经济新的支柱产业的地位，以及我国当前的环保阶段和环境形势对环保产业发展日益产生巨大需求等，这些均为我国环保产业发展提供了前所未有的历史机遇。尽管如此，我国环保产业发展还面临着

制度环境不足、投融资等激励机制不完善等问题需要在"十三五"时期谋划解决。

节能环保已成为经济发展的必然要求，节能减排力度不断加大，环保产业发展空间不断拓展。"十二五"时期国务院颁布了《"十二五"节能减排综合性工作方案》《国家"十二五"环境保护规划》《节能减排"十二五"规划》，国务院、工信部、财政部等有关部门还相继出台了战略性新兴产业、节能环保产业、环保装备产业、环境服务业及海水淡化产业等有关专门性的环保产业发展规划，为环保产业以及产业重点发展领域指明了发展方向与目标。国务院办公厅、国家发展改革委、住建部、环保部、工信部等有关部门发布了多个行业发展规划，谋划行业发展布局，也极大地刺激了行业的发展。

发展环保产业是我国经济绿色化发展的主要方向。《国务院关于加快发展节能环保产业的意见》提出"将节能环保产业打造成为国民经济新的支柱产业"。2015年4月，中共中央、国务院制定出台《关于加快推进生态文明建设的意见》，明确提出"要大力发展节能环保产业"。习近平总书记谈"十三五"五大发展理念时提出"加快发展绿色产业，形成经济社会发展新的增长点"。《中国制造2025》提出"坚持把可持续发展作为建设制造强国的重要着力点，加强节能环保技术、工艺、装备推广应用，全面推行清洁生产"。

环境保护新阶段、新形势为环保产业发展提供了前所未有的机遇。我国环境保护工作正面临十分严峻的新形势，总量减排和质量改善并存、历史遗留问题和新增突发问题并存、经济持续增长压力和环境有限承载能力并存、环境风险防范和人体健康保障并存，对环保投资与产业支撑需求巨大。大气、水、土壤三大行动计划实施将带动巨大环保投资需求，三大行动计划实施将拉动GDP增长超10万亿元，将促进环保产业发展迎来新一轮增长高峰。

创新模式与发展绿色金融促环保产业加速发展是改革重点。近年，政府陆续出台《关于发展环保服务业的指导意见》《国务院办公厅关于推行环境污染第三方治理的意见》《国务院关于创新重点领域投融资机制鼓励社会投资的指导意见》《关于支持和规范社会组织承接政府购买服务的通知》《关于推进水污染防治领域政府和社会资本合作的实施意见》等政策措施，从国家层面积极推进政府购买环境服务、环境污染第三方治理、环境PPP、环境绩效合同服务等多层次的环境服务模式创新，对开放环保市场、释放产业机遇、拓宽产业发展空间等具有极大的促进作用。

第一，完善环保产业发展的制度环境。环保产业是典型的政策驱动型产业，其发展需要一个完整的产业扶持制度体系作为支撑。一是尽快完善相关法律法规。包括强化污染源环境监管，提升环保产业发展空间；完善国家和地方环保标准体系，适时增加标准中污染物项目数量，修订污染物排放限值，提高环境质量要求和排放控制要求，引导环保产业发展；加强环保产业装备技术标准的制定，推进我国重大水处理装备技术、空气污染治理装备技术等的标准化生产，逐步树立国际标准话语权等。二是进一步培育和规范环保产业市场。实施严格执法，加强市场监督与产品质量监督，为公平有序的产业发展提供良好市场环境，避免行业企业通过低价竞争等策略造成市场无序发展。三是充分发挥行业协会的作用，提升其行业凝聚力与号召力，协助政府规范与引导环保产业健康发展。

第二，完善环保产业发展的经济政策体系。继续加大对环保产业的政策扶持力度，一方面进一步梳理、宣传现行的环保产业政策，把好政策用足用好；另一方面加快完善落实相关税收、补贴、专项资金扶持等优惠政策，推动企业加强技术研发创新。一是建议国家设立环保产业发展专项资金，拓宽环保企业融资渠道。推广发展项目融资、融资租赁，积极发展债权融资。加大金融机构信贷力度，政府采用贴息等方式鼓励银行业金融机构投资环保产业，积极利用国际资本，放大资金效应，多渠道建立财政资金与社会资本有机结合的环保产业发展基金与环保 PPP 支持基金，加大对环保技术研发、成果转化、高新技术和优势产业等的支持力度，解决环保企业融资难、成本高等问题。二是强化财税政策的引导。加强财政资金对产业发展及 PPP、环境污染第三方治理项目的倾斜力度，完善环境污染第三方治理增值税、环境服务企业所得税等优惠政策，对于环保企业给予统一的税收扶持，参照高新技术企业所得税税率的规定，一律按 15% 税率计征环保企业所得税。同时，应将污水处理和垃圾处理等作为公用建设事业，免征这些运营企业因占用土地所产生的土地使用税以及因经营所需建筑物而产生的房产税。积极培育环保龙头企业，提升企业核心竞争力。三是完善环境权益交易市场。加快建立和完善污染物排放权交易市场，增进技术的流动性，强化创新的动力机制，为环保产业发展提供良好平台。

第三，建立环保产业统计制度。通过环保产业统计能够了解环保产业发展变化的真实状况，正确评估环保产业的运行状况和环境保护效果，进而指导其健康、快速发展成为管理部门的迫切需求。我国环保产业相关的统计基础较为薄弱，国际上关于环保产业的统计实践，尤其是环境货物与服务统计框架，对于我国建立系统完善的环保产业统计制度、推动环保产业健康发展具有重要借鉴意义。建议积极借鉴欧盟的环境货物与服务部门统计框架经验，从国家层面建立一套科学、统一、全面、简便、规范、可操作的环保产业统计制度体系。

第四，构建环保产业发展评估制度。长期以来，环保产业发展规划和政策的制定主要是从宏观管理机构需要出发，对环保产业开展科学的评估管理也重视不够，缺乏评估监测环保产业行业发展能力，以及测量环保产业对环境保护贡献的有效机制，对利润水平、资源配置效率、规模经济、运营能力、环境效果等缺少系统科学的评估。为了更好地推进环保产业发展，建议构建环保产业发展评估机制，建立科学合理的评估指标体系，正确评估环保产业企业和产业整体的发展现实。该工作管理部门可引导行业协会或者有关社会第三方来推动。

第五，推进环保产业"走出去"战略。环保产业"走出去"是推动绿色转型、形成中国参与国际竞争新的比较优势的必然要求。一是建立和完善鼓励环保企业"走出去"的政策支持体系，增强企业"走出去"能力，鼓励企业承揽境外环保工程与服务项目。二是通过经验分享、内部培训、联合参展等方式，为我国环保企业"走出去"建立沟通机制，搭建技术交流与服务平台。三是结合外援项目建立示范工程，充分利用相关平台，支持环保产业走出去、引进来，培育建设一批环保产业国际合作示范基地。四是搭建环保产业国际合作的公共服务平台，借助"一带一路"战略、援外项目、境外经贸合作区等途径，实施环保产业"走出去"战略，提升我国环保产业国际竞争实力，推动环保产业快速发展。

第六，强化科技创新支撑。抓住提高企业自主创新能力、提高企业综合竞争力这两个重点。一是建立环保先进技术发展机制，完善对治污领域基础性、战略性、前沿性技术研发的政策与资金支持机制，健全环保先进技术示范应用的鼓励性政策制度，建立实施治污先导技术研发储备制度和技术实验评价制度。二是加强国家环保科技成果共享平台建设，提升环保装备的技术水平，推动技术成果共享与转化。三是加大研究与开发投入，实施重大科技专项攻关，推进绿色智造以及信息化、智能化创新，实施质量竞争战略，完善环境技术权益交易市场等。四是加大环保产业自主知识产权保护力度，完善环保产业知识产权保护法律体系，加大知识产权保护的执法力度，积极鼓励环保企业技术研发投入。

## 第五节 高科技产业的发展

高科技产业必将成为我国第一支柱产业。高科技产业的迅速发展是知识经济时代到来的重要标志，高科技产业的发展决定着知识的生产、传播及应用的能力与效率。

### 一、高科技产业的概念及特点

目前，在国际上常用的高科技产业的概念一般是指用当代尖端技术（主要指信息技术、生物工程和新材料等领域）生产高技术产品的产业群，又叫高技术产业。按照经济合作与发展组织（OECD）定义，高技术产业是指研究开发（R&D）经费占产品销售额的比例远高于各产业平均水平的产业。在1988年~1995年间，这类产业有6个：电子计算机及办公设备制造业、航空航天器制造业、医药制造业、电子及通信设备制造业、电气机械制造业、科学仪器仪表制造业；1995~2001年间，这类产业有4个：航空航天器制造业、医药制造业、电子计算机及办公设备制造业、电子及通信设备制造业。

（一）高技术产业发展的特点

1. 高技术产业发展需要政策支持和创业环境。除了一般的创业环境（包括各种要素市场环境、法制环境、基础设施环境、人才环境、产品配套环境、生活工作环境等）外，还需要一些特殊的环境和条件，如创业投资、孵化器等。国外经验表明，风险投资对高技术产业的发展起了催化和推动的作用。

对于高技术企业来说，创业初期是发展的关键阶段，需要特别扶持和帮助。在国外，一般高技术企业10年生存率仅5%~10%。解决这个问题的关键是建立风险投资机制和完善的股票市场，使风险转移和分化。在美国，成功的高技术企业投资回报率在23年间可增长1020倍，股票市场大幅上涨，体现了股票市场对风险投资的巨大支持作用。

2. 高技术产业的发展需要长期规划。高技术产业发展是一个从科技投入到经济产出的过程，比人们通常所熟悉的单纯的科技过程或经济过程更加复杂。高技术产业是智力密集型产业，它的发展不同于一般实业投资办厂，需要进行战略性的前期投资。因此，要制定长远战略和规划，要做长期的努力和艰苦细致的工作，不能指望投资几亿元就能发展出一个高技术产业来。高技术产业的重点选择要有前瞻性。20世纪90年代世界高新技术产业的特点是研究开发、中试的周期缩短，有些高技术一开发出来，就直接产业化，推向了市场；而有些产业领域，技术和市场还不成熟，短期内不能发展成为产业。如生物工程要发展成产业，还需要一些时日。

3. 人力资本在高技术产业的发展中起着决定性作用。任何一种产业的发展，都是土地、劳动、资本、技术、管理等多种生产要素综合作用的结果。高技术产业的特点在于，在诸种要素中，人力资本在该产业的发展中起决定作用，创业人才的作用特别突出。因此，检验一种制度安排是否适当的最终标准，在于它是否有利于发挥掌握着人力资本的专业人员的积极性和创造力。因此，人才政策要鼓励高科技人才进入高技术产业领域，实现个人的价值。要尊重知识的价值，鼓励人才成长，允许通过知识管理入股，实现个人价值。

（二）高技术企业的基本特征

高技术企业是建立在高新技术产业基础之上的企业，因此，这类企业具备高技术的所有特征，主要表现在以下几方面。

1. 高投入。高投入是指建立高科技企业的成本高，这其中包括很大部分的研究开发经费。一般说来，建立高科技企业的成本是传统企业成本的10～20倍。这主要是由于高技术是知识密集型和人才密集型以及高技术产业的市场行为所决定的。高技术产品的开发本身往往需要高级的技术设备、测试设备、实验设备、生产设备，价格昂贵。这种高投入还表现在知识、智力的投入上，一个高技术产品的研究开发，往往需要有多种知识、多种学科的科技人才共同合作，进行创造性的劳动。

2. 高技术层次。高技术企业处在突破性的、前沿性的尖端技术领域，一般具有较高的技术层次。例如新材料技术领域的纳米技术，就是通过操纵原子、分子，使其按人们的意志重新排列组合。其高层次还体现在其产品在更高层次服务于人类，往往更能满足人们对现代生活的更高需求，如液晶电脑和液晶电视等产品。

3. 高速度。新产品不断推陈出新可谓是高技术产业的特色。由于高技术产业技术进步快，新产品层出不穷，因此高技术产品非常容易变旧，产品生命周期较传统产品大为缩短。

4. 高成长。高技术企业发展基本原理是建立在最新的科学技术的基础上，基本上不受传统行业发展水平的制约，因此，从一般意义上来说，具有跳跃性的特点。成功的高技术企业，其资产、销售收入、净利润等可在10年，甚至5年的时间内增长几十倍、上百倍。如微软、思科、苹果等企业。

5. 高竞争。高技术的日新月异使得以技术创新为基础的高技术产品市场注定是一个高竞争的市场。在创新性的推动下，高技术领域不断推陈出新，没有一项技术可以成为永远的高技术，也就没有一项技术会具有永久的竞争力。

6. 高风险。由于大多数高技术具有明显的超前特点，这种超前和技术上的不成熟会带来较多的不确定性。另外，高技术的研究和开发是和经济、市场紧密联系在一起的，在激烈的市场竞争中开发适销对路的产品本身就具有明显的风险性。高风险主要体现包括技术研发风险、知识产权被侵犯风险、市场风险和财务风险。事实上，许多国家的实践证明，高技术行业的企业成活率远远低于传统行业。据统计，完全成功和完全失败的企业各占20%，一般的企业占60%。

我国科技部制定的《高新技术产业开发区高技术企业认定条件和办法》中规定了高技术企业的四个指标：①高技术企业是知识密集、技术密集的经济实体；②具有大专及以上学历的人员占企业总数的30%以上，且从事研究开发的科技人员占企业职工总数的10%以上；③用于研究与开发的经费占销售额的3%以上；④技术性收入和高技术产品产值的总和占企业总产值的50%以上。

## 二、全球高科技产业发展态势

当前，以信息科学、信息技术为主要标志的世界科技革命正在形成新的浪潮，高科技产业已经进入人类文明发展的历史进程，给社会生产和社会生活带来深刻的变化。世界各国特别是一些大国、强国都在制定和实施面向21世纪的发展战略，抢占科技和产业的制高点。

美国从1980年代开始，全力发展以信息产业为龙头的高新技术产业，1990年代以后又迅速建设信息高速公路。经过10年左右的努力，使得高新技术产业成为新的经济增长点。1999年，作为高科技股象征的美国纳斯达克综合指数在最后两个月连闯两个千点大关，以4069.31点结束全年交易，一年里的升幅高达85.6%，其中网络原始股平均上升了230%，令世人瞠目结舌。另据2000年4月17日美国《财富》杂志公布的1999年度美国500强企业，从因特网的繁荣中获益的高科技公司的排名显著上升。在1999年的排行榜中，最引人注目之处是美国在线（AOL）公司首次跻身于《财富》500家最大公司之列，排在第337位，成为有史以来进入该排行榜的第一家因特网公司。另外，安进（Amgen）公司成为进入《财富》500家的第一家生物技术公司。位居第463位。许多原先榜上有名的技术类公司的排名也大幅度地向前跃升。全球因特网通信业务量最大的微波—世界通信公司（MCL world）从前年的第80位上升到去年的第25位。美国市场上最大的计算机零售商戴尔公司（Dell Computer）从第78位提高到第56位。微软公司（Microsoft）从第109位升至第 84 位。思科公司（Cisco Systems）从第 192 位前移到第 146 位。与此同时，美国高科技产业的业绩也非常可观。据美国电子协会 2000 年 3 月 13 日发表的一份报告。1999 年美国高科技产品出口额为 1810 亿美元，创历史最高纪录，占美国当年出口总额的 1/4 以上。

在美国的带动下，欧洲和亚洲的一些国家和地区也纷纷将发展重点转向高科技产业并取得了一定的成效。如以色列自 1990 年代以来，一直致力于发展以电子信息和生物技术为龙头的高科技产业。进入 1990 年代末期，已经成为全球电子信息产业的巨人；其生物技术产业也以年平均超过 20% 的速度高速增长。印度则主要将发展高科技的重点放在 IT 的软件和服务的出口方面，印度政府给高科技工业定下大胆的目标，包括未来 10 年中年出口增长 33%（在过去 5 年中的增长比率是 50% 以上），即出口额从 1998 年的 30 亿美元到 2008 年的 500 亿美元。从近阶段媒体的报道看，德国、法国、英国、日本、韩国、中国台湾、中国香港等国家和地区的高科技产业也都取得了实质性的进展。

我国近几年来高新技术产业同样保持了高增长速度，技工贸收入平均每年都增长 30% 以上。从 1999 年开始，国家推动科技发展的步伐越走越快，全国科技创新大会召开，首届高新技术交易会开展；更具实质意义的是 1999 年底修改《公司法》，明确鼓励和支持高新技术企业发行上市。中国证监会也在 1999 年的全国证券期货工作会上将建立高新技术板列为当年着重抓好的 10 项工作之首。充分利用高科技的威力，发展我们的经济，迅速缩短中国与发达国家的距离，自然成为我们不可替代的选择。

但是，从美国发展网络经济的经验来看，高科技产业发展过快，甚至超越传统产业设备提供能力和传输能力，极易形成泡沫。根据传统的经济理论，股市涨幅 15% 到 20% 即为泡沫经济。2000 年纳斯达克指数一年内连创 60 次新高，涨幅高达 85.6%，物质经济的发展难以赶上这种速度。网络股的市盈率高得出奇。美国在线市盈率是 233 倍，戴尔是 100 倍，而一般认为发达国家股市正常的市盈率在 15 至 20 倍。统计表明，2000 年美国最大的 60 家因特网服务公司，只有 2 家是盈利的。成立 5 年的亚马逊网上书店已成为全球第三大图书销售商，拥有 450 万长期顾客，然而截至 1999 年 10 月，其收入虽达到 3.56 亿美元，净亏损却再创 8600 万美元的新高。2001 年亚马逊因现金周转不灵而宣布倒闭。据 2000 年 3 月份的《国际金融报》报道，在法兰克福上市的两种网络股中，一种股票上市当天就跌破了发行价，另一种股票的股价围绕发行价上下波动，这种近来罕见的情形表明，网络股是"印钞机"的神话开始破灭，股民的网络股热开始降温。日本自 2000 年 3 月以来，光通信的股价已跌了六成，软银跌了接近一半。这两只被视为"科技神话"的龙头股，2000年上半年双双跌停板，令其在香港的旗舰公司亦难逃股价急泻的命运。在世界科技股的下跌浪潮中，2000年3、4月份以来，港股一度跌到九百点，当中以炒得火热的科技股及网股抛风最烈。

### 三、高科技产业发展方式

高科技产业是未来经济发展的方向，我们当然不能因为它所可能带来的经济泡沫而否定其发展的意义，但是，我们应该避免高科技产业泡沫的负面影响。

1. 和传统产业结合。高科技产业的发展必然要建立在传统产业基础上，由传统产业为其提供资金、人才和设备支持，才能走下空中楼阁；传统产业也只有和新兴产业联姻，才能走出当下的萧条没落。比如，化工界的巨人——著名的杜邦公司挺进生物技术领域，1997年，该公司的收入份额中，生命科学产值已达15%~20%，2002年使生命科学产值的份额达到30%。这是高科技产业与传统产业结合，使传统产业获得新的发展的典型事例。

2. 尊重市场规律。任何产业的发展都必须遵循内在的市场规律。耗资50多亿美元建造了66颗低轨卫星系统的铱星公司，1998年11月宣布在全球范围内提供业务，但由于无力偿还到期的贷款利息，于1999年8月13日向美国破产法院申请破产保护，2000年3月18日，铱星背负40多亿美元债务破产。资料显示，铱星破产的原因很多，但其中最重要的原因无疑是违背市场规律，即用66颗高科技卫星构成的卫星系统在商用之初无视市场的驱动错误地将自己定位在了"贵族科技"。

3. 形成相应的生产力。科技公司本身要力争将创意及概念变成实在的业绩，增强市场的信心。从投资角度看，开拓互联网市场所投入的资金究竟需要多少，深不可测。要想维持互联网的运行，必须持续不断地投入，不能有所中断。但是，当资金长期投入下去，不能产生相应的物品和服务，不能形成相应的生产力，通货膨胀的压力就会增大。

4. 不断追求利润。追求利润是产业发展的根本动力。因为网络股不是靠盈利来支撑股价，而是靠股票市场提供持续的廉价的资金，但是在利率不断提高，资金成本节节上升的情况下，网络股票赢得股民的支持将非常困难。扭亏为盈就成为网络股公司经营的首要目标，否则，网络股公司的神话将最终破灭。

5. 完善项目的科技、经济评估机制。在高科技项目投资决策前，要组织有开专业人员进行充分的可行性论证。科技成果的技术评估，应着重判明技术的先进性、独占性、实用性、延伸性；科技成果的经济评估，应着重说明成果的价值、成果转化的生产条件（原材料供应、生产设备与工艺、企业管理水平、生产者技术素质等）、投入产出（成果在中试、投产、扩产中所需资金和效益预测）、市场潜力、投资回报与偿债能力。项目评估可以提供科技发明项目的评价尺度，增加投资项目的命中率及成功率，有效地降低基金管理费用和提高投资回报；可预知项目的可行性，提高私人投资者对风险型项目的信心及兴趣，增加新兴产业的开发力量。

**四、中国高科技产业的发展**

（一）改革开放以来我国高技术产业发展状况

1. 主要经济指标高速增长，产业规模跃居世界前列

按照经合组织统计，1985－2005 年我国高技术产业增加值由 68.96 亿美元增加到 1929.9 亿美元，年均增长 18.13％，是世界高技术产业平均增速的 3.58 倍；占全球高技术产业的份额由 1.53％ 提高到 16.06％，仅次于美国（34.48％）、日本（16.18％），跃居世界第三位。其中，医药制造业实现增加值 190.37 亿美元，占全球的比重为 8.14％；航空制造业增加值 58.84 亿美元，占 6.4％；计算机及办公设备制造业增加值 752.2 亿美元，占 46％；通信设备制造业增加值 830.11 亿美元，占 15.26％；医疗器械及精密仪器设备制造业增加值 98.39 亿美元，占 5.85％。

从出口指标看，1985－2005 年我国高技术产品出口由 58.11 亿美元增加到 4401 亿美元，年均增长 24.16％，是世界高技术产品出口平均增速的 1.98 倍。2005 年，我国高技术产品出口达到 4401.04 亿美元，占全球的份额为 19.46％，超过美国、日本、德国，居世界第一位。

2. 主要产品产量大幅度增长，成为世界高技术产品的重要生产基地

20 世纪 80 年代初，我国高技术产业生产的产品种类少、产量低，当时进入家庭的电视、收录机、电话机等都是稀罕产品。经过近 30 年的发展，现在从彩电、冰箱到家用电脑，从 DVD、高档音响到种类繁多的小家电，已成为千家万户的日常生活用品。据统计，2006 年，我国生产移动电话手机 4.8 亿部，微型计算机 9336.4 万部，彩色电视机 8375.4 万台，电子元件 5207.1 亿只，集成电路 335.7 亿块。目前我国彩电、彩管、激光视盘机、收录机、电话

机、程控交换机、移动电话手机等产品产量居世界第一，打印机、光盘驱动器等产品产量也名列世界前茅。2006年，我国境内生产的手机、计算机、彩电、电子元器件分别占全球总产量的47%、40%、48%和39%。医药工业方面，目前我国医药企业生产的化学原料药及中间体达1300多个品种，年产总量超过80万吨，其中近二分之一出口，占全球原料药贸易额四分之一左右。

3. 在部分领域打破了发达国家的技术垄断和封锁，涌现出一批具有较强国际竞争力的企业

改革开放以来，我国通过消化吸收再创新和自主研发，攻克了一批关键技术，在局部领域打破了发达国家的技术垄断和封锁。如在电子信息产业领域，龙芯系列CPU研制成功，使我国在通用处理器芯片方面步入世界先进行列；"银河麒麟"计算机服务器操作系统研制成功，攻克了系统安全性、实时性等技术难题，为军队信息化建设及国家信息安全提供了重要支撑；"星光中国芯工程"突破7大核心技术，申请了500多项国内专利，在数字多媒体芯片技术领域占据一席之地。中兴通信成功研制了世界上首个基于CDMA技术的数字集群系统。生物技术领域，目前我国在超级杂交水稻、转基因抗虫棉等现代生物育种技术方面，处于世界领先水平，为促进农业结构升级、增加农民收入做出了重要贡献。

与此同时，在参与国际合作和竞争中，涌现出一批具有自主知识产权和较强国际竞争力的高技术企业。以电子信息产业为例，2006年我国电子信息产品制造企业有25家营业收入超过100亿元。其中，营业收入在100亿元-200亿元的企业有12家；500亿元-1000亿元的企业有3家，分别是华为技术有限公司、京东方科技集团股份有限公司、美的集团有限公司；联想控股有限公司和海尔集团公司营业收入突破1000亿元，分别为1389亿元和1080亿元。

4. 在国民经济中的地位和贡献不断提高和加强

一是高技术产业占制造业的比重不断提高据经合组织统计，1980年我国高技术产业占制造业的比重为4.4%，1990年提高到10.4%，到2005年达到15.8%。二是对外贸的贡献显著。2006年，高新技术产品出口增速高出全国1.8个百分点，占全国出口总额的29.05%，对全国出口增长贡献率为32.26%，是拉动全国外贸出口的主要力量。三是高技术产业增加值占国内生产总值的比重上升，从2000年的2.78%增加到2006年的4.44%。其中"十五"期间，高技术产业对国民经济的贡献率为6.1%，比"九五"时期的4.4%提高了1.7个百分点。四是一大批高新技术实现产业化，对推动农业、钢铁、石化等行业结构升级发挥了重要作用。如我国自主研制的转基因抗虫棉

技术实现大规模应用，解决了长期以来困扰农民棉花生产中的棉铃虫危害问题，使我国抗虫棉从1998年30万亩迅速发展到目前的6000多万亩，直接增加棉农收入50多亿元；60万千瓦火电机组与大型核电控制系统、大电网监控与调度系统、城市轨道交通控制系统等成套装备的控制系统等实现产业化，改变了我国大型成套控制系统及关键设备和仪器长期被外国公司垄断的状况，使我国具有自主知识产权的大型控制系统的国内市场占有率由空白提高到近80%，极大地提高了我国加工工业的水平；大型高炉、热连轧、冷轧技术和装备实现国产化，使我国吨钢综合能耗从1990年的1611千克标准煤下降到2005年的741千克标准煤。

（二）我国高技术产业发展存在的主要问题

目前我国高技术产业发展进入新阶段，面临着新的形势与任务，需要着力解决一些深层次的矛盾和问题。

1. 技术创新能力不强

基础技术和关键技术落后，消化吸收远落后于日本和韩国。我国基础技术和关键技术落后，制约了整个行业的发展。以信息技术为例，我国集成电路的设计生产技术至少落后美国10-15年，相差3个发展阶段。我国80%的软件开发企业仍采用手工设计，较少采用国际上通用的计算机辅助设计手段。迄今为止，我国制造所使用的核心技术和主要零部件几乎全部源于国外，其中绝大部分源于美国，产品附加值较低，存在着安全隐患。一些产业发展所需的核心技术、关键零部件和工艺装备严重依赖进口，缺乏必要的技术开发和配套能力支持，影响了相关产业的发展。高技术产品的生产以组装为主，使产业分工和利益分配处于不利地位，高技术产业应有的产业链条长、带动作用大的功能不能充分发挥。

2006年，我国高技术产业研究开发经费投入占工业总产值的比重为1.3%，而美国、加拿大、英国和日本高技术产业的R&D强度（R&D研发经费占高技术产业产值的比重）都在10%以上，德国和法国在8%左右，韩国和意大利高技术产业的R&D投入强度在4.5%左右；在世界PCT专利中，2004年我国信息技术领域拥有PCT专利1078件，占世界的2.5%，仅为美国的7.4%、日本的12.4%、德国的27.5%；生物技术领域拥有PCT专利95件，占1.4%，纳米技术领域拥有PCT专利10件，占1%。

此外，我国对引进技术的消化吸收远落后于日本和韩国。日本与韩国技术引进与消化吸收的比例大致保持在1∶3的水平。相比之下，我国高技术产业技术引进与消化吸收的比仅为1∶0.047，消化吸收的力度不强，必然会造成

"引进—落后—再引进—仍然落后",致使我国高技术产业发展无法摆脱对国外技术的依赖。

2. 企业竞争力弱

经费投入不断提高,但产业技术含量仍较低。我国高技术产业经费占高技术产业增加值的比重明显高于全部制造业的平均强度,与发达国家相比,我国高技术产业技术含量仍较低。虽然我国高技术产业增长速度很快、规模很大,但存在很大"虚高"成分。目前,我国高技术产业利润率仅为4%左右,低于很多传统产业。2005年,电子计算机及办公设备制造业增加值占世界的46%,规模居世界第一位,但实现利润仅为276.34亿元,约为美国英特尔公司的74%;医药行业规模居世界第三位,但实现利润为372.55亿元,仅为美国默克公司的74.8%。虽然我国已成为世界高技术产业大国,但至今还没有一家进入世界500强的高技术产品制造大企业。2006年,进入世界500强的全球高技术制造企业有64家,其中美国29家,日本11家,英国3家,德国2家,韩国2家,荷兰2家,芬兰1家,瑞士2家,法国3家,加拿大2家,瑞典2家,意大利1家,新加坡1家,中国台湾2家,中国香港1家。

高新技术产业开发区发展迅速,但产业集群优势不明显,地区和行业之间发展不平衡。总体上看,53个国家级高新区迅速发展,成为支撑区域经济增长、推进城市建设的重要力量。但是,国家高新技术产业开发区的经济发展过多地依靠数量扩张,增长质量还不高。虽然园区内企业实现了空间集聚,但相当多企业缺乏研究开发能力,还在生产附加值较低的中低端产品、OEM产品和组装加工产品。难以形成主导特色产业,产业集群优势没有充分发挥。从行业结构看,电子及通信设备制造业和电子计算机及办公设备制造业占70%以上,航空航天、医药等其他行业仅占25%。近两年来,由于外商投资主要集中于集成电路、计算机和信息产品等,加速了这一趋势的发展。此外,地区发展不平衡,东部地区占整个高技术产业产值的85%以上,东部与中、西部的差距进一步拉大。

3. 市场化程度低

目前,我国与高技术产业发展相关的管理部门众多,由于认识不一致,管理目标不同,缺乏协调机制,不能形成合力。结果是,有些事情多个部门争着管,有些事情又没有部门管,甚至出现一些管理部门出台的政策相互矛盾的情况,造成科研与生产脱节、产用脱节,不能形成良性发展的创新链条和产业链条。比如,近年来,为解决老百姓"看病贵"问题,药品价格管理部门多次大幅度降低药价,但由于药价高的主要原因在流通环节,在药品流通体制不变的情况下，降低药价的结果是大幅度挤压了医药生产企业的利润，造成许多企业亏损，没有开发新药的能力和积极性。又如，生物产业是当今世界正在快速兴起的战略性新兴产业，许多国家都制订了扶持生物产业发展的优惠政策措施，但我国由于部门之间在一些重大问题上长期不能形成一致意见，从2000年开始国家有关部门开始制定《关于促进生物产业发展的若干政策》，已历时8年，目前仍在征求意见之中，难以出台。

目前，我国科技投入分散、产学研脱节等问题还十分突出，科技与经济脱节的问题没有根本解决，由此带来的结果是：近些年虽然我国科技投入大幅度增加，科技论文、专利数量高速增长，但重大成果越来越少，实现产业化的更少。据有关资料，目前我国科技成果产业化率不到10%，与发达国家50%~70%存在较大差距。

4. 金融环境不完善

高技术企业的成长一般要经过种子期、初创期、成长期、成熟期阶段，这一过程是一个高投入、高风险、高收益的过程，每一阶段对融资的需求不同：初创期（种子期和起步期）的企业以自有资金为主；创业中期（成长期和扩张期）以创业资本为主；创业后期以股票上市融资、银行贷款为主。针对高技术产业这一投融资特点，发达国家（如美国）形成了包括天使投资、创业投资、创业板市场等在内的比较完善的投融资体系。但从我国看，改革开放以来，我国高技术产业的快速发展在很大程度上是通过引进外资实现的，而国内金融创新滞后，天使投资、创业风险投资不发达，高技术企业种子期和创业期普遍存在融资难、资金缺乏的问题。同时，由于信用担保体系等不健全、金融体制改革滞后等方面的原因，高技术企业贷款难，致使许多高技术企业难以做大做强。

高技术企业融资渠道狭窄，对外资依赖程度高。由于创业投资机制还未真正建立起来，高技术研究拨款有限，没有足够的高技术产品开发基金，以银行为贷款主体的融资渠道限制了高新技术的发展；同时，社会风险资本严重短缺，致使高技术研究成果难以转化为高技术产品。

（三）我国高技术产业技术创新影响因素

高技术产业技术创新影响因素多而复杂，主要有以下几方面。

1. 内部创新因素

研发经费投入。经费投入是研发（R&D）活动投入的重要组成部分，是形成高技术产业技术创新能力的基础。高技术产业依靠持续不断的资金支持得以开展科学实验并实现科技成果转化，研发经费对技术创新的作用体现在研发链条的各个环节，比如提供前期策划和设备购买费用、劳务报酬以及后期市场运作资金等，为创新活动开展提供保障。

研发人员投入。高技术产业发展是研发人员不断创造科研成果并将其产品化、商业化的过程，作为技术创新成果的创造者和传播者，研发人员是研发活动投入的另一重要组成部分，人力资本要素与其他要素的配置比例以及人力资本内部结构和质量都决定着技术创新的水平和效率。

技术消化吸收。技术引进能够在短期内使企业接近于新技术或高技术，从而快速提升整体的技术创新能力。如果企业借助于自身的科技存量，通过消化吸收，实现二次创新，那么技术引进的效率就会大大提高。企业在技术引进后能否及时将其消化吸收并实现再创新，是检验企业自身技术能力的关键标准。

3. 产业组织因素

高技术产业具有自身的产业组织形式，其技术创新必然受到市场结构和企业规模的影响。

市场结构。市场结构对技术创新的影响在学界一直存有争议，Schumpete提出垄断是技术创新的先决力量，认为垄断程度与技术创新成正比。Arrow则认为完全竞争比垄断的市场结构更有利于技术创新。从以往研究来看，市场集中度与创新能力的关系在不同国家、不同行业之间存在一定差异，鉴于我国高技术产业在特定的发展时期具有自身的规律，何种市场结构导致更有效的技术创新需要通过实证检验分析判断。

企业规模。企业规模对技术创新的影响也是西方创新理论关注的重点，有学者认为大企业通常比小企业创新能力强。但是，Mansfield则提出大企业通常会因为规模过大而降低创新效率，小企业凭借自身灵活的运作机制反而更有利于创新。对于我国的高技术产业，企业规模与科技创新的关系有待进一步考察验证。

3. 制度环境因素

技术创新过程深受制度环境约束，因此，创新系统方法论把制度环境视为影响技术创新的核心因素之一。

所有制结构。所有制结构主要通过以下路径作用于技术创新：一是激励机制。不同所有制结构在激励机制上的内在差异导致了科研人员参与技术创新的动力差别，最终体现为创新成果产出的效率差距。二是治理结构。由于存在特定的委托代理关系，国有企业中剩余价值的控制权与索取权并不统一，这易于造成管理层的短视行为，在顶层设计方面对技术创新缺乏长期、系统规划，从而影响到创新活动的开展。

专利制度。专利制度赋予专利所有者一定期限的垄断所有权，使之能够在较短的时间内收回研发成本，取得合理收益，从而保护所有权人持续创新的积极性。而只有持续不断的创新才能积累技术存量，最终推动技术创新能力的提升。从这个角度来讲，专利制度对于技术创新具有积极意义。

融资结构。目前我国高技术产业研发资金来源主要包括自有资金、政府资金和金融机构贷款。政府资金在技术创新中起到重要的引导和调节作用。政府通过为高等院校、科研院所等机构提供科研经费，来推动国家在基础科学领域的技术创新。同时，也根据国家产业发展规划对重点行业的科技创新给予财政补贴。此外，获取金融机构贷款也是企业弥补自有资金不足的重要手段，技术创新的资金需求具有长期性、连贯性和不确定性，开拓外部融资渠道有利于减轻企业技术创新的资金压力。

4. 技术溢出因素

MacDougal在研究外商直接投资（FDI）的一般福利效益时最早提出了技术溢出概念，将技术溢出效应视为FDI的一个重要现象。技术溢出效应包括购买国内技术、技术引进和外商直接投资产生的技术溢出。

购买国内技术和技术引进让企业直接获得成熟的创新成果，节省研发人力，缩短研发周期，从而快速接近高技术，提升自身的技术创新水平。

外商直接投资的技术溢出效应通过多种途径影响我国高技术产业技术创新。首先，外资企业在我国设立研发中心有利于带动我国企业实现技术创新。其次，外资企业通过提高产品技术含量抢占市场份额，迫使国内企业开展技术研发争取竞争优势，这间接促进了国内技术创新能力的提升。第三，外资企业员工可能通过人力资本市场进入国内企业工作，这些员工受到较好的职业培训和技能开发，能够提升国内企业研发队伍的整体水平。

（四）以自主创新为核心发展我国高技术产业

我国高技术产业发展思路应以自主创新为核心，在信息、生物、关键材料等领域重点突破，实现技术和产业的跨越发展；集中力量突破产业共性关键技术，提升我国高技术产业核心竞争力；加速高技术在传统支柱产业中的推广和应用，优化产业结构，实现从"加工中心"向"制造中心"转移；迅速扩大高技术产业规模，提高高技术产品附加价值。

1. 加强技术创新，不断增强科技持续创新能力

加强原始性创新，切实加强在国家需求与科学前沿紧密结合的基础研究领域开展创新性研究，积极抢占关系国计民生和国家安全的前沿高技术制高点，为我国高技术产业持续、稳定和快速发展提供技术储备。同时，对于那些我国

已具备一定技术基础、涉及国家安全的战略性高技术产业，要集中人力、物力和财力，开展核心技术的前瞻性研究开发和产业化，务求在自主发展方面有所突破。

组织实施高技术产业关键技术创新工程。要以重大产品为导向，制订明确的目标，通过产业联盟等模式，加大投入，组织实施集成电路和软件、新一代移动通信、下一代互联网等高技术产业领域关键技术创新工程。国家重大工程应充分利用自主研发技术，对其中的核心技术组织国内力量进行攻关，对少数难以攻克的核心技术可以考虑引进。

加强集成创新和引进技术的消化吸收和再创新。鼓励国内企业通过收购、兼并等方式到国外购买中小企业。结合重大工程的实施，组织实施重大技术的消化吸收。在国家科技计划中，要对技术的消化吸收和再创新给予支持。

强化企业的技术创新主体地位。要加大政府对企业特别是大企业的研究开发投入，重点支持企业建立创新能力基础设施；进一步完善和落实企业研发投入抵扣政策，鼓励企业增加投入。

2. 优化产业结构，提升我国高技术产业核心竞争力

高技术产业发展要在保持速度的同时更加注重提高质量，在扩大规模的同时更加注重效益，在发展新兴产业的同时进一步加强高技术对现有产业的提升改造。首先，根据中国未来经济社会发展的客观需要以及技术发展特征，在政府宏观指导下，大力发展我国在高技术研究领域的优势项目及现代化建设急需的项目。集中资源，形成自主发展能力。第二，优先发展信息、生物、新材料等重点高技术及其产业，带动相关产业的发展。第三，积极引进、消化、吸收和再创新国内外的高技术成果。一方面，在中国具有比较优势的高新技术领域，鼓励系统集成国内外技术，直接面向国际市场，迅速扩大我国高技术产业规模，提高产业竞争能力；另一方面，在引进与创新并举的过程中发展核心技术和技术标准等，突破产业发展中的技术瓶颈，逐步掌握产业发展的主动权。第四，增加和提高深加工、高档次、高技术附加值的加工能力，提升我国高技术产业核心竞争力。

鼓励高技术小企业的发展，大力扶持民营、集体等类型企业，提升我国高技术企业整体竞争实力。对新创办的高技术企业，在企业登记、人员聘任、借贷融资、土地等方面给予优先支持。进一步加强企业孵化器和留学生创业服务中心建设。在我国高技术企业中小企业所占比重达到35%，尤其在医疗设备及仪器仪表制造业更高达55%。我国高技术小企业具有创新活力强、组织灵活、技术转型快等优势，在我国高技术企业中发挥着重要作用。鼓励高技术小

企业的发展，是带动我国高技术产业向结构多元化、创新多样化发展的有效措施。随着外资企业在我国高技术产品国际贸易市场上地位的不断提高，国有企业的竞争优势明显减小。相反，民营企业、集体企业和私营企业在高技术产品贸易中的竞争优势则日益突出，大力扶持高技术民营、集体等企业的发展，是提升我国高技术企业整体竞争实力的重要补充。

3. 深化体制改革，实现科技链与产业链的有机结合

高技术成果转化为现实生产力的过程是一个复杂的技术、价值实现的社会过程。从当前任务来看，可以采取以下措施，努力实现产、学、研一体化，提高科技成果的转化率，缩短转化周期。

完善我国专利制度，促进高技术企业发明创造的积极性。加大中国高技术领域发明专利的授权量，提高高技术成果转化率等等。专利产出尤其是发明专利的授权情况是企业乃至国家技术创新能力高低的重要标志。完善的专利制度是促进企业技术创新、保护企业从技术发明到推广健康发展的重要支柱。随着高技术企业专利保护意识的提高，对专利体系及制度的完善也提出了更加急迫的需求。在我国现行的专利制度中，反映技术含量最高、保护力度最大的发明专利比其他类型专利具有审查程序复杂、审查时间长、费用高等特点。因此，在产品市场周期不断缩短的情况下，资金短缺的企业只得放弃申请发明专利，转向申请审查程序简单、时间较短的实用新型专利。这将对我国高技术企业的成长极为不利。

完善科技企业创新孵化体系，优化高新技术产业开发区的布局，突出区域比较优势，培育高新技术产业集群和增长极。建立以企业为主体的技术开发机制。通过技术入股等方式，促进高技术成果转化。从政策、投融资环境和网络条件等方面对科技企业创新孵化体系给予大力支持。发挥政府引导与市场牵引作用，发展一批集成电路设计、生物医药、软件、新材料、光电子等专业技术孵化器，同时支持一批科技企业孵化器致力于发展网络基础设施、公共服务平台、专业公共开发平台，不断提高孵化能力和服务水平；进一步完善相关政策体系，包括吸引科技人员从事成果转化的政策、科技企业孵化器优惠政策和支持被孵化企业发展的政策等。以形成完整的产业链为导向，集中配置资源，推动产业集群的逐步形成，在有条件的地区形成高新技术的特色产业和优势产业。把国家高新区建设纳入统一规划，集中优势形成高新技术产业增长极。

4. 完善高技术产业投融资体制，建立风险投资体系

建立政策引导、企业主体、金融支持、社会各界参与的多样化的高新技术

产业发展投融资体制，以政府资本金投入带动民间资本发展。积极推荐高新技术企业上市，建立完善的风险投资机制，多渠道增加高新技术产业发展的投入。通过发展创业基金、规范基金制度、完善管理体制，促进高新技术产业快速发展。

加大金融对自主创新的支持。要充分发挥其政策导向功能，对自主创新项目及产品尤其是国家重大科技专项、国家重大科技项目产业化项目的规模化融资和科技成果转化、高新技术产业化、引进技术消化吸收、高新技术产品出口等在贷款上给予重点扶持；运用财政贴息方式，引导各类商业金融机构支持自主创新与产业化。

加快发展创业风险投资。尽快推出建立创业板。鼓励有关部门和地方政府设立创业风险投资引导基金，引导社会资金流向创业风险投资企业，引导创业风险投资企业投资处于种子期和起步期的创业企业。在法律法规和有关监管规定许可的前提下，支持保险公司投资创业风险投资企业。允许证券公司在符合法律法规和有关监管规定的前提下开展创业风险投资业务。允许创业风险投资企业在法律法规规定的范围内通过债权融资方式增强投资能力。

5. 建立有利于高技术产业发展的法制环境和市场环境

推动促进高技术产业发展的法律、法规制定，强化依法行政，规范市场秩序，完善竞争规则。重点是完善知识产权保护制度，强化知识产权保护意识，提高知识产权管理水平。在制定与国际接轨的知识产权保护规则时，要指导国内企业运用知识产权作为参与国际竞争的工具；积极参与国际性产业、贸易规则的制订，为国内企业参与国际竞争创造条件。同时，加强市场环境建设，一要建立知识产权评估和交易体系，包括规范知识产权评估机构的认证制度，促进知识产权评估机构健康发育；建立知识产权交易市场，完善知识产权的转让、抵押、处置制度；形成业内自律和业外监管有机结合的运行机制。二要发展创新型中小企业服务体系，推动高新技术企业创业服务中心的建设，建立技术服务、咨询服务、信息服务网络。三要完善有利于创新的技术标准体系，通过国际标准和先进技术标准的推广、国际计量和技术法规的执行以及严格的监管制度，形成公平合理有效的企业技术进步推进机制。市场环境建设要结合体制改革，加强行业中介组织建设，对其中的非营利性机构给予政策扶持。

# 第八章

# 产业管理

产业管理是国家或地区为了实现一定的经济目标或社会目标，应用产业经济学的原理，以全产业为对象所实施的能够影响产业发展进程的一整套管理措施的总称，包括对产业组织内部行为的规制、促进产业发展的政策、规范某一行业发展方向的方法条例等。

## 第一节 产业规制

### 一、产业规制理论

产业规制是政府或社会对产业经济主体及其行为的规制。它是对市场失败的治理，目的在于维持正当的市场经济秩序，限制市场势力，提高资源配置效率，保护大多数社会公众的利益，使之不受少数人的侵犯。依照规制实施的主体的不同，产业规制包含政府规制、社会规制和行业自律规制。

（一）产业规制理论的演变

早期的规制经济学文献一般将重点放在对公共事业规制的研究上；施蒂格勒起初也把规制看作是"为产业所需并按其利益设计并运行的国家权利"；此后，乔斯科（Joscow）和诺尔（Noll）全面总结了竞争与非竞争产业的价格与进入规制；到1981年，施蒂格勒又将规制的范围扩展到所有的公共—私人关系中；此外，鲍莫尔和奥茨（Oates）对环境的规制及政策问题进行了研究；维斯凯西（W. KipViscusi）对产品及作业安全的规制问题也做了大量研究。这些工作将规制研究的理论背景扩展到了福利经济学、公共财政学以及不确定条件下的决策科学领域。特别是近20年来，经济学家看待经济规制的方式以及政府和国际组织应用经济规制的方式已经或正在发生深刻的变化。规制理论的演进过程正是这一变化的真实写照。

1. 规制理论的演变过程

产业组织理论的发展与西方发达市场经济国家，特别是美国的经济发展阶段紧密相联。而规制政策集中体现了各个时代产业组织理论各个流派的发展与位置。因此，产业组织理论的发展过程实际上反映了规制理论的产生和发展过程。一般认为规制理论的发展经历了三个阶段，即实证理论的规范分析、规制的俘获和规制的经济理论。

（1）实证理论的规范分析（Normative Analysis as a Positive Theory，NPT）

人们认为规制发生在那些存在着市场失灵的产业，这些产业具有自然垄断特征（成本的次可加性），这个假设最初被认为是公共选择理论，后来被称为实证理论的规范分析。这种实证理论的规范分析假定政府规制的目的是通过提高资源分配效率，以增进社会经济福利，并假定政府规制者专一地追求这一目标。显然这隐含着政府是公众利益而不是某一特定部门利益的保护者。该理论在很长时期内在政府规制经济学中居统治地位。

但是，实证理论的规范分析至少存在以下几个问题：第一，市场失灵只是一个假定而不是一个可以检验的预测。第二，市场失灵并非一定要通过政府才能解决。如有些外部性，通过当事人双方的私人协议安排也能处理好。第三，现实世界大量被规制产业既不是自然垄断产业，也不具有外部性。政府的有些规制行为对被规制企业是有利的。19世纪80年代后期美国采取的对铁路行业的规制以及后来对AT&T公司的地方和长途电信业的规制就属于这种情况。第四，该理论假定了政府制定和执行政策的过程是没有成本的，与事实不符。

（2）规制俘获理论（Capture Theory of Regulation，CT）

规制俘获理论认为，规制和市场失灵之间并没有很强的相关关系，政府规制是为了满足产业对管制的需要而产生的（即立法者被产业所俘获），而规制机构最终会被产业所控制（即执法者被产业所俘获）。施蒂格勒1971年指出："经济规制的中心任务是解释谁是规制的受益者或受害者，政府规制采取什么形式和政府规制对资源分配的影响。"他通过完整的研究得出了受规制产业并不比无规制产业具有更高的效率和更低的价格。佩尔兹曼1976年指出，无论规制者是否获得利益，被规制产业的产量和价格并没有多大的差异，其主要差别只是收入在各利益集团之间的分配。

规制俘获理论建立在三个假设之上：首先，所有的利益各方——自然垄断产业、立法者、规制者，甚至消费者——都是纯粹的经济人，也就是说，都是收入最大化的追求者。其次，所有各方面都具有理性的预期。第三，规制是没有成本的。由于这三个条件,规制俘获理论的结论也只能作为一种极端的推论。

(3) 规制的经济理论 (Economic Theory of Regulation, ET)

现实的经济现象表明:规制与市场失灵并没有太强的相关性(这与NPT理论相冲突);规制也并不是一味地偏袒被规制者(与CT理论相冲突)。因此,有必要形成一种能够解释所有这些现象的理论,同时它还得在一定程度上说明为什么在一些原来受规制的产业后来又被部分或完全放松了规制。

规制的经济理论在国家控制资源、各利益主体具有自己最大化效用的理性的前提下,指出规制是因应利益集团最大化自己的收入的要求而产生的。施蒂格勒与佩尔兹曼的分析认为:第一,规制立法机构起着重新分配社会财富的作用;第二,立法者的行为受谋求继续在位的动机驱动,即立法是为了最大化立法者的政治追求;第三,利益集团之间互相竞争者向立法者提供政治支持以换取对自己有利的立法。由上面三个因素得出的一般结论就是,立法总是对那些组织良好的利益集团有利(他们能够更有效地提供政治支持),所以这些利益集团能够从规制立法中受益较多(所以他们才愿意花费资源来取得政治支持)。

在这种规制模型中,立法者或者规制者选择最优政策以使对自己的政治支持最大化,强调利益集团之间的竞争,利益集团直接影响规制政策,实际上,规制的过程没有这么简单,必须看到这一过程中其他角色所起的作用。其次,规制的经济理论使用了效用最大化作为规制过程中有关各方的目标函数。但是,对于不同的主体而言,效用最大化是一个比较含糊的概念。如规制立法者使什么最大化呢?作为一种理论,它并不具有太强的可操作性。所以,规制的经济理论也在一定程度上受到了质疑。

2. 规制理论的发展—激励性规制理论 (Incentive Theory of Regulation)

(1) 放松规制

自从1888年美国成立洲际商业委员会对铁路运输进行规制以来,规制的范围很快就涵盖了电力、通信、民航及金融等领域。这与当时生产日趋集中、企业规模不断扩大、寡头垄断成为普遍现象、卡特尔与托拉斯等垄断组织和形式有了相当发展的现实相吻合。但是,到了20世纪50、60年代,反对规制的呼声日益高涨,并促成了60年代末开始的放松规制运动。特别是1996年美国电信法的颁布,意味着电信市场的全面竞争与开放,在世界范围都产生了非常大的影响。

放松规制有两层含义:一是完全撤销对被规制产业的各种价格、进入、投资、服务等方面的限制,使企业处于完全自由的竞争状态;另一个就是部分取消规制，如在进入规制中，由原来审批制改为备案制等等。那么，是什么因素促使了放松规制？可以从以下几方面考虑。

一是政府规制的失灵。由于个人私利、信息不对称等，政府规制也存在难以克服的缺陷。政府部门规模庞大，行政支出、规制费用不断上升，政府财政赤字增加。受规制的产业部门客观上受到政府的保护，可以稳定地得到收益，因而它们漠视消费者的需求，服务单一，成本上升，效率下降，供给不足。如美国政府长期以来所实行的投资回报率规制会导致 Averch–Johnson 效应，即在利润最大化的驱使下，受规制厂商有过度投资的倾向。

二是产业间替代竞争的加剧。由于垄断和替代产品的存在，使得垄断产业的市场力量不可能不受约束地发生作用。即便是受规制的垄断产业，也存在与替代产品之间的竞争，需要及时做出投资、生产、价格、服务等新的、及时的决策和改变。但是由于政府规制的存在，所有重要的决策都要经过政府规制部门的批准，而这种批准过程延缓了受规制产业的反应时间，往往会使这些企业在竞争的过程中处于被动的地位。这种存在着替代竞争的产业被称之为"结构性竞争产业"（Structurally Competitive Industry），如铁路、航空、公路等运输部门。

三是技术经济条件的变化使政府经济性规制的理论依据逐渐被削弱。政府进行经济性规制的主要论据是自然垄断，当市场需求扩大、生产技术变化时，自然垄断的特点就会变模糊。20 世纪初以来，技术发展的日益加快，特别是微电子技术的出现和不断成熟，使得陈旧落后的生产技术相继被新技术所淘汰。如在通信领域，光纤的发明、计算机技术的应用和卫星通信的引入，使得通信不再是自然垄断性的。提供通信，特别是长途通信、电信增值业务并不需要太大的投资规模，而且这部分固定资本也不是沉淀的，所有这些都使得新企业加入电信领域成为可能和可行。

四是世界经济一体化、国家间经济交往迅猛发展。国际贸易、跨国投资、战略联盟等国际合作必须有一个开放、公平、自由的环境。现有的政府规制人为地阻碍了人、财、物的自由流动。但是国际经济一体化的潮流不可逆转，世界各国在经济交流中已在互相让步，彼此开放市场和提供机会，政府规制必将走向放松。

（2）激励性规制理论发展的表现

为了对继续保留的规制进行改革，新的规制理论随着信息经济学的发展也应运而生。该理论的要点是，由于存在不对称信息，在得到效率的同时，必须留给企业信息租金，而信息租金会带来社会成本。为此，政府可以运用诸如成本补偿机制和定价政策等某些特定的规制工具实现最优规制。其中，具有不同激励强度的成本补偿机制就是激励规制。激励规制包括两方面的内容：首先，使现有运营商充分考虑其成本以提高劳动生产率，通常被称为以业绩为基础的规制或激励规制。其次，赋予运营商更多确定服务收费的自由度，从而使运营商更加趋于按商业原则经营。这种灵活的定价原则实际上使服务的相对价格更加接近拉姆士价格结构。具体来说，激励性规制的主要内容包括：特许投标理论、区域间比较竞争理论和价格上限规制等。

第一，特许投标理论。所谓特许投标是指政府和公共团体在提供公共服务或公益事业服务时，认定由某一特定企业承包有效的前提下，给予企业特许垄断权。为了给企业以提高效率的刺激，在一定的特许期限后再由竞争投标来决定将特许权授予能以更低（最低）价格提供服务的企业。如果在投标阶段有比较充分的竞争，价格就可望达到平均成本水平，获得特许经营权的企业也只能得到正常利润。

第二，区域间比较竞争理论。将受规制的全国性垄断企业分为几个地区性企业，使特定地区的企业在其他地区企业的刺激下提高自身内部效率。由于区域间的比较竞争不在同一市场上，企业之间只是间接竞争。这就要求规制当局必须确保在获得有效经营下的成本和服务信息的基础上制定规制价格，促使各地区性企业为降低成本和增加利润而展开间接竞争。

第三，价格上限规制。指规制者当局与被规制企业之间签订价格改动合同，规定价格上限，企业作价原则上只能在这一上限之下自由变动。从理论上讲，使用价格上限规制可以以分散化的方式得到拉姆士价格，即通过让企业自己选择定价而得到拉姆士价格结构。假设企业受平均价格上限的控制，满足：

$$\sum_{k=1}^{n} w^k p^k \leq P$$

其中，$w_1$，$w_2$，……，$w_n$ 为每种服务收费的权重。在满足该约束的前提下，企业可以自由选择极大化利润的价格。显然，尽管平均价格水平受到限制，但企业可以自由确定相对价格结构。容易证明，如果权重正好等于实际产出数量，则根据企业极大化利润的最优条件可以得出拉姆士价格结构，形成接近拉姆士价格的收支平衡价格，发挥出放松规制的正效应。

（二）产业规制模式

产业规制模式指的是具有代表性的规制类型。当代西方产业规制可以区分为三种主要模式。

1. 民间主导型产业规制

所谓民间主导产业规制，是指在企业、市场、政府三者关系中，政府调节市场，市场引导企业的一种规制模式。

民间主导产业规制的主要特征：①比较强调自有企业制度。市场经济自由的重点落在企业自由上，企业在市场经济活动中拥有比较完整、充分的权利，通常是在企业目标的框架内，由企业自行决定成产什么、生产多少和怎么生产。②企业决策基本服从于市场调节。政府并不试图直接影响企业的决策过程，企业对透过市场传导过来的政府影响，可以做出自己独立的选择。③政府宏观调控主要通过市场，市场仍然是配置社会资源的决定性渠道。④宏观调控手段偏重财政政策和货币政策，一般不那么强调经济计划和产业政策等。⑤宏观的透明度较高。政府、市场和企业在市场经济运行中的地位与活动，一般都有明确的法律规定，政府与企业的活动集中与市场上展开，因而宏观调控的透明度较高。

目前，属于这种模式的国家主要有美国、英国、加拿大和意大利等。这种模式的核心和运行的最显著特征，是保证企业在市场上的自由。

美国民间主导模式。美国现有1700多万家企业，其中多数是个人企业，但占统治地位的，是少数规模巨大的私人垄断企业。20世纪80年代中期，占美国公司总数不到0.1%的200家最大公司，掌握着美国加工工业60%以上的资产。在汽车制造业中，目前四家大公司拥有95%的产量。另外，美国的国有企业不甚发达，只有邮政、公路和一些电力企业以及少量弹药厂，其产值不超过美国国民生产总值的3%。因此，美国的民间主导型产业规制，基本上是私人企业自主型；从力量结构上分析，又是私人垄断企业自主型。美国民间主导模式运行的主要特色是：①企业在投资、财务、生产、经营战略决策等方面，享有比较完整的自主权利。②政府与企业之间除了税收之外很少发生直接联系，政府面向企业的管理机构很少。例如，20世纪80年代初，美国联邦有87个机构从事所谓控制私人经济活动的工作，但其中只有55个拥有具体的管辖权。而在这55个机构中，属于产业类并可能直接与企业经营决策相关联的机构，一共只有5个，主要是管理铁路、航空、电力等自然垄断产业的。③政府宏观调控一般以立法为基础，面向市场展开。④美国政府宏观上比较注重保持市场的合理性，反对垄断和其他人为障碍，尽可能使市场环境优化、市场信号真实，实行"反周期"的宏观调节。⑤允许企业影响政府的宏观决策与宏观调控，其主要形式之一是允许开展"院外活动"。美国大约有6000个商会和行会，如钢铁协会、烟草协会、烟草协会等，其中半数以上参与院外活动。

2. 政府主导型产业规制

所谓政府主导产业规制，就是指在企业、市场、政府三者关系中政府既调节市场，同时也直接引导企业，并将侧重点放在后者上的一种产业规制模式。

政府主导产业规制的特征：①强调企业与政府的合作，为此建立了两者直接对话和协调的机制，企业在政府调控的直接规范下自主程度相对较低。②企业决策既受市场支配，又受政府影响，具有双重决策参数，而最终决策在长时间内很难与政府意图相左。③政府宏观调控直接指向企业时，实际上开辟了资源配置的另一通道，市场机制配置资源的作用有所下降。④宏观调控手段侧重于经济计划和产业政策，追求力度和时间效应。⑤宏观调控的透明程度较低。这是由于存在着政府对企业较大量随机监督与指导的缘故。

属于这种模式的国家，主要有日本、韩国，一定程度上说还有法国和瑞典等，当然，法国、瑞典在不少具体方面与日本的情况又有所不同。

日本政府主导模式。日本政府主导型产业规制最大特征就是政府有效利用经济计划和产业政策，其中核心又是产业政策。政府以产业政策为主要工具，既影响企业决策，又改变市场态势（如供求、价格等）。经济计划固然是日本政府调控经济运行的重要手段，但在同产业政策的联系中，经济计划只是产业政策的表现形式。日本政府主要是通过不断调整产业结构、产业组织和产业关联政策这三个方面，并对他们进行有机组合，来实现宏观调控的。日本政府主导型产业经济体制实行的是供给管理，即通过经济计划和产业政策来不断调整生产供给以实现宏观目标。日本经济宏观的目标是追求尽可能快的经济增长率和高生产效率。日本产业政策实施的保证体系则包括：第一，法律保证。在日本，经济计划是指导性的，虽然对企业没有强制的约束力，但产业政策一般都通过了立法程序，获得了法律保证，因而企业有义务执行。《公益事业令》《电力工业重新改组令》《重化工业法》和《机械工业振兴临时措施法》等法令法规，从根本上保证了不同时期内有关重点产业的"官定民从"的贯彻、落实。第二，财力保证。20世纪70年代中期以来，日本政府一直掌握着占约国民生产总值27%的财政收入和不到10%的政策金融资金，也就是说，政府集中了1/3以上的国民生产总值。这为产业政策的实施提供了必不可少的财力保证。日本政府责成大藏省制定"财政金融投资计划"，由通产省组织实施，将财政投资和政策金融投资集中用于落实产业政策。这部分投资约占全国总投资的30%，它使日本政府得以引导投资方向，实现资源按产业政策既定领域的倾斜式配置。第三，组织保证。为了执行产业政策和与之配套的财政金融投资计划，日本政府组建了一整套机构体系，如"两省两行十库二十余公团"，这些机构和组织互有分工又相互配合，从组织上保证了日本产业政策的实施。

### 3. 政府民间平衡型产业规制

所谓政府民间平衡模式，就是指在企业、市场、政府三者关系中保障市场、市场引导企业，同时又以社会因素相保证的一种产业规制模式。政府民间平衡模式的主要特征有以下几方面：①强调保证健全的市场机制运行状态，政府的职责是保证、保护市场内在的效力，由市场去引导企业，政府一般并不直接规制企业的活动。②社会资源的配置通过健全的市场机制来实现，同时用社会安定来保障。③宏观调控的目标是物价稳定、经济稳定和社会稳定，社会公平、社会保障和社会进步被纳入了目标体系。④宏观调控手段侧重于货币政策、物价政策和社会政策。⑤宏观调控的透明度很高。这是因高度强调政府规制必须以法律为依据所致。

政府民间协调型规制是一种比较特殊的产业规制模式，目前实行的国家基本上不仅限于德国。其倡议和主要缔造者是曾任原联邦德国经济部长的经济学家路德维希·艾哈德。

德国政府民间协调型规制基本原则和要点可以概括为：第一，提倡自由竞争，限制垄断，充分发挥市场机制的作用。第二，稳定货币，稳定物价。经济政策的中心问题，就是在没有通货膨胀的趋势下，让经济持续向前发展，货币稳定是平衡经济发展和确定社会进步的基本条件。第三，充分考虑"社会"（民间）因素，实现"全民繁荣"，这是平衡型产业规制的基本目标。在上述基本原则和要点的基础上，德国政府产业规制模式主要侧重于以下方式和手段：①对市场进行适当的组织和管理。主要通过颁布《反对限制竞争法》，来改善竞争条件，促进竞争开展，保证市场的开放性，保证生产要素的自由流动，防止和取缔市场垄断现象。同时努力维护中小企业的利益，改善中小企业的外部环境，并提高其内部效率。②对货币供应量实行相比较严格的控制。德国中央银行通过再贴现率、存款准备金率和公开市场业务来调节和控制货币投放量。为确保政策倾向的稳定，联邦银行独立于联邦政府，不接受政府的指令。③对需求进行调节。主要运行财政政策、收入政策，如政府投资、税收变动和协调确定工资水平等手段来实现。借此稳定物价，因为物价除了受货币因素的影响，也可能被需求过旺拉起，或者成本过高抬起。④实现第二次分配和收入转移。主要通过税收和财政开支来实现，用以保证尽可能的社会公平和安定。

## 二、政府规制

政府规制是政府为实现某些社会经济目标而对经济中的经济主体做出的直接的具有法律约束力的限制、约束、规范以及由此引出的政府为督促经济主体行为符合这些限制、约束、规范而采取的行动和措施。现代市场经济政府规制具有以下特点：规制的主体是政府；规制的客体是市场经济活动中的经济主体，包括企业和消费者，但主要是企业；规制对市场交易机制有着直接的影响；规制的执行是有成本的。

（一）直接规制和间接规制

政府规制可以根据政府对市场活动主体行为的限制程度和方式的不同分为直接规制和间接规制。

直接规制是政府行政管理机构实施的规制行为，如对自然垄断产业的规制和对金融业的规制。它主要包括经济性规制和社会性规制。经济性规制是对特定市场中企业定价和进入等方面的控制，它直接影响企业的生产决策，供应方式等。植草益认为，经济性规制"是在存在着垄断和信息偏在（不对称）问题的部门，以防止无效率的资源配置的发生和确保需要者的公平利用为主要目的，通过被认可和许可的各种手段，对企业的进入、退出、价格、服务的质量以及投资、财务、会计等方面的活动所进行的规制"。经济性规制是针对自然垄断和一部分信息不对称产业而做出的，一般地，公用事业，如电力、城市燃气、自来水和金融业（如银行，保险，证券等），以及交通运输业（如铁路、水云、公路运输等）都受到在进入或价格上的控制）。社会性规制是政府为控制（负）外部性和可能会影响人身安全健康的风险而采取的行动和标准设计的措施。这包括对制药业、工作安全、产品安全、污染的排放控制、就业机会、国内收入服务、教育等的规制。社会性规制可分为环境规制和产品质量与工作场所安全规制。间接规制是政府有关部门通过法律规定的程序所实施的规制行为，如对产品质量和工作环境安全的规制。

（二）法律规制和行政规制

政府规制还可以依政府运用的规制手段而分为法律规制、行政规制、价格规制、审计规制、会计规制、经融规制、计划规制和财政税收规制等。西方发达国家政府规制都形成了以法律规制为龙头的政府规制体系。

法律规制就是政府在成熟的市场经济体系下全面运用法律手段，依法规制产业经济发展的，具有法律意义的限制、约束、规范以及由此引发的政府为督促经济主体活动符合这些限制、约束、规范而采取的行动和措施。法律规制有以下特征：①纲领性。唯法为治，产业经济的法律规制也是产业经济的总纲。②强制性。法律规制要求无条件执行，否则会受到制裁。③系统性。法律规制的系统性含义有两层：一是各部门经济法规组成的总系统；二是经济法规同民法、行政法、刑法等法律有着密切的联系，它们往往是交叉在一起运用的。④效益性。法律规制要求产业经济活动应以不断提高经济效益为中心。⑤制约性。法律规制通过某些经济性立法对产业经济活动实行鼓励或限制性规定，以确保国民经济宏观目标的顺利实现。⑥适应性。经济法规可以根据经济形势的变化，进行相应的修改、补充甚至重新规定，使经济法规的内容适应经济发展的客观需要，避免因法规落后与经济发展需要造成的法律规制脱节。

改革开放以来，政府对产业经济的管理除了依靠计划行政手段外，还积极运用经济手段和法律手段，经济立法取得了重大成就，基本形成社会主义市场经济体系。自1979年开始，我国政府相继制定了大量的经济法规，这些经济法规涉及国民经济、产业经济的各个领域，涉及全民、集体、个体、私营、中外合资合作、外商独资、股份制、合作制等多种所有制形式，涉及国内经济关系和涉外经济关系。为了实施法律规制，我国已制订或正在制定计划、财政、税收、金融、证券、价格、会计、审计、海关、能源、自然资源、统计等方面的法律，这些法律是政府实施法律规制的强有力武器。我国政府对产业发展的法律规制主要体现在：制造业立法、农业立法、商业立法、交通运输产业立法、除农业以外的基础产业和支柱产业的立法、建筑业立法、特区经济立法。我国政府对企业实施的法律规制包括市场主体法、市场行为法、市场秩序法、市场中介组织法，以及政府行为法等。

行政规制是国家以其行政权为规制运作基础，将权力机制移载入经济活动的过程，规制社会经济活动促进国民经济协调发展的各种行为和措施。行政规制较之于其他规制手段具有如下特征：①强力性。行政规制以政府的绝对权威为作用基础，以非经济的行政命令形式强行改革资源的配置，具有极强的约束力。②速效性。以行政之力推行的政府方针政策一般能迅速见效，这是因为行政规制的命令方式要求微观单位必须对政府指令迅速地、不折不扣地加以执行。③直接性。以行政规制为媒介的政府行动可以直接行使资源配置决策权。

从东西方产业经济的实践来看，行政规制适合用于以下经济条件：战时经济、供求总量或结构严重失衡、无药可医的病态经济、国有化或自然垄断产业、后发展国家为了实现赶超战略。如日本、中国等后发展国家运用行政规制以实现经济的现代化。

在适合实行行政规制时，也应讲究行政规制实施原则。即行政规划的运用必须被限制在一定范围内，这种限制可以归结为"适时适量"，也就是说，政府必须在合适的时间和合适的范围内使用行政规制。行政规制的适时适量可以具体表述为三个原则：①应急性。在国民经济出现严重失衡和混乱的状况时，它是政府必须而且唯一可以用之维持经济稳定的最后"法宝"②补充性。经济规制（如价格规制）与行政规制之间存在着某种强烈的功能替代效应，行政规制一般只是作为一种附属的次要的调节手段而存在，用于弥补经济规制所无力单独支撑的调控领域。③递减性。经济规制日趋完善和成熟，行政规制的范围日益缩小，只对那些仍无法为经济规制所协调的经济领域继续保持规制。例如，在价格管理上，对于那些关系到国计民生的、供给严重不足的产业，政府必须实施严格的行政管制。但对于那些供求大体均衡，产业内竞争和产业外竞争都激烈的产业和产品，就不应该继续实行行政管制。

在发达国家中，日本在运用软约束的行政规制方面颇具创新。其创新主要体现在指导式的行政规制。指导式行政规制就是为了推进产业发展，基于合理的计划，通过劝告、指导、希望和指派等必要手段，在被管理者（企业）的同意和合作条件下通过一定的方式达到政府的预期目标的规制。日本行政规制有软约束的性质，但结果是刚性的。归纳起来，日本行政规制的运行特征是：第一，建立强有力的综合推进部门。这个推进部门就是通产省。通产省的基本职能是：具体化地帮助企业设计现代化高水平的技术设备和生产装置，推进企业的技术更新和产品的升级换代，推动规模效益不高的企业合并，提出改组产业结构的设想，集中必要的资本发展在国际上有竞争能力的企业，扶助受到国际经济力量或经济危机冲击的企业和产业等。第二，设立专职长期展望的机构。1975年以来，通产省每年发表"长期展望"，表明政府有关部门在产业、社会发展方向上的核心意见。日本从1955年起设立了经济企划厅，基本任务是：根据社会发展的具体情况，从长远的趋势着手，设定符合经济发展的目标，协调全国的经济发展规划经济发展中的重要领域。第三，最低限度的直接行政规制。日本政府的直接行政规制总是被约束在相当有限的范围内。第四，政府主导开发研究。日本政资的投资，不仅仅局限于经济上的利益，也注重那些需花费巨额资金民间企业无力承担的领域。第五，以增加产业界的竞争力为主要战略。通产省根据不同的行业设立不同的局，力图在各个行业中培养有强大竞争力的企业。通产省通过各个局，考察各个行业的发展条件，确定培育对象，对于确定给予重点扶植的企业，通产省给予一定的资金、土地、外汇、技术和市场占有方面的支持。第六，充分与民间企业沟通。在指导式行政规制下，在政府和产业界没有达成协议之前，任何一方不得采用单方面的政策或重大的行动。民间企业尊重官员的权威、政府部门要充分了解整个企业的基本的想法和态度。第七，多向的决策咨询过程。政府总体的计划在政府各个部门的众多官员的参与下编制，由经济企划厅负责，经济界的主要人物、研究所的有关人员、报社的经济专家代表均参加起草整个过程。各个经济团体和经济研究机关为计划的编制提供参考资料和调查结果。第八，日本独特的管理文化。主要体现在以官僚主导、官民协调的制度特征。

我国长期的经济实践证明，中国行政规制具有间接化的趋势。直接规制的行政规制是指政府通过指令性计划和行政手段直接规制微观主体的生产经营活动。间接规制则主要是政府通过法制化的经济参数调节、规范和约束，以影响产业经济主体生产运营的外在环境，进而使企业做出符合客观计划目标要求的决策。

### 三、自然垄断产业的放松规制

自然垄断产业，是指其主要业务具有规模经济效益，需要大规模固定资本投资，边际成本不断下降，具有网络效益的产业、如铁路、电力、电信、城市燃气、自来水等，一般称为公共事业或基础设施产业等。也就是说，自然垄断产业应该是具有成本次可加性的技术特点而导致一个企业或少数几个企业生产的市场结构。自然垄断产业基于规模经济、范围经济而存在，但是，它仍然需要政府加强宏观和微观两个层次的规制。在全球网络经济时代，基于全球市场竞争，自然垄断产业获得了新的存在理由。这就对自然垄断产业的规制提出了更高的要求。

政府规制有许多弊端，即放松政府规制在所难免。所谓放松规制就是指政府取消或放松对自然垄断或其他产业的进入、价格等的行政、法律规制，是对直接规制的放松，是走向间接规制的一种过渡情形。放松规制有两方面含义：一是完全撤销对受规制产业的各种价格、进入、投资、服务等方面的限制，使企业处于完全自由的竞争状态。比如，原来受到政府严格规制的汽车运输业，该行业各种经济规制性法规被全部取消，新企业可以自由地加入到这些产业与原来的企业竞争，其行车路线、货物运费都由企业自己确定。另一含义是部分地取消规制，即有些方面的限制性规定被取消，而有些规定继续保留，或者原来较为严格、繁琐、苛刻的规制条款变得较为宽松开明，如在进入规制中，由原来的审批改为登记制等。

英国电信产业进入规制的放松。在1980年前，英国的电信市场一直由英国邮政局垄断。1981年，英国通关电信法将国有英国电信公司（BT）从邮政局中分离出来，次年，成立英国电信设备审批委员会。英国电信公司独家垄断电信市场的局面被打破：麦可瑞公司被允许建立第二个基本电信网，与英国电信公司竞争。1983年，英国政府将持有的51%的英国电信公司股份卖掉，英国公司成为一个股份有限公司。同时成立了对电信市场进行管理的电信办公室（OF-

TEL)。这个机构是政府对电信市场的工作部门,它的主要职责有:向全英国通信服务,满足所有的正当需求,特别是紧急通信服务,公共电话亭服务,提供通信地址服务,海上服务和农村地区通信服务;保证通信服务经营者有财力从事其经营活动。为了实施这些职责,英国电信法还规定了8个指令,要求促进以下目标的实现:即促进在英国的消费者,购买者和其他使用者的利益;促进高效率竞争;促进效率与经济性;促进研究和开发;促进海外电信企业在英国开展通信业务。在此后的若干年,许多公司获得了经营电信业务的许可证,蜂窝网络、移动无线网、无线寻呼增值数据业务(VADS)等业务领域都予以开放。

美国航空等产业的放松规制。美国民用航空局成立于1938年,40年来负责对航空产业的规制,主要内容有对新的航空公司加入的限制,对新的航线的审批,对航空业务退出的限制,规定航空票价,实施财政补贴,控制兼并和航空业主的协议,监督安全措施的实施等。1978年,美国通过了《航空放松规制法案》(Air Line Deregulation Act),决定撤销民用航空局,大多数限制条件被取消或者变得宽松。从1982年起,所有符合基本条件的公司都可以自由地进入航空业。1983年,所有的价格限制全部取消,航空公司可以根据自己的经营自由地定价。

在经济体制改革前,我国自然垄断产业的产品价格完全是由政府部门制定,全国实行统一的价格。这种方式主要有四种:由行政区制定或中央与各工业部门共同制定。如20世纪50年代初,重工业产品的价格曾经由中央财政经济委员会与各工业部门共同制定了国营工业主要产品的全国统一出厂价格;国务院下发文件定价。如1962年10月6日,规定对于城市职工的主要生活必需品的价格和房租等的收费标准,包括水电、交通、邮电等在内的18类商品的价格应当基本不动。政策定价。如1956年,国家对重工业产品的出厂价格进行了全面调整,其中将电力的价格调低了4%;主管部门申报,国务院批准。如1971年,国务院批准了民航总局降低航空客运票价和专包机,专业飞行收费标准,将原来不分航程远近,每客公里收取同费率办法改为递远递减的收费方式。

在实行经济体制改革后,自然垄断产业的价格仍然变化不大,使得这些产业的企业普遍处于亏损状态。为了扭转这种局面,对自然垄断产业的价格规制措施也发生了一些变化,表现在以下几方面:①1980年,为了实现"以话养话",加快电信业的发展,允许电信企业对申请安装电话的用户收取电话初装费,提高市内电话月租费,收取电话话费之外的附加费等。②自1982年起,电力工业取消了部分地区及部分工业用电的优惠电价,从1985年5月起,实行多种电价。③1985年,铁路开始提高客运票价,结束了自1955年以来30

年铁路客运票价固定不动的历史。④燃气、自来水的价格也进行了调整，1985年5月1日起，全国大部分天然气井口交气价格由每千立方米50元提高到80元，各省市也提高了煤气价格。同年7月，国务院发布的《水利工程消费核定、计收和管理方法》规定对于由水利工程提供的作为自来水厂的水源的自来水价格按供水成本略加盈余核定。

近年来，随着市场竞争领域的扩大和竞争程度的加深，在一些行业和地区，违反竞争法律的现象日益增多，限制竞争的手段不断翻新，各种形式的价格联盟和滥用垄断地位行为严重损害了消费者的合法权益，也危害了社会主义市场经济的健康发展。2011年1月4日国家发展改革委依据《中华人民共和国反垄断法》，制定并公布了《反价格垄断规定》和《反价格垄断行政执法程序规定》，并已于2010年12月29日以国家发展和改革委员会令第7号和第8号公布，于2011年2月1日起实施。根据国家发展改革委公布的《反价格垄断规定》，对价格垄断协议、滥用市场支配地位和滥用行政权力等价格垄断行为的表现形式、法律责任做了具体规定。主要包括：禁止具有竞争关系的经营者达成固定或者变更价格的八种价格垄断协议；禁止经营者与交易相对人达成固定商品转售价格和限定商品最低转售价格的协议；具有市场支配地位的经营者，不得从事不公平高价销售、不公平低价购买、在价格上实行差别待遇、附加不合理费用等六类价格垄断行为。《反价格垄断规定》指出，禁止具有竞争关系的经营者达成下列八种价格垄断协议：①固定或者变更商品和服务（以下统称商品）的价格水平；②固定或者变更价格变动幅度；③固定或者变更对价格有影响的手续费、折扣或者其他费用；④使用约定的价格作为与第三方交易的基础；⑤约定采用据以计算价格的标准公式；⑥约定未经参加协议的其他经营者同意不得变更价格；⑦通过其他方式变相固定或者变更价格；⑧国务院价格主管部门认定的其他价格垄断协议。

## 第二节　行业管理

### 一、行业管理的内涵

行业管理就是按行业规划、按行业组织、按行业协调，以及按行业沟通的一种产业管理体制。这种体制包含着两个层次及其相互的协调。第一个层次就是组织行业协会,通过行业协会来统一规划、协调、指导、沟通各同行业企业的生产经营活动,促进行业的发展;第二个层次是国家政府机构通过制定各种财政、金融政策来确定各行业,尤其是重点行业的发展方向和目标,对各行业进行规划、协调和指导。两个层次的管理必须进行相互的协调,这种协调主要是通过行业协会和跨行业的行业联合会与政府部门的密切沟通。

行业管理经历了三个发展层次,也即行业管理的内涵有过三次重大的变化。①行业管理仅仅作为行业管理组织的职能,行业管理的全部内涵就是在行业内部进行规划、协调、沟通和服务。②行业管理作为资本主义国家和政府管理经济的一种职能,行业管理职能突破了行业的局限而成为政府对国民经济各个不同行业进行统一规划、协调的一种职能。③行业管理作为国家整个产业管理的基本体制,行业管理的内涵得到了最大限度的延伸,行业管理既包含了行业组织对同行业企业的规划、协调,也包含了政府通过计划和制定各种经济政策对产业部门各行业的指导和干预,最重要的是还包含着行业组织与政府部门管理职能的相互协调和结合。

**二、行业管理模式**

第一种模式,是在各个行业组建同行业企业的自发联合组合行业协会,由行业协会进行行业内部企业之间的规划、协调等。行业管理的目的仅仅在于合理规划同行企业的生产布局和生产规模,协调在生产经营中出现的各种利益问题,以保证行业的健康发展,获得与其他行业相同或相近水平的利润率。

第二种模式,由政府有关部门承担行业管理的职能,同行企业或者不组建行业组织,或者有行业组织,但与政府的产业管理缺乏一种有效的沟通和结合的渠道,行业的意愿不能为政府的行业管理所体现,政府的行业管理目标也不能通过行业组织的功能而有效地实现。

第三种模式就是产业界与政府相互作用的行业管理模式,典型的例子就是日本行业管理。日本行业管理模式是通过政府与行业间的"相互作用"来建立符合双方意愿的行业发展目标并保证目标的有效实现。

**三、行业协会**

(一)行业协会及其性质

在资本主义各国,行业组织是同行业企事业单位在自愿基础上组织起来,为增进同行业共同利益的松散的经济团体。行业组织可以是法人，也可以不是法人，可以有一定的营利性（仅仅收一些服务费），但基本上是非营利性的。行业组织的非营利性、自愿性和服务性使其区别于托拉斯、康采恩等企业组织。

行业协会是同行业企业在自愿的基础上为增进共同利益组成的松散经济团体。企业可以自由进出行业协会，保持独立自主经营；行业协会则是在企业独立自主经营的条件下提供指导、协调、服务、沟通的职能，为企业服务，并作为企业与政府沟通的桥梁。大型公司在行业中的地位决定了其担负了局部行业管理的职能，而行业协会的性质和地位决定了其能够承担全行业管理的职能。第一，行业协会具有相对的行业整体性，行业协会由同行业企业的多数组成，特别是一些主要的大公司一般都参加了行业组织。第二，行业协会具有相对健全的信息渠道，行业协会的管理主要是规划、指导、协调、服务，对企业来说不具有法律和行政的强制性，因此信息的意义尤为突出。

行业协会的全行业管理离不开大型公司的局部管理。首先，在组织形式上，大型公司是行业协会的骨干成员，离开了大型公司，行业协会的行业整体性和代表性就将徒有虚名。第二，行业协会全行业管理目标的建立离不开大型公司的局部行业管理，需要大型公司的协作和配合。第三，全行业管理的规划实施以及协调的效果很大程度上取决于大型公司的局部行业管理。第四，就大型公司而言，其生产经营的发展，局部行业管理的成功也往往在一定程度上取决于行业协会对全行业管理的指导、协调、沟通和服务。

如何正确处理大型公司局部行业管理与行业协会全行业管理的相互关系，尽可能使两者相互协调和相互适应，是决定行业管理成败的关键。

（二）行业协会的作用

行业组织在不同的国家其地位和作用有着很大的差异。

1. 日本。在日本，各行业、各产业都有按产业类别自愿组织的团体，这些行业组织是根据日本政府的有关法律自下而上组织的，会员必须占同行业企业的半数以上。行业组织一般设在同行企业比较集中的城市。行业组织的经费来源，主要靠会员企业缴纳的会费和服务费，以及政府的补助。日本的行业组织主要分为两类：一类是同行业中小企业组织的行业组织事业协同组合，一类是同行业大企业联合组成的行业组织。在此基础上，分别成立全国性的经济联合组织。日本行业组织的主要作用有以下几方面：①搜集、整理并向企业提供各种情报。②帮助企业培训人才。③对企业的经营管理进行诊断、咨询和指导。④研究制定行业产品的统一规格和技术标准。⑤根据日本政府制订的中长期国民经济发展计划,提出本行业发展前景的展望和设想,供企业计划决策参考。⑥沟通政府与企业之间的联系,密切同行业之间的交往⑦协调同行业企业的对外技术经济活动,提高竞争能力。

2. 联邦德国和其他国家。联邦德国的行业组织的主要任务是代表所属成员的共同利益。在制定法律、政策上向政府反映行业的意见,并协助政府贯彻有关的法律和政策;同时向企业提供情报和咨询,为成员企业的生产经营创造条件。但是,联邦德国行业组织很少搞日本行业组织进行的企业诊断和制定行业发展规划。美国的行业组织主要是制定产品和服务质量的标准;提供教育和训练;在成员间开展交流;与其他行业组织进行联系;向政府机构和一般公众陈述主张,以及制定行业职业准则等。但是目前美国的行业组织基本不涉及协调竞争的事务,比如统一价格、规定产量等。法国、意大利等其他国家的行业组织主要也进行两方面的活动:一是代表会员厂与官方联系有关事务,二是通过制定技术标准和传递信息来协调同行业企业的活动。其他的职能有:组织有关经济问题的研究,出版有关著作,开展对外经济技术交流,代表国家参加国际行业组织等。

在资本主义国家,行业组织的一个明显不足,就是"卡特尔化"。虽然行业组织的客观职能是在竞争中协调,但由于行业组织的会员占同等企业的绝大多数,完全有可能出现排斥竞争和在产品定价、销售等方面的垄断。这是不利于开展正常竞争、促进商品经济健康发展的。两种情况例外,一是中小企业商工联合和联合会,为达到特定经济目的,在一定条件下容许他们有卡特尔行为;二是对诸如铁路、电力、煤气等公益事业以及处于萧条的行业,容许实施合理化的卡特尔和"萧条卡特尔"。如何在充分发挥行业组织积极作用的同时,尽可能使行业组织减少和避免不正当的卡特尔行为,是摆在各国政府面前亟须解决的一个课题。

(三) 中国行业协会的特点和模式

1. 行业协会的性质。我国的行业协会,多是随着政府职能转变,自下而上,从政府部门分离出来部分职能和部分人员组建的具有浓厚官方、半官方色彩的组织。这种性质与现行体制有着必然的联系,是体制的产物。具体表现在两个方面:行业协会的组建中自上而下,带有一定的行政干预;行业协会在职能发挥上,也代行政府有关部门授予的行政权力。

2. 行业协会的组织机构。协会基本上实行会员代表大会领导下的理事会负责制,会员代表大会是协会的最高权力机构,每若干年召开一次。会员主要有两类:一类是团体会员,凡从事某一行业生产、经营、科研活动的工厂企业、研究、设计、机关、学校等单位，一般都可以成为协会的团体会员；另一类是个人会员，凡是有志于促进行业技术进步和生产发展的专家、教授、工程技术与管理人员等，在遵守协会章程的前提下，一般都可以成为协会的个人会员。会员代表大会休会期间，由理事会或常务理事会主持日常管理工作。理事会由会员大会民主选举产生，常务理事会由理事会民主选举产生。理事会设理事长一名，副理事长若干名。理事会任期一般二至三年。理事会下面还可设若干专业协会或专业委员会。

地区性的行业协会一般参照全国性行业协会的章程设置组织机构，但是地方协会与全国总会不是上下级领导与被领导的关系，而是指导与被指导的关系，总会不能直接干预地方协会的日常行业管理。在没有全国性协会的情况下，地方协会可根据会员和政府的有关政策制定自己的章程。

3. 中国现有行业协会的主要职能和任务。其主要有以下几方面：①开展全行业调查，及时为政府加强宏观管理和调整产业政策提供决策依据和建议。②根据政府的委托和授权，进行行业管理。③协调企业之间关系，推动横向经济联合。④组织信息和经验交流，开展技术经济咨询服务。⑤开展培训教育，举办各种技术、经济、管理和外语培训班。⑥开展国际交流与合作，举办展览会，技术交流研讨会等。

4. 中国行业管理的总体构想。其主要有以下几方面：一是从部门管理向行业管理转变。目前我国宏观或中观行业的管理极度混乱、落后。具体表现在：重复建设，盲目发展；专业化程度低，企业结构不合理；能源、原材料不能择优供应，分散浪费严重；各自为政，严重妨碍技术进步；影响对外竞争，主要表现在进口和出口的两方面；形不成完整的信息反馈系统，决策比较乱。今后各级政府部门原则上不再直接经营管理企业，而主要是通过制定各种经济政策、法规，运用价格、信贷、税收等经济杠杆，以信息来指导和协调国民经济各行业和企业的经济活动。全国性和地区性的国有大公司，是在国民经济发展的需要和企业互有需要的基础上建立的联合经济组织，它们必须是企业而不是行政机构。二是从行业管理的总目标和经济体制改革的要求看，我国的行业管理应当采用第三种模式，即产业界与政府相互作用的行业管理模式。三是我国的行业管理体系，将形成两个主体多种层次的管理体系。一个主体是政府行业管理机关，代表国家履行行业管理职能，主要以法规和政策手段为主，是一种调控和干预性管理；另一个主体是众多的行业管理组织，以协调服务为手段，实行自主协调行业管理。

# 主要参考文献

1. 苏东水. 产业经济学. 北京：高等教育出版社，2006
2. 杨公朴，夏大慰. 产业经济学教程. 上海：上海财经大学出版社，1998
3. ［英］李约瑟. 中国科学技术史. 北京：科学技术出版社，1957
4. ［美］施蒂格勒. 产业组织和政府管制. 潘振民译. 上海：上海三联书店，1989
5. 夏大慰. 产业组织学. 上海：复旦大学出版社，1994
6. ［美］卡尔顿，佩罗夫. 现代产业组织. 黄亚钧等译. 上海：上海三联书店，上海人民出版社，1998
7. ［美］尼柯尔森. 微观经济学原理与应用. 许工等译. 北京：中国财政经济出版社，1996
8. ［美］R 科斯等著. 财产权利与制度变迁——产权学派与新制度学派译文集. 刘守英等译. 上海：上海三联书店. 上海人民出版社，1994
9. 芮明杰，王方华. 产业经济学. 上海：上海科学技术出版社，1993
10. ［日］植草益. 产业组织论. 卢东斌译. 北京：中国人民大学出版社，1988
11. ［美］罗杰·弗朗茨. X 效率：理论. 论据和应用. 上海：上海译文出版社，1993
12. 张维迎. 博弈论与信息经济学. 上海：上海三联书店、上海人民出版社，1996
13. 谢识予. 经济博弈论. 上海：复旦大学出版社，1997
14. ［日］青木昌彦，奥野正宽. 经济体制的比较制度分析. 北京：魏加宁等译. 中国发展出版社，1999
15. 方甲等. 产业组织理论与政策研究. 北京：中国人民大学出版

社，1993
16. 史忠良主编．产业经济学．北京：经济管理出版社，1998
17. 卢根鑫．国际产业转移论．上海：上海人民出版社，1997
18. ［美］丹尼尔·W. 布罗姆利．经济利益与经济制度公共政策的理论基础．陈郁等译．上海：上海人民出版社，上海三联书店，1996
19. 王志电．当代中国产业布局．北京：中国城市经济社会出版社，1990
20. 刘再兴主编．区域经济理论与方法．北京：中国物价出版社，1996
21. 中国人民大学区域经济研究所编著．产业布局学原理．北京：中国人民大学出版社，1991
22. 毛林根．产业经济学．上海：上海人民出版社，1996
23. ［日］有田辰男．战后日本的中小企业政策．日本评论社，1990
24. 晏智杰主编．西方市场经济下的政府干预．北京：中国计划出版社，1997
25. ［美］博多·巴托恰．发展高技术产业政策之比较．国际技术经济研究所译．北京：中国友谊出版公司，1989
26. ［日］植草益．微观规制经济学．北京：朱绍文译．中国发展出版社，1992
27. ［英］斯坦利·海曼．协会管理．北京：尉晓欧等译．中国经济出版社，1985
28. 马伯煌．中国经济政策思想史．昆明：云南人民出版社，1993
29. 汪海波．新中国工业经济史．北京：经济管理出版社，1986
30. 郑韶，何晓星．中国经济体制改革20年大事记．上海：上海辞书出版社，1998
31. 杨伟民．中国的产业政策理论与实践．北京：中国经济出版社，1999
32. 罗肇鸿．高科技与产业结构升级．上海：上海远东出版社，1998
33. 史清琪．世界科技进步趋势及其对中国的影响．中国工业经济，1998
34. 丁军强．美国新经济成因及对我国的启示．经济管理文摘，1999
35. ［美］奥利弗·E. 威廉姆森反托拉斯经济学：兼并、协约和策略行为．张群群，黄涛译．北京：经济科学出版社，1999
36. 陈郁．企业制度与市场组织．上海：上海三联书店，1996
37. Adriaan Ten Kate and Gunnar Niels．, "On The Rationality of Predatory Pricing: The Debate Between Chicago and Post – Chicago", The Antitrust Bulletin, Spring 2002

38. Agarwal and Gort,"The Evolution of Markets and Entry,Exit and Survival of Firms",Review of Economics and Statistic 78（1996）

## 国内相关资料来源

1. 国务院发展研究中心信息网 http：//www.drcnet.com.cn/ 简称国研网，有关国际国内经济发展的深度分析报告
2. 中国工业经济研究与开发促进会 http：//www.gongcuhui.org/ 工促会是国内开展工业经济（产业经济）的研究与开发工作，为提高我国工业经济科学水平，加速我国工业经济的改革、开放、建设和发展的重要机构
3. 中国社科院工业经济研究所 http：//gjs.cass.cn/
4. 中国产业经济信息网 http：//www.cinic.org.cn/综合新闻、评论、企业管理、证券、行业政策等
5. 中国产业网 http：//www.100800.com/cy 报道我国现代产业发展趋势，分析各行产业经济信息
6. 东方产业分析 http：//www.analyzed.com/产业经济分析类电子期刊

## 国外相关资料来源

1. 法国产业经济研究所（IDEI）http：//idei.fr/被认为是全世界研究产业组织理论最顶尖的机构之一，拥有 Tirole、CRéMER、David MARTIMORT、Christian GOLLIER、Bruno JULLIEN 等一大批著名学者，是跟踪产业组织理论前沿的重要网站
2. INTERNATIONAL INDUSTRIAL ORGANIZATION CONFERENCE 官方网站 http：//www.ios.neu.edu/ 由 Industrial Organization Society 主办，主要研讨包括反垄断经济学和规制经济学在内的产业组织理论，每年举行一次学术会议，是产业组织理论界的重要学术会议
3. 美国西北大学产业组织研究中心（The Center for the Study of Industrial Organization CSIO）官方网站 http：//www.csio.econ.northwestern.edu/index.html 美国西北大学经济系主办，拥有 Robert Porter、William Rogerson、Michael Whinston 等学者，网站提供该机构的 Working Paper、Seminar 记录、相关数据和链接

4. 日本经济产业研究所（RIETI）http：//www.rieti.go.jp/cn/index.html
RIETI 从中长期经济体制改革的角度出发，针对目前政府尚未考虑到的或者尚未采用的新政策开展崭新的研究，以利于为改进或废除效果欠佳的政策和采取新政策提供理论分析的依据。此外，RIETI 还对制定政策具有影响力的评论或者有识之士之间的政策讨论具有一定的影响

5. The Research Institute of Industrial Economics 瑞典产业经济学研究所，网站 http：//www.iui.se

6. Economics Working Paper Archive Econ（缩写）WPA
网站 http：//ideas.repec.org/s/wpa/wuwpio.html 其中有大量的产业组织方面的 working paper，每日更新，是检索当前产业组织前沿文献的有力工具。

7. 耶鲁大学 Cowles 经济学研究基金会
网站 http：//cowles.econ.yale.edu/default.htm 该组织于 1955 年在耶鲁大学经济系建立，目的在于引导和鼓励经济学、金融学、商业、产业和技术等方面的研究。Cowles 基金一直寻求对改进和发展应用经济分析及相关社会科学的逻辑方法、数理方法、统计方法的研究提供支持。

8. 加利福尼亚大学 Santa Cruz 分校图书馆网站 http：//library.ucsc.edu/collect/businessweb.html 该组织提供一般商业资源、市场份额、产业研究、市场研究及人口统计学、股票绩效等资料。